中公新書 2843

佐々木太郎著

コミンテルン

国際共産主義運動とは何だったのか

中央公論新社刊

まえがき

一九一九年三月初旬、まだ春の兆しの遠いモスクワ。ロシア革命後に始まった内戦と諸外国からの干渉によって混乱の続く国内情勢のさなか、壮麗な旧ロシア帝国宮殿クレムリン内の小さなホールに、国内外の共産主義者が集った。ホールは、政権を奪取したレーニン率いるボリシェヴィキ、すなわちロシア共産党が、革命裁判のために使っていた場所であり、帝政派に対する最初の死刑宣告が出されたことでも知られる。しかし、このとき会した、一九ヵ国の共産党組織などの代表者ら五十余名は、死の宣告ではなく、産声《うぶごえ》を聞くことになった。否、ある意味では、その両方であったのかもしれない。

第二次世界大戦中の一九四三年五月にスターリンが解散するまでの約四半世紀にわたり、国際共産主義運動の司令塔として現代史に大きな影響を及ぼす「共産主義インターナショナル」、略称「コミンテルン」が創立されたのだ。

世界中の無産階級すなわち土地や資本といった生産手段をもたない人びと、いわゆる「プロレタリアート」を蜂起させ、有産階級すなわち「ブルジョアジー」の支配を打ち破り、各国の国家権力を次々と転覆することで、資本主義世界を根底から破壊しつくし、この地上を共産主義の理想で塗り替える――文字通り世界革命の実現を使命とするコミンテルンは、イデオロギーの世紀たる二〇世紀を象徴する存在であった。

各国の共産党を支部として統括し、革命的なインターナショナリズムを追求したこの巨大組織については、これまで多様な立場からさまざまなことが語られてきた。

とくに東西冷戦時代までは、ソ連や各国の共産党から発信された、いわば公式史のようなものから、反共主義者の手による批判の書まで、数多くの言説が生み出された。なかには、コミンテルンの活動の実態についてはっきりとした証拠のないまま、無数の政治現象や社会的混乱と結びつけて論ずるような、いわゆる陰謀論に類するものも見られる。

たしかに、コミンテルンが多岐にわたる秘密の活動を実施し、ロシアの国益の追求にも深く関わっていた面があったことは紛れもない事実である。ソ連崩壊後、新たに陽の目を見るようになった史料の数々は、そのことを明瞭に示している。こうした点から言っても、共産勢力側の公式史観がいかに現実から遊離したものであったかは論を俟《ま》たない。

ただし、厚いヴェールに閉ざされていた秘密の側面が徐々に明らかになってきたとはいえ、それを過度に強調したり単純化したりして、史料から実証的に把握できる以上のことを論じようとする姿勢も厳しく排されなくてはならない。しかし残念なことに、実態が見えにくいこともあってか、コミンテルンに関しては巷間《こうかん》で誤解されている面も多いように感じられる。

かつてマルクスとエンゲルスは、共産主義という妖怪が徘徊《はいかい》しているとの有名な一文を物したが、今ではコミンテルンの亡霊がさまよって人びとに幻影を見せているのかもしれない。コミンテルンが結成されて約百年を経た節目にある今こそ強く求められるのは、バランスを欠いた極端な史観に囚《とら》われず、等身大の姿を描く努力である。革命の時代である二〇世紀はもちろん、グローバル資本主義と排他的なナショナリズムを特徴とする二一世紀のあり様を深く見据え、また現在のロシアや東欧のみならず世界各地で大きく変化を起こしている国際秩序の動きについてその歴史的な淵源を探るうえでも、この特異な国際組織に対する正確な知識は少なからず必要であろう。

コミンテルンの歴史は、そのインターナショナリズムが諸外国のナショナリズムと衝突してきた歴史であると同時に、ソ連のナショナリズムとの葛藤《かっとう》の歴史でもあった。当然、クレムリンのなかで生まれ、その後もモスクワに本部が置かれたコミンテルンにとって、革命ロシアの党や政権との関係は切っても切れないものである。その関係が時代を追ってどのように変化していったのかは、研究者にとって大きなテーマであり続けてきた。

加えて、単一の「世界共産党」たるコミンテルン自体、モスクワにある本部機構、各国の共産党指導部、一般党員、さらには「フロント組織」、つまりコミンテルン本体との関係を偽装するなどして活動した外郭団体など、多層的な構造になっている。それらの関係性をも含めていくと、コミンテルン史の解明は複雑な連立方程式を解くことにほかならない。

本書は、こうした課題に改めて向き合い、等身大のコミンテルン像の一端に迫ろうとする試みである。もちろん、この小著で巨大組織のすべてを描き尽くすことはとうてい不可能である以上、目指すべきはコミンテルンがたどってきた道程を歴史的・思想的に俯瞰《ふかん》するマクロな視点に立脚しつつ、ときにミクロな視点を織り交ぜながら、その本質に迫ることだろう。

その際、コミンテルン内部の動向だけに終始するのではなく、ロシアの政治や外交、さらには他国の動向や国際関係の歴史的な変遷をもできる限り視野に入れ、コミンテルンを立体的に描き出すことを目指したい。それゆえ、本書は未公刊史料を縦横に駆使するというよりも、ソ連崩壊後に公刊された諸史料はもちろん、幅広い分野における研究者たちがこれまで積み重ねてきた成果にも目を配って吸収しつつ、コミンテルンを中心とした国際共産主義運動の実際について像を結ぶことに重心を置く。

なお本書では、コミンテルンを取り上げるに当たって、その前身であり、マルクスが深く関わった「第一インターナショナル」や、その後継組織である「第二インターナショナル」などの国際組織についても簡単に概観する（なお、「インターナショナル」は名詞として用いられるとき、国境を越えてさまざまな国の人びとが参加する国際組織を指す場合がある。また、「インター」と略されることもある）。言うまでもなく、マルクス主義の始祖であるマルクスの思想と行動への理解は、コミンテルンを読み解くうえで、欠かせないものだからだ。

マルクスが理論と実践の狭間《はざま》で格闘した軌跡は、その後のマルクス主義者たちに多大なインスピレーションを与え続けた。もちろんマルクスの時代には存在しなかったような複雑な事象が二〇世紀に立ち現れることになっても、彼の弟子たちは師の教えを自分なりに解釈し、ときには大胆なアレンジを施しながら、目の前に広がる世界を根底から変革しようとした。

そうした一九世紀以来の社会変革をめぐる長い試行錯誤の歴史のなかにおける、ひとつの壮大な「実験」としてコミンテルンを適正に位置づけることで、激動の二〇世紀を形づくった革命運動の一端がはっきりと姿を現すだろう。

ここで本書の構成について述べておきたい。

序章では、第一及び第二インターを経て、第三インター、すなわちコミンテルンが誕生するまでの経緯を追う。そのうえで、第1章では産声を上げたコミンテルンがヨーロッパ各国の労働運動に対して第二インターとの決別を迫り、各地に共産党が結成されていく様子をたどる。それとともに、本来は特定の加盟団体による全体の統治を認めないはずのインターナショナルの理念を外れて、コミンテルンが早々にロシア共産党の強い影響下のもと「ロシア化」を起こし、同党をヒエラルキーの頂点とするきわめて中央集権的な組織体制が姿を現し始めるまでを追う。

第2章は、ロシア十月革命に刺激を受けてヨーロッパ各地で発生した革命が次々と頓挫するなか、レーニンがヨーロッパとアジアを結びつける形で構想した独自の国際革命理論を取り上げる。そしてこの理論に基づいてコミンテルンが乗り出した最初期の東方革命、つまり一九二〇年代初頭の中東での革命の顚末《てんまつ》を俯瞰する。

第3章は、第一次世界大戦中にレーニンが一九世紀ドイツの思想家ヘーゲルの哲学に接近したことなどに注目し、彼の革命思想の深層に迫る。そのうえで、とりわけ一九二〇年のコミンテルン第二回大会以後、ロシア内外で革命が行き詰まりを見せるなか、レーニンが厳しい現実との格闘を通じて自らの思想をいかに適用したのか、またそれが以後の革命運動に与えた影響についても見ておきたい。

第4章は、二〇年代の初頭から後半にかけてヨーロッパで実践された「労働者統一戦線」戦術を中心に、当時のコミンテルンの動向を取り上げる。まず、この戦術の本質的な意義が、蜂起に逸《はや》る共産党左派の動きや、社会民主主義――議会制民主主義を通じた穏健な社会変革を追求する社会主義思想及び運動の一派であり、とりわけ一九世紀末以降、ドイツ社会民主党を中心にヨーロッパにて大きな勢力を成す――への強い敵意、あるいはロシアの国益重視などによって当初から揺らいでいたことを確認する。

そのうえで、二四年一月のレーニン死去によって本格化した党内での後継者争いが世界各地の統一戦線を激しく揺さぶった様子などを含め、最終的にこの戦術が放棄されるまでの過程を描く。加えて、この統一戦線の時期に、コミンテルンとロシアの諜報《ちょうほう》機関との協力関係が生まれ、また前者のフロント組織による大規模な活動が始まった様子にも触れる。

第5章は、党内闘争を制し共産主義世界の最高指導者に上り詰めるスターリンが、若かりし頃から取り組んできた民族論などに目を配りつつ、彼とコミンテルン及び国際共産主義運動の関係性がどのように形成されたかを探る。また、彼が二〇年代後半に主導した中国での革命の失敗や、ポーランドやイギリスとの関係悪化、あるいはウクライナ政策をめぐるコミンテルン内の混乱などといったソ連内外での緊張の高まりが、各国共産党にソ連防衛を第一の任務とする傾向を強めさせた経緯をたどる。

第6章は、一九三一年の満洲《まんしゅう》事変や三三年のヒトラー政権誕生など、三〇年代に入ってソ連を取り巻く国際環境が一層緊迫するなか、コミンテルンが着手した大規模なフロント組織活動を取り上げる。また、コミンテルン第七回大会で採択された「人民戦線」戦術の成り立ち及びフランスやスペインや中国での適用の様子、さらには三七年ごろから本格化したスターリンの「大粛清」によってコミンテルンが深甚な打撃を受けるまでを見ていく。

第7章は、三九年の独ソ不可侵条約締結や四一年の独ソ戦勃発など、独ソ間をはじめとする国際関係の激変に翻弄されるコミンテルンの姿を追う。そして、スターリンがコミンテルンの解散を決断した顛末とともに、その後のソ連のインターナショナリズムについても一瞥《いちべつ》する。

それでは早速、コミンテルンをめぐる歴史のダイナミズムに迫ってみよう。

目次

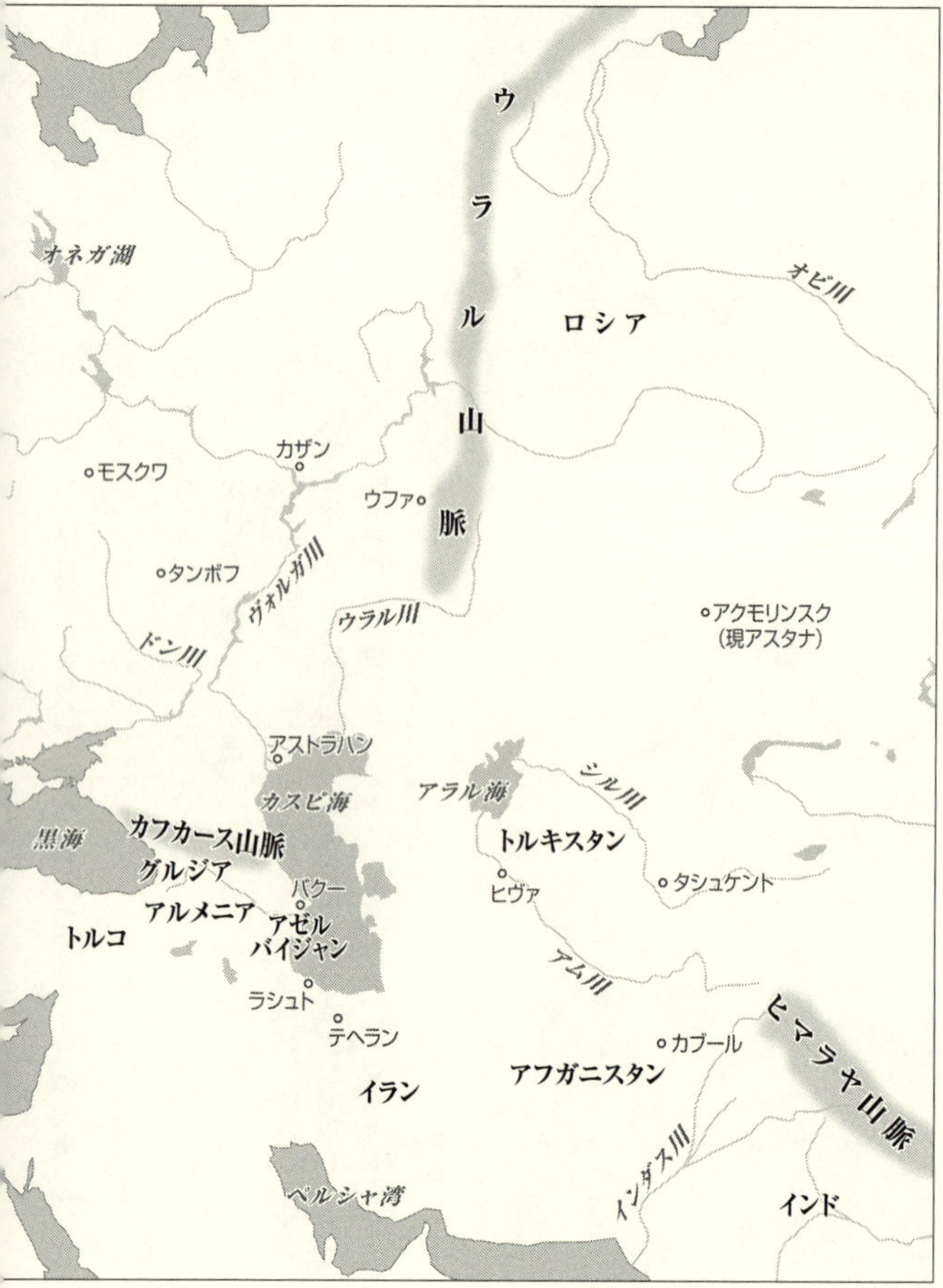

ウラル山脈
オネガ湖
オビ川
ロシア
カザン
モスクワ
ウファ
タンボフ
ヴォルガ川
ウラル川
ドン川
アクモリンスク
(現アスタナ)
アストラハン
カスピ海
アラル海
シル川
黒海
カフカース山脈
グルジア
トルキスタン
ヒヴァ
タシュケント
バクー
アルメニア
アゼル
バイジャン
トルコ
アム川
ラシュト
テヘラン
カブール
ヒマラヤ山脈
アフガニスタン
イラン
インダス川
ペルシャ湾
インド

スウェーデン
フィンランド
クロンシュタット
ノルウェー
ヘルシンキ
ペトログラード
(後のレニングラード)
北海
バルト海
リトアニア
イギリス
ミンスク
ポーランド
オランダ
ベルリン
ワルシャワ
ベラルーシ
アムステルダム
ドイツ
ハレ
ブレスト=リトフスク
ロンドン
マンスフェルト
キエフ
リンツ
チェコスロヴァキア
ウクライナ
パリ
ミュンヘン
ウィーン
ブダペスト
フランス
オーストリア
スイス
ハンガリー
ジュネーヴ
ミラノ
ルーマニア
ドナウ川
ユーゴスラヴィア
ジェノヴァ
ブルガリア
ポルトガル
スペイン
ローマ
イタリア
バルセロナ
マドリード
大西洋
地中海
カイロ
エジプト

関連地図（1919年頃）

コミンテルン

国際共産主義運動とは何だったのか

序章　誕生まで——マルクスからレーニンへ

ヨーロッパ中心のインターナショナル構想

おそらく「共産主義インターナショナル」という名称から、また実際に二〇世紀前半のグローバルな共産主義運動の旗振り役であったことをもって、この組織が創立当初から世界の全地域に対して同等の意欲をもって革命を追求したとの印象を得ても不思議ではない。

しかし、たとえばコミンテルン創立のための第一回大会の開催をレーニンらが呼びかけた一九一九年一月二四日付の文書からは、世界全体に対してと言うよりも、明らかにヨーロッパでの革命を希求する姿勢が見てとれる。新たなインターナショナルの「目的と戦術」を説明するに際して、まず切り出されたのは次のような指摘であった（『コミンテルン資料集』一）。

現在の時期は、資本主義世界体制全体の解体と崩壊の時期である。これは、解決不能の矛盾をはらんだ資本主義が滅ぼされないかぎり、ヨーロッパ文化一般の崩壊をも意味するであろう。

むろん、資本主義が発達した地域を語る場合、まずヨーロッパに目を向けないわけにはいかない。が、とはいえ、そもそもまったくの農業国であるロシアで革命を起こした勢力の視野に、同じように資本主義の発達していない経済的な後進国での革命の実現がまるで入っていないのは奇妙なことである。

その後、一九年三月のコミンテルン第一回大会で承認された、全世界のプロレタリアートへ向けた宣言では、アジアやアフリカといったヨーロッパ以外の地域についての言及が見られる。そこで明確にされているのは、端的に言って、ヨーロッパの植民地となった地域の社会主義化はヨーロッパでの革命の成功によってもたらされる、という認識である。

あくまでヨーロッパでの革命の追求がコミンテルン創立時の最も重要な課題であり、ロシアから西へ向けて革命を波及させていくことこそが「世界革命」であった。このヨーロッパ中心の志向は、世界各地の革命運動には優先順位が存在するとともに、おのずと各地の共産主義組織のあいだにも重要度で避けがたい差を生み出さずにはおかないものであった。

当時、内戦と諸外国からの干渉戦争に直面していたレーニンら革命政権の認識は、ボリシェヴィキが主導して一七年一一月七日（ロシア暦で一〇月二五日）に実現したロシア十月革命の成果は、ヨーロッパとくにドイツでの革命が後に続き、そこからの支援なくしてはとうてい維持

コミンテルン第1回大会での議長団の面々　右から2人目がレーニン（1870〜1924）.

できないというものであった。ロシア一国での社会主義革命の実現などありえず、あくまでも資本主義世界の中心たるヨーロッパでの革命と対になって、はじめて存在できるものとされた。

また、レーニンが主張して止《や》まなかった「革命的敗戦主義」、つまり国家を敗戦に追い込み、その混乱に乗じて権力奪取を実現するという考えに立てば、世界大戦の敗者であるドイツこそ、即刻プロレタリア革命が成就してしかるべき場所であった。否、共産主義者の断固とした行動をもって何としても成就させなければならない場所であったのである。事実、一八年一一月のキール軍港での水兵の反乱が発端となってドイツ各地で労働者ら大衆が蜂起し、ヴィルヘルム二世は帝位を追われることになった。その際、兵士や労働者たちがロシア革命で生まれた「ソヴィエト」（ロシア語で評議会の意）に影響を受けて「レーテ」（ドイツ語で評議会の意）を組織したことは、明らかにロシアからドイツへの革命の波及を予感させるものであった。

しかも同年末には、スパルタクス団――第二インターのリーダー格であったマルクス主義政党のドイツ社会民主党における党内急進派として一六年に結成――が中心となり、ドイツ共産党が結成された。このことはボリシェヴィキにとって、ロシアとドイツの共産党が連携し、敗戦国の大衆を革命運動へと組織化していく基盤となった。

先に示したコミンテルン創立の呼びかけには、この新組織の活動の方針がスパルタクス団とボリシェヴィキそれぞれの綱領に基づいて作成されたと謳《うた》われている。そもそもレーニンにとっては、スパルタクス団との連携こそが新しいインターナショナルの基盤にほかならなかった。このようにコミンテルンとは、ボリシェヴィキとドイツ共産党が中心となった、世界革命の司令塔たる国際組織として構想されたものだったのである。

第一インターの誕生

ボリシェヴィキが一九一九年早々から、いわゆる「第三インターナショナル」としてのコミンテルンの創立を急いだのは、第一次世界大戦をめぐって分裂した第二インターを再建する動きへの対抗という意味合いもあった。そしてもちろん、この新たな国際組織は、マルクスらが立ち上げた第一インターからの正統な系譜に連なるものとして自らを位置づけた。

西欧における生産力の弛《たゆ》まぬ増大が国境を越えた変革を惹《ひ》き起こすと見たマルクスの革命思

想に基づく以上、ヨーロッパ中心の世界観が、その後のインターナショナルに引き継がれたことは当然と言える。ただし、第一インターから連綿と継承されたものは、それだけではない。

　ここでコミンテルンへと続くインターナショナルの来歴について、簡単に触れておきたい。第一インターすなわち「国際労働者協会」は一八六四年にロンドンで創立された。各国に支部が設けられ、その代表者たちが集まって毎年場所を変えて大会が開催されるなど、プロレタリア国際主義に基づく世界初の本格的な国際組織であった。

　マルクスはそれまでにも同じロンドンにて労働者組織の結成に関わったことがある。一八四七年に組織された「共産主義者同盟」である。これはヨーロッパを移動しながら手工業に従事する職人らを中心とした国際的な秘密結社の流れを汲《く》む組織だった。その当時は、ヨーロッパ内での移動の障壁は比較的低かった。それゆえ、越境する労働者たちによるネットワークが発

マルクス（1818〜83）科学的社会主義をエンゲルス（1820〜95）とともに形成したドイツの思想家・革命家．世界初の国際労働者組織である第一インターにも深く関わった

達する基盤があった。彼らは、西欧発の二つの潮流にもまれるヨーロッパ社会を、持ち前のフットワークの軽さでつなぐことによって反体制の国際的連携を準備しようとしたのである。

　西欧発の潮流とは、ひとつは言うまでもなく一八世紀末のフランス革命を機に起こった政治変革である。貴族層に対して社会の下層として

のブルジョアジーが自由と平等を求めて自らを解放しようとする運動は、ヨーロッパの他の地域にも広く伝播《でんぱ》していった。とりわけナポレオンの登場によって、革命の理念とともに各地にナショナリズムの種がまかれたのも周知のことである。一方、もうひとつの潮流は、同じ一八世紀にイギリスで起こった産業革命に端を発する。その経済的な自由主義もまたヨーロッパ全体に波及していき、独立した諸個人からなる近代的な市民社会の形成を促した。

これら政治と経済の二つの新潮流によって、ブルジョアジーを主人公とする社会が形づくられていくわけだが、それは同時に豊かな生活とは無縁な人びと、つまり下層民たちをも生み出した。そうした民衆の解放を目指す新たな運動の担い手となったのが、越境する労働者たちにほかならない。彼らは、利害を共有する下層民たちを政治的に目覚めさせ、その力を動員して現行の体制に対抗しようとした。これが最初期の社会主義的なインターナショナリズムの先駆けとなる。

しかしその反体制の思想は、さまざまな急進主義や無政府主義なども含んだ雑多なものであった。そのうちのひとつとしてマルクスらの立場もあったのだ。彼とエンゲルスは、共産主義者同盟の綱領として一八四八年に『共産党宣言』を発表し、資本主義の発達を受けて社会における比重を大きく増した労働者たちが人間の真の解放を目指す、とする自らの思想の骨格を打ち出したのである。

マルクスらは社会変革のビジョンを指し示したのだが、時代は革命の一瞬の高揚ののち、深い停滞へと落ち込んでいく。イギリスでの恐慌発生後、フランスなどヨーロッパ各地で不満を高めた民衆が蜂起した一八四八年革命は、ごく短命なものに終わった。このとき共産主義者同盟も大した活躍はできず、ほどなく解散となる。その後、前回の恐慌から十年経った五七年に今度はアメリカ発の金融恐慌が発生する。その影響は国際的な波及を見たものの、マルクスらの期待に反して蜂起の火の手は上がらなかった。

このように革命が遠ざかり、資本主義が相対的に安定していた状況下に生まれたのが、第一インターであった。五七年の恐慌は革命にはつながらなかったものの、各地で労働組合が次々と結成されるなど労働運動を強く刺激し、国際的な労働者の連携を模索する動きも生まれた。それを大きく前進させたのは、ロシアの支配に対するポーランドでの反乱（一八六三年）であった。イギリスの労組指導者たちがフランスの労働者たちにポーランドを助けようと呼びかけて合同で集会を催し、これが国際労働者協会の創立へと発展する。

他方で、労働組合の活発化は国ごとの労働者の組織化を加速させ、国民国家の形成が一段と進んでいた当時の趨勢《すうせい》と一致するものだった。このことは、それまでのインターナショナリズムつまり越境する労働者たちが実践したような比較的容易に水平方向に広がれた運動が、ナショナリズムという壁に直面する事態でもあった。急速に増大する労働者階級が各国民として吸収されていく流れのなかで、下層民を政治化して解放しようとする初期社会主義の試みからは、普通選挙権の獲得など議会を通じた解決策を重視する立場も現れるようになる。

パリ・コミューン

かつてフランスのマルクス研究者マクシミリアン・リュベルが注意を向けたように、マルクスが生涯一貫して追求したライトモチーフは、プロレタリアートの自己解放にほかならない（リュベル二〇一〇）。つまり、プロレタリアートは自分自身で解放されなければならず、彼らを革命へと導いていく個人なり団体なりは必要ない、というわけである。

その考えに従えば、労働組合という制度化された団体の運動とプロレタリアートの自己解放とは、本来相容れないもののはずである。しかし、マルクスは労働組合を否定することなく、また第一インターも一八六六年のジュネーヴ大会で労組を労働者階級の組織化の中心に位置づけた。おそらく彼としては、あくまで階級が完全に分化しきった段階でプロレタリアートの自己解放が果たされるという認識であって、そこまでに至る長く曲折した道程では、そのときどきの状況に合わせた柔軟な方策が必要だった。したがって、革命運動が低調な一方で労組運動が活発化している当時の状況下では、労働者たちの政治意識を目覚めさせる手段として、労組にある種の政党としての役割を見いだしたわけである。

ただし、こうした戦略的なやり方は、その後さらに徹底したものとなっていく。マルクスと第一インターは、労働者階級の組織化の中心を労組から政党そのものへとシフトしていったのだ。たとえば、七一年九月にロンドンで開かれた第一インターの代表者協議会は、労働者階級を政党に組織することが、階級の廃止という最終目標を達成するうえで不可欠だと決議した（『マルクス＝エンゲルス全集』一七）。こうした独自の目標と政策をもつ労働者党の必要性を、マルクス自身も強く意識していたのである。

この大きな変化は、七一年春のパリでの出来事が深く作用していると見られる。その出来事とは、プロイセンとの戦争に敗れて第二帝政が崩壊したフランスにおいて、労働者らが共和制の維持を訴えて蜂起し、三月末から二ヵ月余りのあいだパリに樹立した自治政府、いわゆる「パリ・コミューン」である。

パリの民衆によるまったく自発的な革命は、マルクスにとっては寝耳に水の出来事だった。彼は当初、蜂起に対して否定的だったが、すぐに考えを改め、革命の目指すべきものが国家権力の獲得ではなく国家権力そのものの否定にあるという、これまでにない観点をパリ・コミューンから得た。事実、彼がパリ・コミューンについて分析した著作『フランスの内乱』（一八七一）で、既存の国家機構をそのまま引き継ぐことでは労働者階級の目的は果たしえないと断言したことはよく知られている。

パリ・コミューンは、地方自治と直接民主制を体現し、中央集権的な国民国家体制への対案となりうる非党派的な革命運動であった。マルクスはこれを熱烈に支持したわけだが、同時に労働者階級を政党に組織せよとも唱えたことは、一見するといかにも嚙《か》み合わない。

むろん、本格的な政党ともなれば、労働者だけの組織とはいかず、政治活動にもっぱら従事するプロフェッショナルが欠かせない。その点ひとつ取っても、政党は労組以上にプロレタリアートの自己解放からは遠い存在である。また、民衆から自発的に生まれてきたものこそがコミューンである以上、そもそも政党の原理とは根本的にそぐわないはずである。

マルクス派の社会主義者がパリ・コミューンにほとんど関わることができなかったという現実は、革命家の存在意義を守るための戦略として戦闘的な革命政党の必要性を浮上させたと言えなくもない。実際、革命の蚊帳の外に置かれた職業革命家にどんな価値があるだろうか。

思い返せば、マルクスとエンゲルスは一八五〇年に共産主義者同盟のメンバーに宛てた有名な「回状」のなかで、労働者の独自性を保った党すなわち労働者党が必要であり、そこでは暴力的な闘争の手段とともに、議会選挙に独自の候補者を擁立することも放棄すべきではないとの方針を示していた（『マルクス＝エンゲルス全集』七）。一八四八年革命で事実上崩壊に至った同盟に対するこの反省が、パリ・コミューン後の状況で再び強く意識されたのかもしれない。

ただし、パリ・コミューンがごく短命に終わり、なおかつ国境の外へと蜂起が波及しなかった現実は、評議会方式の権力だけでは、革命の最終的な成就には必ずしも到達しえない可能性をも浮き彫りにした。それゆえ、マルクスは革命政党の存在意義に対して積極的に評価した面があったと言える。

いずれにしても、マルクスははっきりとした党組織論を残さなかった。それもあって、中央集権か分権か、統制か自然発生か、党派的か非党派的かの方針をめぐる難問は、以後のマルクス主義でも一層避けられなくなったことは間違いない。

難問としての「プロレタリアートの独裁」

もっともマルクスは、『共産党宣言』以来、自己解放を目指すプロレタリアートからなる共産主義者そのものを理論的な観点から「党」なる言葉で呼びならわすこともあった。職業革命家の「働き口」かどうかはひとまず措《お》くとしても、政党を国ごとに組織する場合、それらの日常の活動から超然としつつ、将来に向けて全体の利害を調整する「党」としての役割がインターナショナルに期待されたのではないかとも思われる。

しかしながら、第一インターに持ち込まれた党派性は、結局のところ「党」の機能を蝕《むしば》み、自壊させた。マルクスは、他派との抗争において最終的に主導権を握れないとなるやいなや、自らの手で第一インターを葬り去る。そして、あとに残されたのは個々の労働者党であった。のちのドイツ社会民主党の前身を皮切りに、多くの社会主義政党が一八七〇年代以降に誕生した。ちなみにマルクスは、第一インターの解散を決意した当時、イギリスやアメリカ、あるいはオランダといった国々では議会を通じた平和的な手段によって政権を獲得できる可能性があることを認めだす。

たしかにマルクスは、民衆の自発的で非党派的な革命運動であるパリ・コミューンに国家権力そのものに対する革命としての意義を見いだした。しかし、それが一過的な現象でしかなかった以上、統制的な革命運動の模索が現実的なアプローチとなるほかなかったと言える。もっとも、彼としては、各国の労働者党によるそれぞれの政治闘争はあくまで部分的な運動であった。ただし、その運動を通じて労働者はさまざまな経験を積み、プロレタリアートの自己解放という歴史的かつ全体的な運動を遂行する自覚を強めるだろうと考えたのだ（リュベル二〇一〇）。

しかしながら、普通選挙権の拡大とともに労働者党の存在感がますます高まり、それらのなかには民主主義運動の中心的な担い手であると同時に、議会を通じた漸新的な社会変革を目指す議会主義政党の趣きを強めるものも現れるようになる。その動きは人間の真の自由の実現を目指す反体制思想を希釈し、体制内の改良を重視する姿勢への転換にほかならなかった。

当時、一九世紀後半の時代は、蒸気機関車や蒸気船の改良が進み、ガソリン機関も徐々に普及し始め、また諸大陸間の海底ケーブルの整備もなされるなど、テクノロジーの進歩とともに物流と通信の両分野が未曽有の規模と速さで進行した。イギリス発祥の産業革命はすでにフランスやドイツのみならず、ヨーロッパを越えてアメリカなどにまで拡大して強力な資本主義国家を出現させるとともに、各地で労働者の数が一層激増し社会を大きく変容させてもいた。資本主義はますます力強く発展し続け、世界はグローバル化の波に乗って急速に小さくなっていったのだ。そうしたなか、下層民の解放という近代的な民主主義の理念を引き受けた社会主義運動は、議会中心の改良運動へと自らの役割を集約させることで資本主義世界の労働者階級を着実に政治動員する傾向を強めたのである。

もちろん、こうしたマルクス本来の理念から「乖離《かいり》」する動きに対し、マルクス主義勢力内から不満を持つ者たちが現れた。たとえば、レーニンなどがそうである。あくまで反体制の実践家であった彼は、プロレタリアの自己解放というマルクスの生涯を通じたテーマに対して、自分なりの処方を打ち出していくのである。

とりわけ、レーニンの独特な思想のなかでひとつの柱となったのが、「前衛党」の理念にほかならない。彼は、軍隊的な「鉄の規律」に基づく少数精鋭の集団としての党がプロレタリアートを外部から教え導くことで革命を達成できるという考えを生涯堅持した。ここでレーニンもまた、マルクスが直面した難問に深く捉えられることになったのだった。

ところで、難問と言えば、マルクス自身の革命をめぐる理論のなかにも存在し、とりわけのちのマルクス主義者たちが立場の違いを際立たせたもののひとつは、「プロレタリアートの独裁」であろう。マルクスは資本主義社会と共産主義社会のあいだの過渡期に「プロレタリアートの独裁」なる政治形態が現れるとの見方を示し、これを自らの独創として自負もした。とはいえ、重要な概念であるにもかかわらず、彼の膨大な著作群のほんのわずかな箇所でしか言及されていないため、さまざまに解釈されることになった。

たとえば、マルクスはパリ・コミューンを「プロレタリアートの独裁」だとは明言しなかったが、のちにエンゲルスは両者を同一視する見方を示した。レーニンもその見方に立って国家論を形づくる。

とくにレーニンは、一九一七年のロシア二月革命で自然発生的に生まれた、労働者や兵士の自治的な組織である「ソヴィエト」(評議会)にかつてのパリ・コミューンの姿を重ね合わせた。第一次世界大戦に対する民衆の不満の高まりから発生した二月革命によって、ニコライ二世が退位し、立憲民主党などによる臨時政府が樹立された一方で、各地でソヴィエトが結成され、実質的に二重権力状態が生じた。レーニンは四月に亡命先のスイスから帰国するやいなや、「すべての権力をソヴィエトへ」と呼びかけ、ここから十月革命へと事態が大きく動き出すのである。

しかし、そもそもロシアのような経済後進国で、突如として資本主義から共産主義への過渡段階が生じえるのかについては、当然異論があった。さらに、レーニンのきわめて中央集権的な前衛党と分権的なソヴィエトとの関係は、権力奪取後の現実の国家運営に際し、マルクスの時代からの難問を一層深刻な形で呼び覚ました。

こうしたさまざまな課題の複雑な絡み合いが、国際的な共産主義運動の領域すなわちコミンテルンのあり方にも深甚な影響を与えることになるのである。

第二インターの誕生と分裂

さて、マルクスが世を去ってから六年後の一八八九年、新たなインターナショナル、すなわち第二インターが創立された。直接のきっかけは、八時間労働制をいち早く実現したアメリカなどの労働組合が、ヨーロッパでも同様の法制化を訴えるストライキを実施するよう求めたことだった。これを受けて、フランス革命百周年にあたる八九年七月一四日、パリにヨーロッパの社会主義者たちが集まることになった。

しかし、当時のフランスの労働運動は、ブルジョアの政党や政府との協力をも排除しない改良主義的な一派、いわゆるポシビリストの団体と、エンゲルスが助言を与えていたマルクス主義の団体とのあいだで分裂していた。双方がそれぞれに大会を招集するも、各国からはるかに多くの参加者を集めた後者の大会が事実上の第二インター創立大会となった。

第二インターは、第一インターと異なり個人の加盟を認めず、国別の政党や労働組合といった諸団体から構成され、より本格的な国際組織と言えた。いち早く大衆政党としての形を整え、議会でも大きな存在感を有していたドイツ社会民主党がリーダー的な存在となるが、加盟団体間のつながりは実に緩やかだった。第二インターに所属する条件は明確には定まっておらず、大会の決議に強制力もなかったのだ。

それゆえ、それぞれの団体の方向性は多種多様であった。労働組合運動を至上とする勢力や無政府主義の一派もあれば、マルクス主義者のあいだでもさまざまな思想上の相違が存在した。ちなみに、そうした雑多な国際組織である第二インターに、ロシアのボリシェヴィキも加わっていた。

なお、一八九八年にロシア初の本格的マルクス主義政党として誕生したロシア社会民主労働党は、一九〇三年の第二回党大会で党の方針をめぐりボリシェヴィキ（多数派の意）とメンシェヴィキ（少数派の意）に分裂した。また、ボリシェヴィキは、一八年三月に「ロシア共産党（ボリシェヴィキ）」、ソ連邦成立（二二年）後の二五年に「全連邦共産党（ボリシェヴィキ）」、五二年に「ソヴィエト連邦共産党」と名称を変えた。本書では読み易さを優先し、ボリシェヴィキまたはロシア共産党と表記する。

当然、このような状態では加盟団体同士がそれぞれの立場の違いを越えて統一した行動をとることは容易ではない。それが最も顕著に表れたのは、第一次世界大戦への対応である。

第二インターは一九〇七年にドイツのシュトゥットガルトで開かれた大会で、戦争反対の決議をおこなっていた。しかも戦争が勃発した際にはその危機を利用して資本主義を打倒するという方針まで立てていた。しかし、いざ第一次世界大戦が起こると、加盟政党の多くは自国の戦争を支持する姿勢に転換する。

一貫して帝国主義国家による戦争に反対してきたレーニンにしてみれば、これら社会主義政党の変節は裏切り行為以外の何物でもなかった。第二インターのなかで少数派となったボリシェヴィキら各団体の反戦主義者たちは、スイスのツィンメルヴァルト村で会議を開き、右派すなわち多数派を激しく非難した。

しかしこのツィンメルヴァルト運動も決して一枚岩ではなかった。第二インターと決別し、戦争を内乱に転化させていくことを主張するレーニンら左派と、そうした急進的な方針を批判した中央派とのあいだの溝は深いものがあった。結局、その後もこの溝は埋まることなく、左派は第三インターの創立へと進み、中央派や右派も第二インターの再建をそれぞれ模索していくのである。

レーニン対カウツキー

レーニンは、多くの社会主義者が世界大戦で自国のブルジョアジーを支援する側に回ったことで、第二インターはその歴史的役割を終え、完全に破綻したと見た。真に革命的なインターナショナルを新たに組織する以外には、資本主義打倒の目標を貫徹できないと考えたのだ。

したがってコミンテルンを創立するに当たって、参加者に強く求めたものは、ボリシェヴィキ以外のヨーロッパ左翼との絶縁であり、対決であった。第二インターの右派に対してはもちろん、ツィンメルヴァルト運動で一時行動を共にした中央派に対しても厳しい姿勢で臨むことが必須とされたのである。

ところで、この中央派の重鎮だったのが、エンゲルスの弟子であり、長くドイツ社会民主党の理論的支柱でもあったカール・カウツキーである。「マルクス主義の法王」と呼ばれるほどの権威をもった彼は、プロレタリアートの勝利を歴史の必然であるとしつつも、急進的な革命行動をとることに対しては一貫して否定的な立場をとった。とはいえ、暴力革命を完全に放棄したわけでもなく、社会情勢の動向を注視しながら、現状では議会制民主主義を通じた漸新的な変革を追求すべきだとした。

第一次世界大戦勃発までのドイツ社会民主党の内部は、ローザ・ルクセンブルクのような左翼急進派から、革命の必要性自体を否定したベルンシュタインの修正主義派まで、社会主義革命の認識をめぐってまったく意見の対立する左右諸派が同居する状態にあった。マルクス主義を掲げる党の指導部としては、革命の追求を完全に放棄はできず、かといって民主主義の進展とともに拡大してきた労働組合が最大の支持母体である以上、立法を通じてではなく、社会的騒擾《そうじょう》を惹き起こすような活動を前面に押し出すことも難しかった。そうしたなかでは、カウツキーの中道路線が主流派とならざるをえなかったのである。

もともとレーニンは、ひと回り以上年長の卓越した理論家であるカウツキーから多くを学んできたが、第一次世界大戦への対応をめぐって右派と同罪だとみなすようになる。彼は少数精鋭の革命家集団と暴力による社会変革を否定しない自らの社会主義思想を共産主義、その運動のための組織を共産党と称することで、カウツキーら社会民主主義者との差異を強調し、対決姿勢を鮮明にした。

さらに両者の対立が決定的となるのは、十月革命の評価をめぐってであった。カウツキーは、一九一八年八月に発表した著作『プロレタリアートの独裁』のなかで、十月革命は社会主義革命などではないと全面的に否定した。すでにこの頃までに彼は、ベルンシュタインの立場に接近し、民主主義なくして社会主義はありえないと考えるようになっていた。それゆえ、ボリシェヴィキが権力を獲得した直後にロシア初となる普通選挙を実施しながらも、自らが第一党になれないとなるや、翌一八年一月に開催された憲法制定会議を力ずくで解散したことは、民主主義と社会主義双方の否定にほかならなかった。

そもそもカウツキーにしてみれば、資本主義が未発達で労働者の数も少ない後進国ロシアでプロレタリアが主体となる革命が起こりえるなどとは荒唐無稽な話だった。しかも憲法制定会議の解散のみならず、多くの政党が排除されてボリシェヴィキの一党独裁が急速に強まるロシアの現状は、彼の目にはマルクスの遺産からの完全な逸脱としか映らなかったのである。

一方、レーニンからすれば、自国の戦争に決然と反対しなかったばかりか、資本主義と議会制民主主義の発展による社会の漸進的な改良を追求して十月革命の歴史的意義を微塵《みじん》も認めない者たちと折り合える点はどこにもなかった。そのためボリシェヴィキにとって、カウツキーをはじめとする第二インターの指導者たちは、殲滅《せんめつ》すべきはずのブルジョアジーに接近し、労働者たちをたぶらかして革命から切り離そうとする真正の敵とみなされること

カウツキー（1854〜1938）
オーストリア・プラハでチェコ系の家庭に生まれ，マルクス思想の正統的な後継者として存在感を発揮．晩年には政治活動から身を引いてウィーンで暮らしたものの，ナチのオーストリア併合を境に亡命生活に入り，アムステルダムで死去

になった。

だからこそ、それらマルクス主義の「裏切り者」である改良主義のリーダーたちを一掃すれば、ヨーロッパの労働者階級は大挙してボリシェヴィキのもとに参集してくる、というのがレーニンらの見立てともなる。世界革命の基本方針は、このように誠に単純な発想のうえに成り立っていた。否、単純であったがゆえに、その後長期間にわたってコミンテルンの活動を強く拘束するのだ。

権力を奪取されるソヴィエト

議会制民主主義が社会主義には不可欠としたカウツキーに対して、レーニンは「ソヴィエト」（評議会）こそがプロレタリアートの民主主義であり、議会制度はブルジョアジーの支配を隠蔽《いんぺい》するための偽りの民主主義に過ぎないと反論した。

先にも触れたように、レーニンにとって、一九一七年のロシア二月革命で旧来の秩序が崩壊するなか各地で自然発生的に生じたソヴィエトは、かつてエンゲルスが「プロレタリアートの独裁」とみなしたパリ・コミューンの再現にほかならなかった。ボリシェヴィキ内では、ジノヴィエフなど権力奪取を時期尚早とする者たちも多かったが、レーニンはそれを押し切る形で革命を成就させた。ロシアの新たな統治者であるソヴィエトによって真の民主主義が実践されているると主張することで、レーニンは自らの革命がマルクスの思想に完全に則《のっと》ったものであることを明確に示した。

とはいえ、マルクスが「プロレタリアートの独裁」について詳細には説明していないこともあり、ソヴィエトに対する評価は一様なものとはなりえなかった。パリ・コミューンのときと同じく、評議会と政党との関係性が手つかずの難問として再び浮上してきたわけである。実のところカウツキーが鋭く指摘したのも、この点に関わる。要するに、ソヴィエトが新たな統治者であるとしても、そのソヴィエトを実際に動かす存在はレーニンの党であり、それはプロレタリア独裁などではなく、まったくもって一党独裁ではないのか、と。

レーニンがこの批判に対して有効な反論を示せたとは思われない。しかも、その後のロシア内の動向はカウツキーの指摘通りとなっていく。ソヴィエトに集中されたはずの権力は、ボリシェヴィキに奪取されていき、真の民主主義なるものは形骸化の一途をたどった。

そもそもレーニンが党内の反対を抑えて政権の獲得に踏み切ったのは、すぐにドイツでも蜂起が起こって友軍が駆けつけてくれるという期待があったからである。しかし、西からの友は来たらず、交戦諸国に訴えた無併合・無償金の講和の提案も無視され、ロシア領内でドイツ軍の攻勢は続いた。もはやドイツとの休戦交渉に臨むほか手はなくなり、一八年三月のブレスト＝リトフスク条約締結に至る。こうして世界革命の展望が大きく揺らいだことで、まずは独力での革命政権の維持が喫緊の課題となった。

同条約が結ばれた結果、ソヴィエト政権は多額の賠償金のほか、ロシアのヨーロッパ地域のうち約三分の一という途方もない領土を失った。戦争で疲弊した国力がさらに著しく削《そ》がれるなか、レーニンは憲法制定会議を支持する勢力を一掃するための内戦を進め、それは戦時下における社会主義革命の実践と同時に追求された。

こうしたいわゆる「戦時共産主義」と呼ばれる政治体制の実施において、なによりも重要だったのは、ボリシェヴィキの支持基盤である都市部の維持であった。そのため、地方の農村部には逆に大きな負担がのしかかることになる。革命指導部は食糧徴発のための部隊を派遣し、農民から力ずくで穀物を奪っていったのだ。農村に階級闘争の論理が持ち込まれ、「クラーク」つまり富農に対する仮借《かしゃく》のない取り立てがおこなわれだすが、「農村のブルジョアジー」たるクラークとそれ以外の農民との違いは限りなく曖昧であった。

一八年の半ば以降、はっきりと恐怖政治が出現する。ちょうどカウツキーが十月革命を全面的に批判した件《くだん》の書を世に問うたのと同じ頃、レーニンはある地方のソヴィエトで活動していた党幹部に対して、「百人以上の名うてのクラーク、金持ち、吸血鬼を縛り首にせよ（必ず民衆に見えるように縛り首にせよ）〔……〕民衆がそれを見て、身震いし、悟り、悲鳴を上げるようにせよ」と情け容赦のない弾圧を命じている（Pipes, ed. 1996）。

農村における十月革命は対農民戦争以外のなにものでもなかった。こうしてレーニンの主張する真の民主主義なるものの本質が浮き彫りとなったのである。

フィンランドでの蹉跌と確信

他方、かなり早い段階からレーニンの思想、とりわけ前衛党の考えに対する危惧を隠さなかったのが、ポーランドに生まれてドイツで活動したユダヤ人革命家ローザ・ルクセンブルクである。彼女は、革命的な意識をもった少数者が運営する高度に中央集権化された党の導きを労働者たちは必ず必要とするというレーニンの構想が、プロレタリアートに対する一党独裁に陥る危険性をいち早く感じ取り、はっきりと警告を発した。

しかしレーニンにとって前衛党は、自身の革命思想の中核であり続けた。ロシアでソヴィエト権力の出現を見たときも、これを生かすも殺すも前衛党としてのボリシェヴィキの行動次第としたわけである。結果的にボリシェヴィキのもとに政権が転がり込んできたことにより、「プロレタリアートの前衛」としての共産党と「プロレタリアートの独裁」としてのソヴィエト権力とは固く結びつき、輝かしき成功体験として共産主義者のあいだで共有されるべきものとなった。

しかも、すぐさまこの革命の原理は、ロシア以外でも普遍的に適用可能なものとして位置づけられる。それは誠に逆説的だが、十月革命の影響を受けてヨーロッパで最初の革命が発生したフィンランドでの失敗が関係している。長らく帝政ロシアの支配下にあったフィンランドは十月革命後に独立を果たしたが、一九一八年一月にフィンランド社会民主党左派を中心とする勢力が首都ヘルシンキを占拠し、フィンランド社会主義労働者共和国の樹立を宣言した。ドイツと講和交渉のさなかにあったロシア政府はこの動きに喝采を送り、三月初めには同国と友好条約を調印する。しかし直後にドイツの介入で内乱が発生して革命政権は倒れ、首脳陣はロシアに亡命する事態となったのである。

ボリシェヴィキはフィンランドでの蹉跌《さてつ》の原因を、フィンランド社会民主党左派がブルジョア民主主義との完全な決別を組織的にも精神的にもできていない状態で蜂起してしまったことに求めた。つまり、十月革命を成功に導いたメソッドを充分に踏襲しなかったからだとしたのである。逆に言えば、この成功のメソッドを着実に実践しさえすれば、ヨーロッパであってもロシアと同様の成果が期待できると、ボリシェヴィキは確信を深めたのだった。

コミンテルンの誕生

十月革命のメソッドを世界に普遍的に適用していくためには、まずなによりも各地に共産党がなくては始まらない。そして同時にそれら共産党の活動を調整する国際的な機構としてのインターナショナルも必要とされたのである。

しかしながら、ドイツとの講和以降、ロシア革命に対する各国からの干渉が強まる一方、国内では農民との対立が深まり、革命ロシアを取り巻く状況は一層厳しさを増していた。孤立を深めるボリシェヴィキにとって、ロシア国内にいる外国人共産主義者らと連携はできても、国外で革命運動を準備するような積極的な活動の展開はきわめて難しかった。

変化の兆しは、戦争の終結とともに訪れる。一九一八年夏からの連合国側の攻勢に押されたドイツが一一月になって敗北したことで、国際秩序は新たな局面に入った。そうしたなか、その年の終わりまでに、ポーランドやバルト諸国などロシアと接するヨーロッパの国々のほか、ドイツなどで共産党が生まれる。

一九年三月、わずかばかりの各地の共産党員や同調者が集められて第三インターの創立が話し合われた。しかし皮肉なことに、レーニンらボリシェヴィキがインターナショナルの要として重視したドイツ共産党は、新たなインターナショナルの創立は時期尚早とする立場をとった。いまだ共産党と呼べるような政党が数ヵ国にしかなく、しかも国外から到着した若干名のうちに西欧からの参加者が誰もいないような状況でインターナショナルを立ち上げることに明確に反対した。

ローザ・ルクセンブルク
(1871～1919) 女子高校在学中に社会主義運動に身を投じ，その後，最左翼の革命理論家として足跡を残す．自然発生的な革命を重視した彼女は，レーニンの前衛党論を一貫して批判した

ところで、ルクセンブルクは同年一月にドイツ革命を阻止しようとする勢力によって殺害されたが、第三インターの創立には生前から一貫して反対だった。そもそも彼女はドイツ共産党と名乗ること自体にも反対であったほど、ボリシェヴィキの影響を警戒し、独立独歩の姿勢が大切だと同僚た

ちに訴えていた。レーニンの革命思想を早くから批判し、獄中にあってもロシア革命の動向を冷静に分析していた彼女の目には、モスクワで急造されようとしているインターナショナルが、遅かれ早かれ対等な各国共産党の活動の場ではなくなり、ボリシェヴィキの支配下に陥ることは火を見るよりも明らかだったのだ。

しかし、彼女の遺志を継いだドイツ共産党の代表の訴えが大会出席者たちに届くことはなく、圧倒的多数によって新インターナショナル創立は支持された。かくして、共産主義者を革命の裏切り者である社会民主主義者たちから永遠に切り離す国際的な枠組みが誕生し、世界革命を実現するための第一歩が築かれたのである。

第1章　孤立のなかで──「ロシア化」するインターナショナル

ロシア化の始まり

英国の歴史家でソ連研究のパイオニアであったE・H・カーが指摘したように、一九一九年三月のコミンテルン第一回大会の重要性は新たなインターナショナルの創立という事実そのものにあった（カー二〇〇〇）。

それでもひとまず決定されたのは、執行委員会を指導機関として設置し、ジノヴィエフを議長としてトップに据え、また当時ドイツの監獄に捕らわれていたポーランド出身のユダヤ人共産主義者カール・ラデックを書記に就けること、ロシアやドイツやハンガリーといった計七つの共産党が派遣する各一名の代表で構成することなどであった。また、国外から委員が到着するまでのあいだ、執行委員会が選出した数名からなるビューロー（事務局）が実質的にコミンテルンを運営することも決まった。

とはいえ、コミンテルン創立大会で西欧からの参加者がひとりもいなかった事実からわかるように、干渉軍に包囲された革命ロシアと国外との往来はきわめて難しい状況であり、すぐに改善する見込みはなかった。それゆえ、外国の共産党代表がモスクワに来られない以上、ロシア共産党がコミンテルン運営の主体にならざるをえなかった。

また他方で、一九一九年の七月に開かれたコミンテルン執行委員会ビューロー会議で、同委員会内に小ビューローを設置することが決定された。のちに「幹部会」と改称されるこの組織が、コミンテルンの最上層の指導機関となっていく。実はこの決定は、ロシア共産党中央委員会の意向を受けたものであった。これはすなわち、重要な問題については他国の共産党と協議せずにボリシェヴィキがあらかじめ決定する、というスタンスがきわめて早い段階から実践されていたことを示している。

たしかに、ロシアの外には少数かつ未熟な共産党しかなく、しかも常時往来が困難であるという事情があったにせよ、他国の共産党と対等な討論を通じたコミンテルン運営をしていく意識が当初からボリシェヴィキに希薄であったことは否めない。ロシア共産党の上層部のなかで事前に決定された重要事項が、同党の実質的な支配下にあるコミンテルン上層部にそのまま受け入れられることが常態化するなかで、インターナショナルの「ロシア化」は進行した。

ところで、コミンテルン創立直後に開催されたロシア共産党第八回党大会にて、党の最高決定機関として政治局が常設されることになり、しかも国家権力の中枢としても機能することが確定した。これによって、党中央委員会のなかから選ばれたごく少数の委員からなる政治局が、ありとあらゆる政治問題を最終決定するという、ソ連崩壊まで脈々と受け継がれる統治構造が出現した。

コミンテルン執行委員会と小ビューローすなわち幹部会の関係は、ロシア共産党中央委員会と政治局の関係と明らかに相似となっていた。ロシア共産党中枢のあり方がそのままコミンテルン中枢のあり方へと有無を言わさず移し替えられており、すでにボリシェヴィキの地位が特権的なものであったことが明瞭に見てとれる。

言うまでもなく、そもそもレーニンの呼びかけでコミンテルンは創立され、しかも創立大会のすべての会議を彼が主導した。その後もコミンテルン内での公式の役職がないにもかかわらずレーニンは最高権威であり続ける。レーニンと彼の率いるボリシェヴィキは共産党とコミンテルンの始祖として、決して他の共産党と対等ではありえかった。選ばれし少数のエリート集団による指導という、実に貴族主義的な前衛党の発想は、意識的にしろ無意識的にしろ、共産党間の関係に如実に反映されたのである。

また、政治局が組織されて党と国家が明確に一体と化したことは、ロシア共産党が国益重視の観点から国際共産主義運動へ関与する傾向を強めこそすれ弱めはしなかった。

本来、十月革命は万国のプロレタリアートが団結して進めるインターナショナリズムの最初の一撃に過ぎない。だからこそヨーロッパで後続する革命なくしては、ロシア革命が存続できないことを、レーニンはじめ多くのボリシェヴィキ党員は認識していた。いわばロシアとヨーロッパの革命をひとつの「環」とみなす考えが、世界革命を追求するプロレタリア国際主義の根幹にあった。

ところが、十月革命直後から刻一刻と深刻さを増す危機のなかで、プロレタリア国際主義と革命ロシアの国益とのあいだの相克が滲《にじ》み出てくる。たとえば、赤軍——正式名称は労農赤軍。ソヴィエト政府が内戦を戦う必要から一八年一月に布告を出して創設した軍隊——の組織者として知られるトロツキーが、外務人民委員としてドイツとの講和交渉に当たった際のことである。彼は当初、外交という国対国の枠組みによる対話を拒んだが、すぐに方針を転換せざるをえなくなる。端的に言ってブレスト＝リトフスク条約の締結とは、社会主義の祖国である革命ロシアの国益がプロレタリア国際主義の理念にはっきりと優先した瞬間でもあったのだ。

もちろん、この決定的な出来事のあとも、革命ロシアの国益とプロレタリア国際主義の理念とは常に緊張関係にあった。ボリシェヴィキの一党独裁体制が強まれば強まるほど、プロレタリア国際主義に対するロシアからの影響も強まる。社会主義の祖国の防衛に全面的な指導的責任を負うロシア共産党政治局にとって、世界革命の舵《かじ》取りは安全保障上の重要マターとして自らの専権事項にほかならない。国家防衛というこれほど致命的に重要な問題について、どうして国外の未熟な共産党が対等な立場からあれこれ議論することが許されるだろうか。

唯一の革命モデル

もっとも、レーニンを中心とするロシア共産党政治局が当初から世界革命の具体的な舵取りについて隅々に至るまで明確なビジョンを持ち合わせていたわけではない。

たとえば、コミンテルン創立大会直後にヨーロッパ各地で誕生したソヴィエト共和国の動向次第では、すでにロシアでは機能不全に陥っていたプロレタリア民主主義の形、つまりソヴィエト（評議会）を中心とする革命のあり方が追求されうる可能性もあったと言える。しかし、ハンガリー・ソヴィエト共和国やバイエルン・レーテ共和国など、現地の共産党が関わった革命運動が瞬く間に次々と崩壊したため、現行のボリシェヴィズムのほかに革命のモデルとして世界に示せる選択肢はなくなっていった。

とはいえ、モスクワによるコミンテルンのロシア化やボリシェヴィキ化がすぐさま全面的に着手されたわけではない。コミンテルン執行委員会内の中枢組織に対して現行のボリシェヴィキ・モデルの適用はすぐに躊躇《ちゅうちょ》なくできたとしても、たとえばどのように現地の共産党との連絡体制を確立して効果的な指導ができるかなどの課題は、一から手探りで構想する必要があった。

一九一九年三月の創立大会から二〇年七月に第二回大会が開催されるまでのあいだ、コミンテルン自体の活動はほぼ足踏み状態であったが、加盟政党は次第に増えていった。しかし、いまだ未熟で力強さに欠けたヨーロッパの革命運動を改善するためには、コミンテルンの指導力をすぐに大きく高める必要があった。その意味でも、ロシア国外の組織体制をどのようなものにするかは大きなテーマだった。

ところで、コミンテルンの組織としての構成要素は大きく分けて三つから成る。すなわち、モスクワにおかれた本部機構、支部としての各国共産党、そして両者をつなぐ中間機構である。コミンテルン創立後、中間機構を設置しようとする最初の動きは、ハンガリーやバイエルンでの革命運動の高揚に対応したものであった。これらの地域をはじめ、ウクライナやスカンジナヴィアなどにもコミンテルン執行委員会の支部としてビューローを設置しようとした。

ジノヴィエフ（1883～1936）ロシア帝国領ウクライナ生まれのユダヤ人革命家で，早くからレーニンと行動をともにした

その後、初代議長としてコミンテルンを率いるジノヴィエフは、西洋全体を視野に入れた構想を立ち上げ、欧米などでの活動拠点としてのビューローをヨーロッパ各所に置く。こうした中間機構は、孤立状態にあったモスクワから比較的自立した活動を見せたが、それも長くは続かなかった。

これは、一九年中に外国の干渉軍がアメリカと日本を除いてロシア領内から撤退していき、二〇年初めには白軍の指導者コルチャークを逮捕・処刑するなど、旧帝政派らとの内戦にもようやく目途がついてきたことが関わっている。モスクワと諸外国の革命勢力との直接的な関係を構築できる展望が開けてきたため、世界の共産主義運動の隅々にまでモスクワの意向に従う体制を敷《し》こうとしたのである。

コミンテルン規約

コミンテルン第二回大会は、三七ヵ国から二百人以上の代表が参加し、前回の創立大会とは違って盛大なものとなった。この大会の事実上のテーマは、加盟政党がボリシェヴィキの組織原理と戦術を受け入れ、社会主義の祖国を誕生させたこの党をコミンテルンの指導者として承認するか、ということであった。

ジノヴィエフが起草したコミンテルンの規約と加入条件には、ロシア化されたインターナショナルのあり方が実に明瞭に述べられている（『コミンテルン資料集』一）。まず規約の序文は、例のごとく第三インターこそが第一インターの正統な継承者であり、第二インターの指導者たちを裏切り者と断罪したうえで、このように明記した。「共産主義インターナショナルは、世界史上最初の勝利した社会主義革命であるロシアの偉大なプロレタリア革命の獲得物を全幅的に、あますところなく支持し、全世界のプロレタリアに同じ道を進むように呼びかける」と。

十月革命の歴史的意義に異論をさしはさむ余地を認めず、ロシアの経験を世界のどの地域であってもプロレタリア革命へ至る唯一の道として踏襲せよ、と言明したのである。のちに見るように、コミンテルンの活動がロシアの防衛と切り離せないものになっていく素地は、すでにこの一文のなかに込められていたと言えるだろう。

コミンテルン第２回大会　写真に収まる指導者たち．前列左から４人目がトロツキー，１人おいてレヴィ，ジノヴィエフ，ブハーリン．レヴィ（1883～1930）は，共産党を離れた後にドイツ社会民主党に合流．ボリシェヴィキやナチへの批判を続けたが，30年にベルリンの自宅の窓から転落死．ブハーリン（1888～1938）は，ジノヴィエフ失脚後にコミンテルンの事実上のトップとなるが，スターリンとの争いに敗れて失脚．その後，銃殺刑．

では、コミンテルンが追求する具体的な目的とは何だったのか。規約序文には次のように説明されている。

> 共産主義インターナショナルは、国際ブルジョアジーを打倒し、国家の完全な廃止への過渡段階としての国際ソヴィエト共和国を創設するために、武器を手にとることをもふくめて、あらゆる手段でたたかうことを目的とする。

ブルジョアジーが独裁を敷く資本主義社会をあらゆる手段によって覆し、それまで支配されてきたプロレタリアートが自ら独裁をおこなう体制を各地で実現することで、最終的に単一の世界国家「国際ソヴィエト共和国」を形成するという、誠に壮大な使命を背負った組織。それがコミンテルンであった。

また、こうした世界国家の創設を目指す以上、コミンテルンは各地でそれぞれの意思決定のもとにばらばらに活動する党組織の寄合所帯ではなく、整然とした中央集権的組織でなければならなかった。規約序文でも、「共産主義インターナショナルは、真に、実際に単一の世界共産党でなければならず、各国で活動している党はこの世界共産党の個別的な支部である」とはっきり示されている。そのうえで、年一回開催の世界大会が最高機関であること、その世界大会で選出された執行委員会が次の世界大会までの指導機関であること、などが全一七の条項で定められた。

また、執行委員会の所在地は、各世界大会で都度決定する、とされた。これは、革命がロシアから西へと拡大していけば、それにあわせてコミンテルンの本部機構をモスクワからベルリンやパリといった場所に移転するという考えに基づいていた。世界革命の「参謀本部」をロシアの外におき、コミンテルンの普遍性を確保しようとする意識は、レーニンらボリシェヴィキのあいだで早くから見られたものである。しかしその後、世界革命の可能性が早々に遠ざかるにつれ、コミンテルン指導部をロシアから移す「夢」も遠のいてしまう。

規約第八条には、執行委員会の所在地となっている国の共産党が、同委員会の仕事の主要な部分を担い、議決権をもつ代表五名を派遣するとなっている。一方で、それ以外の主要な共産党は、議決権を行使できる代表は一名のみとされ、さらにそれ以外の共産党は議決権がなく、評議権をもつ代表一名の参加だけが認められた。これによって、コミンテルン指導部がモスクワに固着すればするほど、ロシア共産党の影響力が拡大する構造が組織の公然のあり方になったと言える。

とくに規約第九条で、執行委員会はコミンテルンに属する「すべての党と組織にたいし、全体を拘束する指針をあたえ」、「国際的規律に違反したグループや個人を排除することを要求する権利、また世界大会の諸決定に違反した党を共産主義インターナショナルから排除する権利をもつ」と定めたため、コミンテルンがロシア化する危険性は著しく高まったのである。

二一ヵ条の加入条件

規約の内容以上に、コミンテルンのロシア支配の下地を形づくったのは、二一ヵ条からなる加入条件である。これによりコミンテルンに加盟しようとする政党は、共産党と名乗ることが義務づけられるとともに、ロシアの経験に基づく「プロレタリアートの独裁」の理念とボリシェヴィキの組織原理を余すことなく徹頭徹尾受け入れることを迫られた。それはレーニン死後も変わらず、とくにスターリンにとって各条項は、コミンテルンに加わる各国共産党を拘束する「言質」として重宝するものとなる。

二一ヵ条の特徴を端的に表現するならば、「純化」「中央集権」「鉄の規律」「秘密」「浸透」

といった語彙が当てはまるだろう。たとえば、加盟政党の義務のひとつとして、労働運動の内部からカウツキーのような改良主義者やその支持者を「排除して、信頼できる共産主義者とおきかえる」(第二条)よう求める。当然、共産党内でも、こうした純化の思想は徹底されるべきもので、「共産主義インターナショナルが提示した条件やテーゼを原則的に拒否する党員は、党から排除されなければならない」(第二一条)と明確に定められた。

排除と挿《す》げ替えを駆使して徹底的に異分子を取り除き純化を目指す志向は、コミンテルンと各国共産党の官僚機構の基本的な性格として位置づけられる。そうした純化の追求は、ボリシェヴィキの古くからの「セクト主義」——異なる党派を排除して同じ考えの身内だけで組織を固めようとする態度——の如実な反映でもあった。ボリシェヴィキと同様、コミンテルンの加盟政党でも、徹底的な純化は強固な中央集権的組織体制と不可分とされ、それゆえ「軍事的規律に近い鉄の規律」(第一二条)も求められた。

もちろん、軍隊的な組織である以上は、必ず組織の機密保持も徹底されなければならない。いわんや非合法的な手段も辞さずに政権奪取を目指す組織であるため、秘密裏《り》におこなわれる活動は必須となる。しかも、共産党員の活動範囲は、「第三インターナショナルの支持者がはいりこんでゆけるところならどこででも」(第一条)とされたことで、党の揺るぎない一体性の確保がなおさら重要になったのである。

ワルシャワ包囲の熱狂

コミンテルン規約と二一ヵ条の加入条件は、ロシアでのボリシェヴィキの経験を土台にし、厳格な中央集権と規律の徹底、純粋性の確保や浸透工作の義務化など、軍隊的な側面をも有する単一の「世界共産党」なるものの実現を図ろうとするものだった。それは多くのヨーロッパの社会主義系政党からすれば、きわめて異質かつロシア的な組織と行動の原理を受け入れることを意味した。

とりわけ、社会主義の長い伝統と権威をもつドイツやフランスの政党にとって、この原理を受け入れることは党を完全に分裂させることにほかならなかった。ボリシェヴィキは各党から派遣されてきた代表たちの反対姿勢を覆すためにあの手この手を駆使して攻撃した。結局、第二回大会の参加者たちのあいだで、ロシアによる支配への危機感は共有されず、コミンテルンの組織と行動の原理は圧倒的多数の賛成によって採択された。

第二回大会が、どのコミンテルン大会とも異なり、世界革命実現の熱気と高揚感のただなかにあったことは、多くの参加者たちの目からボリシェヴィキが目指そうとするものの本質を見えなくさせてしまったのかもしれない。ちょうどその当時、赤軍がポーランド軍を蹴散らしながら、首都ワルシャワへと迫っていたのである。

ロシア帝国をはじめ周辺の強国に分割され支配下にあったポーランドは、第一次世界大戦後、ヴェルサイユ条約をきっかけに独立した。初代国家元首となったユゼフ・ピウスツキは、一九二〇年から革命ロシアに対する本格的な干渉戦争に乗り出す。その大きな目的は、ポーランドを中心にリトアニア、ベラルーシ、ウクライナから構成される連邦国家を樹立し、ロシアを封じることにあった。

当初、ポーランド軍はウクライナのキエフ（キーウ）を一時占領するほどであったものの、次第に形勢不利となり、赤軍の攻勢に晒《さら》される。ロシアより西へ、ヨーロッパに向かって革命を拡大していくことが世界革命であるならば、まさに第二回大会の会期中はその実現が大きく現実味を帯びた瞬間であった。このとき、十月革命を支持するヨーロッパ左翼のなかで、ボリシェヴィキとソヴィエト・ロシアの威光が、いやがうえにも輝きを増したのは間違いない。

言うまでもないが、このとき赤軍が攻め落とそうとしていたポーランドは、世界革命の最大の目標地であるドイツのすぐ隣に位置する。ロシアとドイツの緩衝地帯としてのポーランドの戦略上の重要性は際立っていた。この国を併呑《へいどん》することができれば、悲願のドイツ革命へと大きく一歩近づくことは確実に見えた。

ヨーロッパへの革命の拡大に対する、楽観的な観測をまえにして、強度に中央集権的かつ軍隊的な鉄の規律に縛られた組織原理を受け入れるとか受け入れないとか、あるいはコミンテルンに対するロシアの優越を認めるとか認めないとか、などということは些末《さまつ》な事柄に過ぎなかった。今まさに目前で、ボリシェヴィキの組織と行動の正しさが証明されようとしていたのである。

ドイツ独立社会民主党ハレ大会

第二回大会は、赤軍によるワルシャワ包囲の熱狂のなかで閉幕した。ところが直後に、ポーランド軍の激しい反攻が始まる。瞬く間に形勢は逆転し、赤軍は退却を余儀なくされた。しかしポーランド軍は追撃の手を緩めず、ベラルーシのミンスクまで赤軍を押し返したところで停戦となる。こうしてヨーロッパ革命実現の楽観は、はかなくも夢と消え、その後に残ったものはインターナショナルのロシア支配の現実であった。

ちょうどポーランドとロシアが停戦に合意した一九二〇年一〇月、ドイツ中部の都市ハレでは、コミンテルンへの加入をめぐる激しい論戦が繰り広げられていた。第一次世界大戦への対応をめぐってドイツ社会民主党から離れた者たちが結成したドイツ独立社会民主党の党大会が開催されたのである。

独立社会民主党は、コミンテルン第二回大会へ代表を派遣した政党のなかでも、二一ヵ条の加入条件の内容をめぐって、とりわけボリシェヴィキとの緊張を高めた。党の幹部であるカウツキーらを「名うての日和見《ひよりみ》主義者」と批判し、彼らとの絶縁を必須とする加入条件がコミンテルンの正式の決定となってしまったからである。

直前の六月におこなわれた選挙で躍進した独立社会民主党の存在感は、ドイツのみならずヨーロッパの労働運動でそれまで以上に高まっていた。ハレ大会には各国の左翼運動家たちも参加し、白熱の論争を繰り広げた。ロシアからはジノヴィエフが直々に送り込まれ、四時間にわたって演説をぶったことを見ても、ボリシェヴィキがいかに党大会を重視していたかがわかる。

加えて、独立社会民主党内でコミンテルン加入を目指す左派とそれに反対する右派が対立を深めたもうひとつの争点は、労働組合をめぐる問題であった。というのも、コミンテルンの加入条件である二一ヵ条は、「アムステルダム・インターナショナル」との絶縁の必要性を労働組合に組織された労働者に宣伝するなど、既存の国際労働組合運動に対する闘争を義務としたからである。

アムステルダム・インターナショナルとは、国際労働組合連盟（IFTU）の通称である。国際的な労組の組織化は、二〇世紀初頭に数ヵ国の労働団体が寄ったことに始まり、その後規模を拡大したが、世界大戦をきっかけに活動は頓挫していた。戦争終結後、ヨーロッパを中心に各国から労組の代表がアムステルダムに集まり、IFTUの創立大会を開催して運動の再組織化がなされた。

そもそもヨーロッパの国際的な労組運動は、第二インターと歩みをともにしてきたもので、IFTUも第二インター再建の動きと連動していた。それゆえ、ボリシェヴィキにとってアムステルダム・インターは、労働者を革命から遠ざけて悪《あ》しき改良主義の虜《とりこ》にする敵の牙城にほかならなかったのである。

コミンテルンが二一ヵ条で示したIFTUとの闘争のやり方は、きわめて矛盾に富んでいる。

つまり、それら改良主義的な労組のなかに入っていき、「共産党の細胞をつくることが必要」とされ、「細胞は、長期にわたる、ねばりづよい活動によって、その労働組合等々を共産主義の事業の味方に獲得しなければならない」(第九条)と定めたのだ。

当然、独立社会民主党を支持してきた労組の幹部や熱心な活動家たちからすれば、こうした条項は世迷《よま》い事としか映らないものであった。自分たちの組合組織を内部から破壊し、あまつさえ乗っ取ろうと画策する政党を、どうして支持しなくてはならないだろうか。

こうして党内の左派と右派の対立はますます決定的なものとなった。採決では左派が票を重ね、コミンテルン加入を押し切る形となり、党は完全に分裂した。党員約八〇万人のうち三〇万人ほどがコミンテルンの指揮下に入る意思を示してドイツ共産党と合流し、その他はのちにドイツ社会民主党に再合流するなどしたのである。

フランスの場合

ドイツ以外の地でも、コミンテルン加入をめぐる分裂の波が広がっていった。たとえば、フランスである。社会主義とともにサンディカリズムつまり労働組合主義の伝統が根強いフランスは、労働組合が政党と距離をとって自律的な存在であることを自負しており、労働運動のあり方はドイツとは異質であった。それゆえにこそ、コミンテルンの登場は、社会主義運動だけでなく、労働組合運動にも混乱を生み出した。

フランス社会党の分裂で重要な役割を果たしたのが、ボリス・スヴァーリンである。キエフのユダヤ人宝石商の家庭に生まれたスヴァーリンは幼くしてパリに移り、そこで職人修業をするなかで社会主義思想に傾倒していった。社会党員として活動していた二二歳のときに十月革命が起こるとボリシェヴィキを強く支持し、フランスにおける最初の共産主義活動家としてモスクワの代弁者の役割を果たすようになる。

コミンテルンが創立されると、スヴァーリンはフランス社会党をボリシェヴィキの陣営に加える活動に、モスクワからの使者たちと協力しながら邁進《まいしん》していく。同党でコミンテルンの二一ヵ条の加入条件について話し合われたのは、一九二〇年末のトゥールでの大会であった。五月にフランス当局に逮捕されていた彼は、獄中からさまざまな指示を出して党大会の準備を入念に進めた。

トゥール大会では、ボリシェヴィキに追随することに対して絶対反対の勢力は少数派となり、圧倒的多数の党員がコミンテルン加入に賛成票を投じた。そして後者によってフランス共産党が結成された。社会党分裂の立役者であるスヴァーリンは、その後コミンテルン執行委員会の幹部会メンバーとなり、フランスにおける初期のボリシェヴィズムの形成に大きな役割を果たす。

言うまでもなく、フランスはドイツと違って世界大戦の戦勝国であり、戦中も戦後もレーニンの革命的敗戦主義が労働者のあいだで共感を呼ぶことはなかった。フランス社会党内の対立の根幹は、戦争支持に回った党員たちがボリシェヴィキの組織と行動の原理を受け入れることで贖罪《しょくざい》の意思を身をもって示すか否かにあった。ボリシェヴィキが自らの道徳的優位を戦勝国の多くの社会主義者たちにもいかんなく発揮できたことを、フランスの例は明瞭に示している。

一方、フランスの労働組合運動の中心であった労働総同盟（CGT）でも、十月革命後、ボリシェヴィキに共鳴する者たちが少数ながら現れた。彼らは第二回大会に代表を送り、モスクワ主導の労組運動への参加を模索するようになる。しかしこの動きは、いかなる政治組織とも連携せずに中立を守り、労働者が団結しておこなう抗議運動つまりストライキなどの自律的な行動による階級闘争を追求するという革命的サンディカリズムの理念から明らかに逸脱していた。

そもそもサンディカリズムの大きな特徴は、労組を労働者が自らを教育して高めていく場とする点にある。それゆえ、蒙昧《もうまい》な労働者に外部から革命的な意識を注入して目覚めさせるというボリシェヴィキの前衛党の考えとは、真っ向から対立するものだった。

自由と自律の不可侵を重視するフランス・サンディカリズムの伝統を曲げてまで、ソヴィエト・ロシアに追随しようとする動きが発生したのは、やはり世界大戦をめぐるCGT内部の対立が影を落としていた。CGTのリーダーたちは、フランス社会党のように組織的な形で戦争に加担したわけではなかったが、戦争反対の姿勢を強く打ち出しもしなかった。それに対して戦時中から批判が表面化し、戦後は十月革命を支持する一部の少数派が指導部を追及したのである。

そうしたなかの二一年七月、「赤色労働組合インターナショナル」、略称「プロフィンテルン」――一九三七年に解散されるまで古参のボリシェヴィキ党員であるロゾフスキーが率いた――の創立大会がモスクワにて開かれた。実質的にコミンテルンの労組運動部門である国際組織が誕生したこともあって、直後に開催されたCGTの大会は、「アムステルダムかモスクワか」の決断を迫られた。

結局、CGT指導部は多数派を維持したものの、モスクワを支持する少数派は追放となって別団体を結成したため、労働組合員の分裂が現実のものとなったのである。

波及する分裂

比較的に工業が発達した地域でフランスと同じように社会主義運動と労組運動がともに分裂したのは、チェコスロヴァキアである。世界大戦以前、オーストリア＝ハンガリー帝国の支配下にあった頃から同地では社会主義運動が盛んで、チェコスラヴ社会民主党は帝国議会にも議員を送り出していた。

ボリシェヴィキはチェコスロヴァキアに早くから注目していたが、もともと民族的にもイデオロギー的にも複雑な構成であるため、共産主義者の統一的な政党が生まれるのには時間がかかった。共産党は二一年五月に立ち上げられたものの、社会民主党左派とドイツ人などの共産主義者らが合流するなどして、組織としてある程度まとまりをもつようになるのは、同年秋のことである。

他方、プロフィンテルンの創立は、労働組合員の数も多い土地柄であるこの地でも、アムステルダム・インターの枠組みから外れて、より革命的な主体を目指そうとする組合員たちの動きを促した。フランスの場合とまったく同じように、追放された少数のモスクワ支持派が自らの新たな労組を組織し、プロフィンテルンの陣営に加わった。

ドイツ、フランス、チェコスロヴァキアに誕生した共産党は、それぞれの地の社会民主主義勢力の一角を切り崩して多くの党員の吸収に成功し、いわゆる大衆政党としての性格をもつ、当初から比較的規模の大きな組織として出発した。これらの地域では、二一ヵ条が生み出した分裂が、ボリシェヴィキにとって、ある程度有利に働いたのである。

しかし、その他多くの地域で、二一ヵ条はマイナスに作用した。イギリス、オランダ、ベルギー、デンマーク、スイス、オーストリア、そしてアメリカといった国々では、共産党は組織されたものの、いずれも弱小な勢力に過ぎず、政治や労働運動に大きな影響を与えられるような存在ではなかった。

イタリアではいくぶん劇的なかたちで、二一ヵ条の影響が表れた。第一次世界大戦に対して中立の姿勢をとったイタリア社会党は、他国の社会党と違って戦争をめぐる深刻な対立を内部に孕《はら》んでいなかった。党内多数派は進んでボリシェヴィキに接近し、早くも一九一九年の段階でコミンテルンに加入した。

ところが、第二回大会の決定により、加入済の政党も二一ヵ条を正式に受け入れる姿勢を示すことが求められた。これがいわば寝た子を起こし、二一年初めに開催された同党のリヴォルノ大会は紛糾する。戦争中にロシアで捕虜となったことをきっかけに共産主義に接近し、ハンガリー・ソヴィエト共和国に関わったあとロシアに舞い戻ったラーコシ・マーチャーシュらがコミンテルン執行委員会の代表として送り込まれ、二一ヵ条の受け入れを強硬に迫った。彼の姿勢に党内多数派が反発を強めたことで、モスクワを支持する少数派は党を割って出てイタリア共産党を立ち上げたのである。

新たな「戦争」への呼びかけ

共産党を各地に組織するという、コミンテルン第二回大会の方針は、ヨーロッパの労働運動を大小の差こそあれ引き裂いた。汚れてしまった第二インターを一掃しようとする頑《かたく》なな姿勢が引き起こした事態は、ボリシェヴィキの純化志向の当然の帰結であった。

とはいえ、ボリシェヴィキは労働運動の純化によって、自らが第二インターの右派や中央派に成り代わり、ヨーロッパの大衆に影響力を与えられるだけの大きな存在になれると想定していたのであって、単に社会党や労組を分裂させることが目的ではなかった。むしろ分裂させることなく、多数の党員ごと組織を手に入れようと夢想したのである。

それはレーニンが、向こう見ずな蜂起に走るような左翼主義を「小児病」と戒めて、議会や労組に進んで参加するべきだと共産主義者たちに呼びかけたことにも明瞭に表れている。しかしながら、そうした一か八かの冒険じみた蜂起の否定と、陰謀的な手法をもって改良主義的な政党や労組を攻撃することを明記した二一ヵ条の加盟条件を掲げることのあいだに、深刻な矛盾があることは不問にされた。

ヨーロッパの政治的文化的な感性とかけ離れた要素から成り立つ組織と行動の原理をロシアから輸出する意味を、ボリシェヴィキが充分に理解できていたとは言えない。そもそも労働者大衆を獲得することを目指しながら、レーニンらボリシェヴィキ党指導者の多くはヨーロッパの労働組合で活動した経験すらなかった。

ヨーロッパの事情についての無理解は、その地の大衆が真に求めたものを見えなくさせた。十月革命がヨーロッパの人びとに感銘を与えたとすれば、世界大戦に対する反戦運動としての側面にほかならない。ところが、ボリシェヴィキがヨーロッパの労働者たちに求めたものは、新たな「戦争」への参加であったと言える。

とてつもなく悲惨な世界大戦がやっと終わり、待ち望んだ平和が訪れたにもかかわらず、ヨーロッパの労働者たちは一息つく間もなくブルジョアとの戦争への参加を呼びかけられたわけである。新たなインターナショナルの役割は、「国際ソヴィエト共和国」なる世界国家を樹立するための国際的な戦いの担い手として、諸国の工場労働者たちを動員することにほかならなかったのだ。

レヴィとドイツ共産党

ボリシェヴィキは、第二インターの裏切り者たちを排除し、労働者大衆を革命という名の奔馬に乗せ、ブルジョアジーとの戦いに向かわせようとした。コミンテルン規約や二一ヵ条の加入条件は、その奔馬を駆り立てるロシア流の鞭《むち》の当て方を示したものだった。

とはいえ、各地のソヴィエト共和国が短命に終わったことで、革命の奔馬を疾駆させ続けることは難しくなった。レーニンは手綱をいったん締めて、その荒ぶる力を制御しようとしたが、それが共産党員の総意というわけではなかった。生まれて間もないコミンテルンは決して一枚岩ではなく、その内部には簡単には解消できない溝や温度差があったのである。革命の機が熟していることを疑わず、あくまでブルジョアジーとの直接対決に意気込む者たちには、レーニンの現実主義的な姿勢はすんなりと受け入れられるものではなかった。

ただし、第二インターが世界大戦をめぐって統一的な行動をとれなかったという反省から、新たなインターナショナルはより中央集権的なものであるべきだ、という考えはヨーロッパ左翼のあいだでも共有されてはいた。たとえば、ローザ・ルクセンブルク亡き後、ドイツ共産党のリーダーとなったパウル・レヴィは、コミンテルン第二回大会以前の一九一九年のうちに、急進的な党員の排除をおこなっている。

レヴィは、血気にはやって無謀な蜂起に突き進もうとする性急な革命行動に対して一貫して批判的であり、その代わりに議会や労組内での活動を通じて大衆政党としての基盤を整えていくことを重視した。それゆえ、あくまでブルジョアの議会や改良主義的な労組の内部での闘争を拒否する党員たちを追放したのである。

もともとレヴィは、早くからボリシェヴィキに対して友好的なスタンスをとってきた人物であった。ルクセンブルクが獄中で書いたボリシェヴィキ批判を公表しようとしたとき、それを押しとどめ、またモスクワからラデックが送り込まれてスパルタクス団をドイツ共産党と改称することになった際に強く反対する彼女を説得したのも、彼であった。彼はドイツとロシアの共産党の橋渡し役としての役割を果たすとともに、ドイツ共産党が着実に革命に向かっていけるような大衆政党としての素地をつくるため、自ら進んで党の規律強化と中央集権化を実施したと言える。

つまり、あくまでレヴィは、ドイツの共産主義者自身の決定として党内の統制を強めたわけである。それゆえ、モスクワが自らの懐にお構いなしに手を突っ込んで絶対的な服従を強いるような強烈な中央集権のあり方には、結局のところなじむことはできなかった。

レヴィとモスクワとの関係を悪化させた出来事のひとつは、イタリア社会党のリヴォルノでの党大会だった。イタリア語を解し現地の情勢にも通じた彼は、オブザーバーとして参加し、同党の分裂回避のための活動をおこなった。しかしラーコシらが強硬な姿勢を崩さず、せっかくボリシェヴィキに靡《なび》いていたイタリアの労働運動の主流派を失うことになる。この事態を目の当たりにしたレヴィは、革命の展望が定かではないなか、コミンテルンがそれぞれの地域の事情を無視して画一的な対応をとり、かえって現地の共産党を孤立させてしまうことに危機感を募らせたのである。

ところで、すでにレヴィは同大会直前に、ラデックの賛同を得てかなり思い切った行動に出ていた。社会民主党などのドイツの労働者政党、および労組に対して公開状を送り、労働者の生活を改善するための共同行動を呼びかけたのである。当然、共産党が明確に敵と位置づけ、しかもそれを隠そうともせずに徹底的な闘いを宣言している相手に対して、舌の根も乾かぬうちに一転して協力を求めたわけであるから、申し出は拒否された。

もちろんレヴィ自身も協力を得られるとは考えていなかったであろう。彼の狙いはドイツの労働者を獲得するためのアピールにあった。つまり、共産党との共同行動を拒否する労働者政党や労組の指導者は真剣に労働者の利益を考えていないと訴えるための戦術である。改良主義的な諸政党や労組を支持する労働者大衆を切り崩し、共産党側に引き寄せるための斬新な一手は、レーニン好みのやり方と言えた。

ところが、レヴィの戦術の意義をすべての共産党員が理解できたわけではなかった。改良主義者に接近することで自らも改良主義者になってしまうのではないか、という批判と不満が渦巻いたのだ。レヴィの行動に対するこうした反響は、共産党内の左右両派の対立を反映したものであり、また当時のコミンテルンの革命方針自体の曖昧さの反映でもあった。

攻勢理論と統一戦線戦術

ちょうどこの頃は、古参のボリシェヴィキ党員でコミンテルンきっての理論家でもあるブハーリンなどが、プロレタリアートの勢力拡大と資本主義の崩壊が進んでいると強調し、革命運動で直接的な行動に打って出ることを主張していた。

こうしたいわゆる「攻勢理論」は、各地に前衛党としての共産党が誕生している今こそ、ブルジョアジーとの対決姿勢をより鮮明にし、労働者階級を激しく駆り立てて政権奪取を目指す必要を明確にしたものだった。地域それぞれの事情を顧慮するよりも、画一的かつ急進的な革命闘争の立場をとり、あくまで世界革命に固執する姿勢は、ブハーリンのみならず、ジノヴィエフやラデックらをはじめ、コミンテルン内に根強いものがあった。

一方、レーニンやレヴィにしてみれば、前年の一九二〇年のうちに世界革命をめぐる潮目が大きく変わったことは、いかんともしがたい現実であった。ポーランド戦の敗北を筆頭に、イタリア、ルーマニア、ベルギー、ノルウェー、チェコスロヴァキア、ユーゴスラヴィアなど各地で大規模なストライキが続発したが、いずれも革命には結びつかなかった。資本主義の崩壊が目前であり、ロシア革命は世界的変動の最初の一撃だという認識を深く共有する共産主義者たちの思いに反して、資本主義の砦《とりで》は依然として堅牢《けんろう》なままであったのである。実は、ワルシャワへの快進撃に沸いていたコミンテルン第二回大会の場で、ポーランドと戦うロシアを、ストライキやデモで支援することをすべての国の労働者に向かって呼びかけるよう訴えたのは、ほかでもないレヴィであった。このとき彼もまたロシアから西へと革命が広がっていくことを確信したひとりだったのだ。

しかし銃剣による革命が頓挫すると、彼は長期的な視野に立った革命戦術に転換する。改良主義的な労働者政党に対して共同行動を呼びかけるという、いわゆる「統一戦線」戦術を考えだし、共産党をより強固な大衆政党へと脱皮させて来《きた》るべき革命の機が熟すのを待つことを選んだのだった。

レヴィの指導方針に反発を強めたのは、ドイツ共産党指導部内の親モスクワ派はもちろん、まだ二〇歳代から三〇歳代の若手党員たちだった。ルクセンブルクの後継者として威光をもったレヴィや女性革命家として長いキャリアがあるクララ・ツェトキンらベテランを中心とする指導部と、それに不満をもつ血気盛んな若手という構図は、当時のヨーロッパの革命運動に広く見られた世代間の対立という側面もあった。各地で共産党が結成されて外部から新たな人びとが加わり、新旧の革命家のあいだには自ずと思考と行動に相違が生まれたのである。

モスクワはドイツ共産党の左派党員たちをうまく取り込むことで、扱いにくい党指導部の面々を孤立させ、現地の主導権を握ろうとした。同党の結党以来、レヴィと協力的な関係にあったラデックが、イタリアをめぐるレーニンの断固とした意志を認識して立場を大きく変え、反レヴィ派のとりまとめに動く。そのうえでラーコシがベルリンに直接乗り込み、イタリア問題を討議させ多数派を制したことで、レヴィやツェトキンら指導部の一部は職を退くことになる。真の革命党を作るためには、さらなる分裂をも辞さないのが、レーニンはもちろん、攻勢理論が席巻《せっけん》した当時のボリシェヴィキ指導部の姿勢でもあったのだ。

三月行動の失敗

レヴィらが党指導部を離れた直後、攻勢理論が生み出したひとつの帰結が同じドイツで起こった。

かつて宗教改革を指導したルターが幼少期を過ごしたことで知られるドイツ中部の都市マンスフェルトで、一九二一年三月下旬に労働者の蜂起が発生した。これはジノヴィエフによってモスクワから派遣されたクン・ベーラらが引き起こした騒擾であった。ソヴィエト・ハンガリーの指導者であったクンは、革命の失敗後、亡命生活を余儀なくされロシアに向かった。コミンテルンの幹部として迎え入れられたクンは、かつての蹉跌を乗り越える大きなチャンスを得たのである。

一方、古参のボリシェヴィキ党員にしても、十月革命に反対したという負い目がある者は何としても外国で革命を成就させて失点を回復したいという思いが強かった。コミンテルンのトップを務めるジノヴィエフにとっては、なおさらのことだった。常に革命前夜であることを訴える彼ら攻勢派にとって、ドイツ独立社会民主党から多くの党員を獲得し、なおかついわば「反モスクワ派」のレヴィが影響力を失って党がより純化された今こそ、ドイツで革命行動へと踏み出すべき絶好のタイミングだと言えた。

とはいえ、仮にそうであったとしても、事前に入念な計画と準備のうえで粛々と革命行動に着手すべきであったが、マンスフェルトの蜂起にそのようなものはまるでなかった。すぐにドイツ国防軍と警察が介入し、暴動は瞬く間に鎮圧され、数千人が死傷、ドイツ共産党からは大量の逮捕者が出るなど、惨憺《さんたん》たる結果となった。

当然ながら事前に何も知らされていなかったレヴィは、この無謀な一揆《いっき》に対して怒りを隠さなかった。告発のためのパンフレットを急ぎ書き上げて公表し、コミンテルンから送り込まれたクンやラーコシらハンガリー革命の過激な残党はもちろん、コミンテルン執行委員会そのものの責任にまで踏み込んで痛烈に非難した。

クン・ベーラ（1886～1938）第一次世界大戦でロシア側の捕虜となったことをきっかけに共産主義に接近し，十月革命後にモスクワでハンガリー共産党の前身を組織した．最期はスターリンの大粛清に飲み込まれ，銃殺される

ロシア国外の共産党のなかでも筆頭の地位にあるドイツ共産党でリーダーまで務めた人物が、モスクワに公然と楯《たて》突くという

前代未聞の事態に、攻勢派の面々は憤激した。驚くべきことに彼らの多くは、今回の蜂起つまり「三月行動」を失敗とは認識していなかった。数多《あまた》の血が流れたといえども、共産党が敢然と革命的な行動をとるという範を示したことで、ドイツのみならずヨーロッパのプロレタリアートは今後ますます結束し革命に向かって邁進するようになると信じていたのだ。彼らにとって革命行動をとらない共産党は、あの憎き社会民主党と同じものでしかなく、存在自体が矛盾であったわけである。

レヴィに名指しこそされなかったが、明らかに今回の蜂起に深く関わったであろうジノヴィエフにしても、自身の責任には一切触れず、蜂起を言祝《ことほ》いだ。一方でレーニンはレヴィ同様、三月行動を重大な失敗だと受けとめた。なお、状況から見て彼とトロツキーは今回の蜂起に主体的に関与していたとは考えにくく、むしろ蚊帳の外に置かれていたようである。

当時ロシア国内で次々と発生していた大きな混乱への対応に忙殺されていたレーニンらの隙をつく形で、モスクワとドイツの攻勢派が勇んで引き起こした騒擾の代償は、とてつもなく大きなものだった。レーニンは事情を説明しにきたドイツ共産党の幹部たちを激しく面罵し、さらに同年六月下旬から七月半ばにかけてモスクワで開催されたコミンテルン第三回大会ではっきりとクンをも批判した。

レーニンは、レヴィの書いたパンフレットの内容はまったく正しいと評価した。しかし、唯一の間違いはそれを世間に発表したことだとした。公然と党外に向かって党の批判をおこなったことを重大な規律違反だとみなしたのだ。その後、コミンテルン執行委員会は、レーニン、トロツキー、ジノヴィエフ、ブハーリン、ラデック、さらにはクンなども含めて連名で文書を発表し、レヴィに「裏切り者」とレッテルを貼って党から除名したのである。

コミンテルン指導部はレヴィをスケープゴートにして追放した一方で、彼がいち早く提起した国際的な統一戦線の考えを自らの方針として採用することになる。コミンテルン第三回大会は攻勢路線を事実上放棄し、労働者大衆のなかに共産党の基盤を築くために社会民主主義政党の指導部との協調も排除しない方向へと舵を切った。こうしたいわゆる「労働者統一戦線」は二二年の一一月初旬からひと月のあいだ開催されたコミンテルン第四回大会でも基本路線として引き継がれる。

行き詰まる戦時共産主義

ジノヴィエフやクンらが、ドイツでの蜂起を急いだ背景には、個人的な動機のほかにロシアの国内事情も大きく関わっていた。すでに白軍を撃ち破ったものの、各地で農民の反乱が続発し、とりわけヨーロッパ・ロシア南西部に位置するタンボフ地方の蜂起は二一年三月時点できわめて大規模なものに拡大した。政権の存続を揺るがしかねない事態に直面したボリシェヴィキは、毒ガスの使用に踏み切るなどして農民との戦争は泥沼化の一途をたどった。強硬な社会主義革命を目指した戦時共産主義は完全に行き詰まったのである。

そうしたなか、ロシア革命にとって一層深刻な事態がペトログラードの沖合で発生する。クロンシュタット島におかれた海軍基地の数万人の水兵たちが独裁と恐怖政治に対する反発を強めて反乱を起こしたのだ。かつてボリシェヴィキを支持して革命運動のシンボル的な存在となった水兵たちが一転して反旗を翻したことは、十月革命の神話を大きく揺るがした。彼ら水兵にしても地方の反乱農民にしても、求めるものは革命からのボリシェヴィキの退場にほかならなかった。

さらに労働者によるストライキも各地で頻発しており、ソヴィエト（評議会）の主要な構成要素のすべてとボリシェヴィキとのあいだの溝がこれ以上埋められないほど急激に深まっていた。かつて「すべての権力をソヴィエトへ」と呼びかけて政権奪取のきっかけを得たボリシェヴィキが、そのソヴィエトから権力を奪う闘争をおこなったことで、ついには「共産主義者ぬきのソヴィエト」を希求する動きが発生したのだ。そのひとつの帰結がクロンシュタットの反乱だった。

政府は即座にクロンシュタットへ赤軍を投入し、革命のシンボルを自ら血の海に葬った。むろん、反乱分子に情け容赦のない弾圧で臨んだところで、もはやボリシェヴィキとしては、国内で噴出する不満に対して一定の譲歩をするほか、革命ロシアを維持する方途は現実的にはなくなっていた。強硬路線を見直し、とくに穀物の徴発をやめて余剰分の市場での売買を認めるなど、資本主義のあり方を一部復活させて破綻状態にある経済を立て直すしかなかったのだ。

要するに、目指されたのは農民との和解であった。

いまや、革命ロシアの国益とプロレタリア国際主義の理念との相克が、ブレスト＝リトフスク条約締結時以上の深刻さをもって出現していた。国家の事情を優先し農民に譲歩して一部分でも資本主義の復活を認めることは、共産主義の理想からの大幅な後退にほかならない。

これは当然、ロシア共産党内の左派には受け入れがたい事態であった。国内でレーニン主導の現実路線を採るのであれば、国外では革命路線を堅持すべきであり、ロシアの内外でともに共産主義が後退するのは避けねばならない──これが攻勢派の立場であった。むしろ国外で革命の炎を燃え上がらせることが革命ロシアと共産主義の大義の双方を守ることになると、彼らは考えた。実際、コミンテルン執行委員会から派遣されて三月初めにはドイツ入りしていたクンは、現地の党幹部たちに対して、即時蜂起は苦境にあるロシアを救うと訴えている。

クロンシュタットの反乱が発生した直後の三月八日からペトログラードで開かれたロシア共産党第十回党大会は、戦時共産主義から市場経済の部分的な容認へと転換する「ネップ」つまり「新経済政策」を採択して農民との共存へと舵を切り、一六日に閉会した。その翌日、クロンシュタットの反乱兵に赤軍が攻撃を開始したまさにその日、ドイツ共産党中央委員会はクンの計画を正式に承認した。こうして破滅への導火線に火がつけられたのであった。

中央集権のその先へ

一九二一年春は、ソヴィエト・ロシアにとっていまだかつてない危機に追い詰められた時期であったが、それはボリシェヴィキ自身にも言えた。三月行動は国際面での党内の不一致を示す出来事と言える一方、それ以上に深刻な対立が労働組合問題で浮き彫りになる。第十回党大会で労組問題は最大の争点となり、これをめぐって党が分裂状態に陥ったのだ。

結局のところ、この問題は、かつてカウツキーがレーニンに突きつけた批判、すなわちロシアの統治者であるソヴィエト（評議会）を実際に動かしている存在は何かという、あまりにも本質的なテーマに関わるものだった。実は、ソヴィエトの意思決定に労働者自身が主体的に関与できていないという不満は党内にも根強くあり、それが党大会で噴出することになったのである。

とりわけ、金属労働組合の指導者であったシリャプニコフや貴族出身の女性党員コロンタイらのグループは、本来、革命の主役であるはずの労働者階級に代わって専門の国家機関が直接の経済管理をおこなっている現状自体に批判の矢を向けた。しかも彼らは、労組が工業生産を主体的に管理し労働者自身によって経済政策が決定される必要のみならず、官僚主義の打破や言論の自由、さらには選挙制の再開までも主張した。

各反対派とレーニンら主流派が対峙《たいじ》した党大会は、文字通り修羅場と化した。農民への譲歩によって革命路線からの大幅な後退を余儀なくされていたレーニンにしてみれば、本質的にサンディカリズムの傾向が強い反対派の主張は共産党の存在意義を一層揺るがしかねず、とうてい受け入れられなかった。

ついにレーニンは党の危機だとして怒りを爆発させる。スイス亡命時代からレーニンと行動をともにしてきたコミンテルン幹部のひとりは、「その時ほどレーニンが怒った姿を私は見たことがない」と後年回想した（バラバーノフ一九七〇）。激昂《げっこう》したレーニンはコロンタイに向かって労組問題とは何の関係もない彼女の異性関係を人びとの面前で激しく批判するなど、大会は異様な事態となる。

党大会の内と外で極度の緊張が高まるなか、レーニンは反対派の主張をはねのけ、最終的に中央委員会選挙で多数派を維持した。そしてその直後、今後の党のあり方にとって決定的な意味をもつ決議を採択させた。党内に分派をつくることを禁止したのだ。これによって、多数派が否定した思想に基づいた組織活動の道は完全に封じられた。しかも決議案には秘密条項があり、たとえ中央委員であっても中央委員会と統制委員会の全体会議で三分の二以上の賛成があれば除名できるとされたのである。

こうして党内の多様性と民主主義は大きく制限され、党の指導者に対する服従と徹底した上意下達型の統制が唯一絶対のあり方となっていく。労働者が経済政策の決定に直接関与するような下意上達型のあり方を「逸脱」であると異端のレッテルを貼ったことで、党はますます民衆と切り離され孤立した存在になるほかなかった。しかしその一方で、党自身は自らと労働者階級との同一視を強めていくのである。

国内外で孤立を深めたロシア共産党の内部で発生した大きな変化が、この党を鑑《かがみ》とするコミンテルンとその支部になんの影響も与えないはずがなかった。すでにプロレタリア国際主義には二一ヵ条によって中央集権的な組織体制が強固な形で持ち込まれていたが、今後はそれに輪をかけて激しい中央集権的なあり方が諸党を揺さぶっていくことになるのである。

第2章　東方へのまなざし――アジア革命の黎明

起爆剤としての民族対立

コミンテルンの本格始動が、ヨーロッパでのブルジョアジーとプロレタリアートの階級対立を前提とし、その対立を一層激化させる意図をもっていたことはすでに見た通りである。

一方で、当時の世界全体を見渡せば、ブルジョアジーとプロレタリアートとの両極分化を期待できるほどに資本主義が発達した地域は、ごく一部に限られていた。世界の大半は、農民ばかりで、工業生産に従事するプロレタリアートなどいないか、いても取るに足らないほどの存在でしかない、経済的に大きく立ち遅れた地域によって占められていた。

コミンテルンが、それまでの社会主義系のインターナショナルと大きく異なるきわめて重要な点のひとつは、こうしたヨーロッパ以外の地域も世界革命の舞台として認識したことにある。ただし、前述したように、コミンテルン創立大会でアジアやアフリカに対する若干の言及はあったものの、それはヨーロッパで「プロレタリアートの独裁」が誕生すれば、ヨーロッパの支配を受けてきた後進地域の人びとも必然的に解放されるだろう、という程度の、いたって大雑把《おおざっぱ》なものでしかなかった。

しかしその後、十月革命に影響を受けたヨーロッパ各地での蜂起が次々と失敗し、革命の波及に対する楽観的な読みは行き詰まる。それでもなお、「国際ソヴィエト共和国」という、世界にわたる大国家の樹立を目指す場合、階級をめぐる先進地域向けの革命運動のほかに、まったく別種の後進地域向けの革命運動のあり方を具体的に構想し、しかも両者を有機的に結びつける必要があった。

階級の分化が未熟な地域では、いくら階級の対立を煽《あお》ったところであまり意味がない。しかし、人びとを結集しないことには革命は始まらず、世界共和国の樹立も絵に描いた餅でしかない。このジレンマのなかでレーニンが着目したのが、民族の対立であった。つまり、欧米の支配に対するアジア・アフリカの植民地や半植民地の諸民族の怒りを焚《た》きつけて人びとを大量に動員し、その強力なエネルギーを世界革命の起爆剤に利用しようとしたのである。

折しも植民地や半植民地では、ヨーロッパなどの帝国主義的支配に対する不満が大きなうねりとなって現れ始めていた。背景には、アメリカのウィルソン大統領が一九一八年初めに発表した第一次世界大戦の講和原則をめぐる問題があった。いわゆる「一四ヵ条の平和原則」は、植民地住民の利害を重視する民族自決的な考えに言及していたものの、結局パリ講和会議では民族自決の理念をヨーロッパ内にしか適用しなかった。

抑圧されてきた諸民族の期待は大きな失望へと変わり、それはとくに東アジアで顕著な動きを見せた。朝鮮では日本からの独立を求める「三・一運動」が全土に広がり、また中国ではドイツから日本へと山東省《さんとうしょう》の権益が引き継がれたことへの激しい抗議運動「五・四運動」が巻き起こったのである。

レーニンの民族・植民地テーゼ

ボリシェヴィキは権力奪取の直後、すべての交戦国に向けて「平和に関する布告」を発し、ヨーロッパの内外問わず、民族自決に基づく即時講和を呼びかけていた。ウィルソン流の民族自決に対する植民地内の失望は、革命ロシアへの期待を相対的に高めることになった。レーニンはこの機を逃さず、一九二〇年夏のコミンテルン第二回大会のために「民族・植民地問題に関するテーゼ」を執筆し、自らの考えを開陳した（『コミンテルン資料集』一）。

若干の修正ののちに採択されたテーゼは、まず、いまや世界政治の中心点はソヴィエト・ロシアと世界のブルジョアジーとの闘争にあるとの認識を示す。そのうえで、前者は、「一方ではあらゆる国の先進的労働者のソヴィエト運動を、他方では植民地と被抑圧民族のあらゆる民族解放運動を、不可避的に自己のまわりに結集せざるをえない」状況だとした。したがってコミンテルンの任務としては、植民地のような後進地域でも共産党を作ることはもちろんだが、弱体な工業プロレタリアートに代わって人口の大部分を占める農民層への接近も重要だとされた。
　また、その際、現地で欧米の支配から自立しようと活動している民族主義者たち、いわゆる「民族ブルジョアジー」との協力も排除してはならないとする。

ロイ（1887～1954）若くしてインド独立運動に参加．海外での活動のなかで社会主義へと転じ，メキシコ社会党（のちのメキシコ共産党）の結成に関わる．コミンテルン第2回大会には同共産党代表として参加．しかし20年代末にスターリンと対立し，コミンテルンから追放．その後はインドで独立運動に携わる

レーニンは、西洋の抑圧民族と東洋の被抑圧民族という大きな枠組みから世界革命を捉えなおし、反帝国主義の諸勢力が一丸となって帝国主義に挑むという実に大胆な構想を提示した。一方で、民族主義者への接近は、資本主義の発達が遅れているアジアでは一挙に共産化を図るのではなく、住民の感情にも配慮しつつ、各地域の発展段階に合わせたアプローチをとろうという姿勢の表れでもあった。

　とはいえ、これまでにないグローバルな視野をもった独特な構想も、古典的なマルクス主義の見解同様、西欧のプロレタリアートが特権的な地位を占めている点には、微塵の疑いもかけられなかった。「救世主」たる西欧のプロレタリアートの到来なくして、ロシアを含め東洋の諸民族の真の解放はありえないものとされたのである。

　ところで、このテーゼの原案が同大会で検討された際、インド人共産主義者M・N・ロイから強い批判が示された。ロイは、レーニンが革命の主体として農民層にばかり注目し、また共産党が民族ブルジョアジーの指導下に一時的に入ることをも厭《いと》わない姿勢を疑問視した。おそらくレーニンの現実的で戦略的な発想には、当時内戦下にあった旧ロシア帝国版図内の各地で、共産党が民族主義者と打算的に協力することで影響力を拡大してきた成功体験が、ある程度反映していたのかもしれない。

しかし、欧米の帝国主義に反対しているという共通点だけに寄りかかって、本質的には相容れない相手とも一時的に手を結ぶ危うさは、モスクワの直接的な権力の及ばない国外であればなおのこと憂慮すべきものがあった。ロイとしては、経済後進地域でも階級の原理の適用を逸脱せず、なによりもまず共産党の基盤を固めてプロレタリアートと農民の双方を反帝国主義の闘いへと導くことを重視したのだった。またそれにより、西欧のプロレタリアート頼みではなく、西洋と東洋が対等に手を携えて真に国際的な革命を実践できる余地を見いだしたと言える。

そもそもレーニンの革命観の根底には、明らかにヨーロッパ中心主義が抜きがたく存在しており、彼の同僚たちの大半も同様だった。しかし、あとで触れるように、東洋出身のコミュニストのなかには、西欧優位の革命運動のあり方に強い違和感を抱く者も当然おり、この認識の違いがマルクス主義の実践をめぐってボリシェヴィキ内で深刻な「断層」を生じさせる。

実のところ、レーニン＝ロイ論争はそうした断層を理論面で浮き彫りにしたところがあったが、結局はそれを糊塗《こと》する形で決着がつけられた。最終的にまとめられたテーゼは、おおむねレーニンの原案をベースとしながら、後進地域での階級をめぐる運動の重要性も確認された。

また、共産党が協力するのはどのような民族主義者でもよいわけではなく、革命的な存在でなければならないことも明記されるなど、ロイの主張が一部取り入れられたのである。

世界革命のロードマップ

いずれにしても、このテーゼによって植民地や半植民地では、共産党と現地の民族ブルジョアジーという、異質な集団同士の共闘、つまり「統一戦線」の形成が基本路線となった。統一戦線はヨーロッパよりも先にこうした低開発地域の重要な方策として採用されたものである。そもそもプロレタリア革命の即時達成を見込めない植民地のような後進地域では、端《はな》から統一戦線は避けられないものとして受け入れられたのだ。

同テーゼとともに採択された「補足テーゼ」には、農民と労働者を組織して革命を遂行しソヴィエト共和国の樹立へと導く共産党の設立を第一の任務であるとしたうえで、次の一節が続く。「こうして、遅れた国々の大衆は、資本主義的発展を通じてではなく、先進資本主義諸国の自覚したプロレタリアートに率いられて、共産主義に到達することができるであろう」(『コミンテルン資料集』一)。

民族ブルジョアジーとの協力を通じ東洋の各地にソヴィエト権力を築き、それを「国際ソヴィエト共和国」の一翼とすることで、先進地域の革命的なプロレタリアートの支援をスムーズに受け取ることができる、と考えられたのだ。それによって、ロシアと同様にプロレタリアートの少ない場所であったとしても、資本主義のさまざまな段階を経ずに、いわば歴史の階段を段飛ばしにして共産主義社会へと到達可能だと理論化されたのである。

このように、コミンテルンが植民地・半植民地の民族解放運動に関与しようとしたのは、まずは先進地域での革命の実現を後方から促進してソヴィエト・ロシアを世界のブルジョアジーの攻撃から守るためであった。そして、先進地域で権力を掌握したプロレタリアートがまさに救世主となって現れるまでのあいだ、ソヴィエト共和国を樹立し維持することで、「国際ソヴィエト共和国」の最終的な完成を目指す狙いもあった。そのために、ソヴィエト・ロシアを介して先進地域と後進地域あるいは西洋と東洋とを接続するという世界全体にわたる革命のロードマップが構想されたのである。

バクー大会

コミンテルン第二回大会が閉幕した直後から、ボリシェヴィキは東洋の被抑圧民族の解放を、反帝国主義運動として組織化する実践に着手した。その最初の動きが、一九二〇年の第一回東方諸民族大会である。

開催地となったのは、ザカフカース（カフカース山脈の南側）のカスピ海西岸に位置する都市バクーであった。世界的な油田が存在するため旧ロシア帝国内では例外的に早くから近代的な産業が発達したバクーは、赤軍の派遣によって成立したアゼルバイジャン・ソヴィエト社会主義共和国の首都でもあった。イスラム世界に属する地に旧帝国内外から約二千人の代表が集まり、連日にわたり議論が繰り広げられたのである。

実質的に先のコミンテルン第二回大会の継続としての意味合いをもったバクー大会は、少数のコミンテルン代表者たち——ジノヴィエフ、ラデック、クンなど——が主催者として進行役を独占した。その一方で、出席者の大半は中東や中央アジアなどから集まった人びとであった。トルコ、イラン、カフカースなどのほか、ごく少数ではあるが中国やインドからの参加もあった。

主催者側と大半の参加者とのあいだの傍目《はため》にも明らかなコントラストは、実際の議論の行方にも色濃く反映された。コミンテルンの代表たちは、先日採択されたばかりの「民族・植民地問題に関するテーゼ」の精神に従って、ヨーロッパ革命実現のために東洋の諸民族を動員する第一歩にしようとバクーに乗り込んだ。また、革命ロシアの防衛という同テーゼの重要な関心事は、中東から中央アジアにかけてロシアを包囲する形で広大な勢力圏をもつイギリスに対する牽制《けんせい》として、直接的に表現された。

ジノヴィエフが大会の冒頭で、東洋が全世界に与える影響の大きさ、役割の重要性を大いに讃《たた》え、コミンテルンと東洋の諸民族との同盟関係の必要を訴えると、会場は熱狂に包まれた。そして演説の最後に「イギリス帝国主義に対する聖戦」が宣せられると、高揚した参加者たちから「ジハード（聖戦）！」と応じる声が沸き起こった。大会開始直後の状況からは、出席した東洋人たちがイギリスの帝国主義に向けて共通した激しい敵意をもっており、その怒りをボリシェヴィキが代表し植民地解放の音頭を取ることに歓迎の意を示していたとわかる。

しかし、議事が進行していくにつれ、両者のあいだの溝も明らかになっていく。そもそも、共産主義者であってもイスラム教から強い影響を受けた独特な思想をもつムスリム・コミュニストたちや、その多くはマルクス主義に習熟しているとは言えないような民族主義者たちなど、雑多な思想的背景をもった人びとが集っていた。彼らがコミンテルン大会での決定を一致してすんなりと受け入れられるはずもなかった。とりわけ、ボリシェヴィキが国際的な民族解放を唱える一方で、自らの影響下にある旧ロシア帝国版図内では諸民族の独立を認めず、支配者然として振る舞うことへの彼らの不満は、簡単に拭えるようなものではなかった。

ロシアの共産主義者が、西欧の植民地主義者とまるで変わらない優越感をもって東洋の諸民族を指導しようとすることへの嫌悪は、東洋の革命がヨーロッパ革命のために存在するという、ボリシェヴィキ側の前提への不信にもつながるものだった。むしろ西洋の革命のほうが東洋の革命に従属しているのではないか、という認識が、東洋の参加者から滲み出したのである。

ソ連史家のカレール＝ダンコースが指摘するように、この認識に立てばヨーロッパでの革命の停滞は世界の革命の重心が西洋から東洋へと移ってきている証にほかならない。そればかりか、そもそも世界初の社会主義革命がヨーロッパとアジアを内に含むロシアで発生したこと自体にも、西から東への革命の重心移動が明瞭に見てとれると考えられたのである（カレール＝

ダンコース二〇〇六)。

異端の国際主義

もっとも、西洋よりも東洋の革命を重視する見方や、ムスリム・コミュニストたちのあからさまな自立志向などは、それ以前からロシア国内で胎動していたものだった。たとえば、ソヴィエト・ロシアの民族政策を司《つかさど》る民族問題人民委員であったスターリンが、自らの部下として抜擢《ばってき》した、ウラル山脈南部地方出身のタタール人スルタンガリエフは、ムスリムによる独自のインターナショナリズムを構想した中心人物であった。

マルクス主義にイスラム教と民族主義までもが混淆《こんこう》したイスラム民族共産主義の理論家スルタンガリエフにとって、世界革命は東方こそが要であり、ロシアのムスリム・コミュニストによって主導されるべきものだった。こうした異端的な思想ゆえに、スターリンによって彼のバクー大会参加は禁じられたと見られるが、考えの近い者たちが大会で自らの主張を展開した。

彼らムスリム・コミュニストは、プロレタリア国際主義よりも、むしろイスラム世界の民族や宗教の同一性に基づく「イスラム国際主義」とも言うべき精神を根底にもっていた(山内一九八八)。激しい反西欧意識を燃やし、ロシア内外のイスラム世界を包含する革命のあり方を追求する汎イスラム主義的な立場からすれば、コミンテルンの世界革命のビジョンは諸手《もろて》を挙げて賛成できるものではなかったのだ。

件《くだん》の「民族・植民地問題に関するテーゼ」には、汎イスラム主義との闘いがはっきりと呼びかけられており、ボリシェヴィキが主導するプロレタリア国際主義と対立するような世界観を否定していた。また、植民地の解放を本国の労働者が支援するという、同テーゼの方針自体も、旧ロシア帝国版図内のムスリム居住地域でロシア人が主導的な役割を果たすことを正当化しかねないという危惧を、一部のムスリムたちに抱かせた（松戸ほか編五）。

スルタンガリエフ（1880～1940）スターリンに抜擢されて民族政策に関わる要職を歴任．しかし，イスラム国際主義の色濃い異端的な思想ゆえにスターリンの不興を買い，反革命の容疑で23年に逮捕，党を除名．その後，強制労働を科されるなどし，40年に処刑される

バクー大会で反ボリシェヴィキ的な空気が醸されたのも、プロレタリア国際主義とイスラム国際主義の緊張関係が大きな原因のひとつであった。東方革命を西方革命の引き立て役ぐらいにしか考えていなかったのが、ジノヴィエフらバクー大会議長団である。彼らは、自分たちの世界観とまるで相容れない革命のビジョンに直面することになった。バクーに集まった東洋の闘士たち——そのほとんどはイスラム圏の人びとであったが——のなかには、どんな形であれ西洋が東洋の主人のように振る舞うこと自体を問題視し、その両者の関係の完全な清算を望む人びとがたしかにいた。ヨーロッパ中心主義の革命観とそれに対する抵抗は先のレーニン＝ロイ論争の隠れた争点であったが、いまやそこにロシア中心主義とそれに対する抵抗という一層

深刻な争点が交じりあって、マグマのように急浮上してきたのである。

しかも折も折、大会開催中に北カフカースでボリシェヴィキに対するムスリム民衆の反乱が発生し、イスラム世界内の不協和音がはっきりと浮き彫りとなった。ダゲスタンやチェチェン地方といった北カフカースに住むムスリムたちは、独立を勝ち取るために赤軍と協力してデニーキンら白軍を追い出し、ソヴィエト権力を樹立した。にもかかわらず、ボリシェヴィキが一向に独立を認めようとしないことに怒りを爆発させたのだった。慌てたボリシェヴィキは、これまで現地でムスリムを組織して白軍との戦いの指揮を執ってきたオルジョニキッゼに急遽《きゅうきょ》指示を出して沈静化を図ったものの、この地域は以後繰り返し反乱が発生する反ロシアの中心地帯と化す。

緊迫した状況のなか、結局コミンテルンの代表たちは異論を封じ、バクー大会を閉幕した。むろん厄介事に蓋をしたところで、階級と民族、西洋と東洋のあいだの根源的な葛藤が霧散するわけではない。むしろ、その後ますます民族と東洋の存在感が増すにつれ、コミンテルンはバクーで施した蓋が弾《はじ》け飛ばないように一層力を込めることになる。コミンテルンが中央集権的なあり方と規律を徹底し、革命ロシアのためのいわば「プロレタリア国際軍」としての性格を強めるなかで、ボリシェヴィキの方針に楯突くような思想は厳しく排除されていくのである。

要衝としての中央アジア

バクー大会中に図らずも表面化した反ボリシェヴィキの不穏な影は、ロシア帝国をその植民地ごと引き継ごうとするソヴィエト・ロシアの衝動が必然的に招き寄せたものであった。とくに旧帝国では、その領域の内と外にまたがる形でイスラム世界が大きく広がっていたため、ボリシェヴィキが版図の再征服と世界革命を同時に追求しようとすれば、いやおうなく国益と革命のあいだで生じる困難に直面する。その矛盾した行動に対して、ロシアは反帝国主義を装った新たな帝国主義を実践しているという、痛烈な批判が生まれたとしても無理からぬことであった。

ボリシェヴィキとしては、国際的な革命と国内の再征服はまったく分かちがたいものであり、二つの目的を阻む外国勢力の筆頭は、当時としてはまずもってイギリスにほかならなかった。彼らは、この障害を規制するという喫緊の課題のために国際的な一大パフォーマンスとしてバクー大会を演出したのであり、実際に東洋をめぐってイギリスと直接対決をする気など毛頭なかった。

ましてや当時は、ポーランドとの戦いが終わっていないなかで、イギリスとの新たな戦端を開くなどまったく現実的ではなかった。旧帝国版図のなかでもヨーロッパとアジアをつなぐ戦略的要衝であり、また石油などの重要な経済資源を有するカフカースを、イギリスをはじめとする諸外国の手から守り、自らの確固としたテリトリーとして安定させることがひとまず優先課題であったのだ。

トロツキー（1879～1940）ロシア帝国領ウクライナの裕福なユダヤ人家庭に生まれる．1903年のロシア社会民主労働党の分裂でメンシェヴィキ側につくが，その後離脱して十月革命直前の17年7月にボリシェヴィキに加わる．党内闘争に敗れてソ連を追放されたあとは各国を転々とした後，37年にメキシコに移る．翌年，第三インターに対抗して「第4インターナショナル」を創立するも，40年にスターリンの刺客により同地で暗殺

したがって、先のコミンテルン大会で採択された東洋に対する革命戦略を国際社会に向かって大々的にお披露目する最初の場所として、カフカースほど相応しい地域はなかった。ヨーロッパとアジアの接点というだけでなく、ロシアの内と外を分ける最前線にあり、複雑な民族関係を背景に各国の思惑が熾烈《しれつ》に交わる地域を制することができるかどうかは、その後のソヴィエト・ロシアとコミンテルンのアジア関与を根底から左右する重大事であった。

もっとも、コミンテルン創立大会前後の国際的な革命をめぐる一連の動きから、いま一度俯瞰してみれば、アジアに向けた革命の発信地として当初重視されたのは、バクーとはカスピ海を挟んで東に広がるトルキスタン、つまり中央アジア南部であった。

中央アジアは、ロシア革命の影響が比較的早く波及した地域である。かつてロシア帝国のトルキスタン総督府がおかれて中央アジア統治の拠点であったタシュケントには、二月革命直後にソヴィエト権力が樹立された。十月革命後、ボリシェヴィキはタシュケントにて周辺のアジア諸国で活動する人員の育成に着手するなど、中央アジアから国際的な革命運動を組織化しようとする動きを見せたのである（Ulyanovsky, ed. 1990）。

その後、期待されたハンガリーでの革命政権が半年にも満たずに崩壊し、西方への革命の道に暗雲が漂い始めるなか、いち早くトルキスタンに目を向け、ここから東方での国際革命の道を確保しようとしたのは、トロツキーであった。

彼は一九一九年八月五日に、「まったく疑う余地のないことは、われわれは西から東へと後退したことだ」とし、「インドへの道がわれわれにとってソヴィエト・ハンガリーへの道よりも通りやすく短い」可能性を示唆した。そのうえで、「ウラルかトルキスタンのどこかにアジア革命のための政治的・軍事的司令部たる革命アカデミー」を作り、インドへの攻撃をさまざまな面から入念に準備することが必要だと述べたのである（Trotsky 1964）。

再現するグレートゲーム

ところで中央アジアと言えば、一九世紀半ば以来、ロシア帝国とイギリス帝国との覇権争い、つまり「グレートゲーム」の舞台であったことはよく知られている。南下政策をとったロシア帝国はトルキスタン総督府を設置してから次々と領土を拡張し、東は中国、南はイランやアフガニスタンなどにも接する広大な地域を支配した。それゆえ、この旧ロシア帝国領トルキスタンを再征服した革命ロシアは、イギリスとの国益を賭けたゲームをも帝政時代から引き継いだ。

そしてもちろんのこと、ロシアの南側つまりインドからイランにかけて鎖状につながるイギリスによる包囲をどのように突破するかは、東方革命の大きなテーマだった。トロツキーは、トルキスタンからインドを直接目指そうという、いわば最短距離を狙う積極的な提言をしたわけだが、ボリシェヴィキ指導部内でみなの賛同を得るまでには至らなかったようだ。

ちょうどトロツキーが提言をした当時は、アフガニスタンが英領インドに攻撃を仕掛け、第三次アフガン戦争が起きた直後だった。一九世紀以来イギリスの保護国であったアフガニスタンは、十月革命に刺激を受け、支配者に挑戦する道を選ぶも、その圧倒的な軍事力をまえに手も足も出なかった。ところが一九一九年八月に結ばれた講和条約で、イギリスはアフガニスタンの独立を認めるのである。

トロツキーの構想は、イギリスの「長い鎖」に発生した異変に乗じようとしたものだった。しかし、戦争を早々に終結させアフガニスタンの独立までも認めるという大幅な譲歩をしたことが示すように、イギリスは民族自決の機運が国際的に高まる情勢のなかでアフガニスタンへの寛容を示しつつも、インド統治により一層注力していく構えだった。そうした状況下で、赤軍によるインドへの革命戦争を準備すること自体、あまり現実的ではなかったと言える。

一方で、トルキスタンを拠点とし、ここからイギリスの包囲網に対して軍事的に圧力をかけて各地で革命の機運を高めていく考え方自体は、その後実践された。一九年一〇月、レーニンはタシュケントのトルキスタン戦線司令部に軍事物資や人員を投入してインドからイランに連なる国々での活動の強化を指示した（Adibekov et al. 2004）。もっとも、これら諸国のうち、インドはすぐに攻略できるような対象ではなく、またアフガニスタンは独立を認められてイギリスとの対立を緩和させた。そのため、革命戦争の第一の標的としてイランの存在感が高まったと見られる。事実、二〇年夏にトルキスタン戦線で中央アジア在住のイラン人たちからなる国際部隊が創設されている。

イラン人国際部隊の創設

アフガニスタンの西隣にあるイランもまた、一九世紀以来、英露の角逐の場であった。一九〇七年の英露協商によって北部がロシア、南部がイギリスの勢力圏にそれぞれおかれて半植民地状態となったが、ロシア革命の混乱に乗じてイギリスの影響力が全域に及び始める。しかし、その動きをきっかけにイラン国内で反英感情が火を噴く。とくに北部地域では激しく、カスピ海南西岸にあるギーラーン州の森林地帯を拠点とした反英武装闘争すなわち「ジャンギャリー運動」が活発化したのだった。

すでにアフガニスタンが独立した状況下では、中東におけるイギリスの大きな弱点としてイランを衝《つ》くことはソヴィエト・ロシアにとって合理的な選択だった。とくに、かつて帝政ロシアの領土の外にありながらも、その経済圏に組み込まれていたイラン北部をイギリスの手から遠ざければ、革命ロシアの国益を満たすことはもちろん、アジアでの国際革命の第一歩ともなりうる可能性があった。また、そもそもイランと中央アジア南部は古くから交流が密接であり、同じくイスラム圏に属す土地柄であることをも鑑みると、トルキスタンはイランでの革命のための人的・物的資源を供給していく拠点として実に相応しい場所だった。

ところで、レーニンがトルキスタン戦線司令部に指示を出した翌月、つまり一九年一一月に、東方革命のための国際的な赤軍創設の動きが表立って現れたことは注目に値する。それはムスリムの共産主義者らを集め、モスクワで開催された東方諸民族共産主義組織第二回全ロシア大会でのことだった。この大会は、ソヴィエト・ロシアとムスリム・コミュニストたちとの組織的な協同を実現するために、前年開催の第一回大会からスターリンが中心となって挙行したものである。

スターリンは、第二回大会開会の辞で、これまでの一年間をふりかえり、「西欧の革命と東洋の被抑圧諸民族とのあいだに橋をかけわたす」事業が大きく進展したことを讃えた。とりわけ赤軍が東方地域へと「こんなにもすみやかに前進」することができたのも、まずもってタタール人やバシキール人、キルギス人やトルキスタン地方の諸民族からなる「回教徒共産主義組織の団結」があったからだ、とも述べている（『スターリン全集』四）。

ようやく内戦終結の見通しが立ち始め、旧帝国版図内のヨーロッパ地域とアジア地域とが一体的に回復される明るい兆しが感じられるなか、スターリンはムスリム・コミュニストたちとの協同の意義を再確認し、東方革命の一層の拡大を期待したのだった。むろん、そこには旧版図を越えた国際的な領域への前進も視野に入っていたはずである。また、この大会にはレーニンも出席し、東洋の人びとの参加なしに世界革命の貫徹は不可能であると、ムスリムたちにはっきりと呼びかけている（『レーニン全集』三〇）。コミンテルン第二回大会以前の段階で、こうしたかなり踏み込んだ認識をレーニンが披露したのも、ムスリムの存在を重視した表れだった。

もっとも、ムスリム・コミュニストのなかには、いわゆる「ムスリム赤軍」を編成することを志向した者もいたが、ロシア共産党内からは強い抵抗があった。信仰によって結びついた独立的な軍事組織ではなく、あくまでもプロレタリア国際主義に準じ、赤軍の指揮系統から外れることのない現地軍が必要とされたと言える。

そうしたなか、当時はとりわけイランの戦略的重要性が高まっていたため、イラン革命に向けて東方赤軍が具体化したと見られる。この大会ののち、二〇年二月になってイラン領アゼルバイジャン出身の共産主義者がトロツキーの後押しを受けてタシュケントに赴いて調整に当たるなどし、イラン人国際部隊の創設が進むことになった（黒田二〇〇七）。

「革命的な侵略戦争」

こうして、中央アジア南部からイランに向けた革命戦争というアプローチが姿を現した。とはいえ、国境を越えた国際的な革命を追求する手段として革命戦争を重視するのであれば、そもそも軍事力の裏づけのないコミンテルンの役割とは一体何かということになろう。実際、先の提言のなかでトロツキーは、アジアでの革命戦争の司令部として「革命アカデミー」を作れば、「それは近い将来、第三インターナショナルの執行委員会よりもはるかに効率的なものになるかもしれない」との見方を示していた（Trotsky 1964）。

ことごとにロシア革命をフランス革命になぞらえて解釈することを好んだボリシェヴィキからすれば、かつての革命戦争の栄光も必ず再現されるべき事象だったのかもしれない。いずれにしても、トロツキーは提言で、「当然のことながら、われわれはかなり以前からアジアの革命を支援する必要性を考慮に入れていたし、革命的な侵略戦争の考えを放棄したことはない」と明言している。

世界革命の参謀本部とされたコミンテルンだが、自前の軍隊を有していたわけではなく、「革命的な侵略戦争」を主体的に実行できるような組織ではなかった。また、その組織体制自体も、当初よりロシア共産党や外務人民委員部の資源に依存していた。したがって、赤軍を国外に侵攻させるという、革命ロシア全体の利益に直結し、ロシア共産党と外務人民委員部とのあいだで方針をめぐる鍔《つば》迫り合いも生じがちな局面で、新参者のコミンテルンが存在感を示すのは容易ではない。

イランは、こうしたコミンテルンの抱えた困難が真っ先に表れた場所であった。というのも、隣接するザカフカースとイランとは歴史的にも政治的にも切っても切り離せない関係にあり、ボリシェヴィキによる前者の再征服でも後者が鍵を握る重要な存在であったからである。とくに、イラン北部はイギリスによるザカフカースへの干渉の拠点になっており、一九一八年にバクーで樹立された共産主義者を中心とする現地政権、いわゆる「バクー・コミューン」が短期間で瓦解したのもその影響が大きかった。

それゆえ、ザカフカースの完全な解放はイラン北部のイギリス軍のプレゼンスをいかに迅速に無力化できるかにかかっていた。赤軍のイラン人国際部隊は、カスピ海の南岸に沿って中央アジア南部からイラン北部を通りザカフカースへと抜ける、いわば「革命の弧」を軍事的に構築することを支援するものと言えた。ちょうど同部隊の創設が正式に決定された二〇年四月末は、赤軍がバクーを占領してアゼルバイジャンにソヴィエト政権を樹立したタイミングであった。弧の両端を押さえることで、イギリス軍を締め上げていく格好となったのである。

ちなみに、バクーのある北アゼルバイジャンは、もとはイランの領土であったが、一九世紀に東アルメニアなどとともにロシア帝国に割譲された地域である。したがって、南北に分断されたといえども、ともにシーア派のムスリムが多く占めるという宗教的な同質性もあって、ロシア領とイラン領双方のアゼルバイジャンは強い結びつきをもっていた。

また、バクーの石油工業には早くから働き手としてイラン人労働者が出稼ぎに赴き、現地のアゼルバイジャン人労働者たちと交流し絆《きずな》を深めたことで、両者の社会主義運動も濫觴《らんしょう》期から密接に影響し合った。それゆえ、バクーのあるソヴィエト・アゼルバイジャンがイランのソヴィエト化のための中心的な拠点としての地位を強めたのである。

そうしたなか、イランに対する革命戦争の最初の一撃が、北アゼルバイジャンやトルキスタンからの陸路ではなく、「塩の湖」を通ってもたらされた。二〇年五月下旬、カスピ海に展開していた赤軍の艦隊いわゆる赤色海軍がデニーキンの艦隊を掃討する過程で、イギリス軍が駐留するイラン北部の軍港アンザリーを占領したのだ。

翌月、赤軍はジャンギャリー運動の指導者クーチェク・ハーン率いる現地勢力と合流してギーラーンの州都ラシュトに入り、「イラン・ソヴィエト社会主義共和国」(ギーラーン共和国)の樹立を宣言した。ロシア外のアジアで成立したソヴィエト共和国の嚆矢《こうし》と言える同国は、クーチェクを首班とし、民族主義勢力とイラン共産党との統一戦線の形をとってスタートする。アジアでの最初期の国際革命は、コミンテルンではなく、赤軍の主導による革命戦争によって実現されたのである。

隘路にはまる「革命の輸出」

先に触れたように、アゼルバイジャンとイランとの紐帯《ちゅうたい》は強く、労働者同士の交流も密であったため、バクーは双方の社会主義運動の生まれた地であった。こうした歴史的な背景があるゆえに、一九二〇年六月下旬にアンザリーで第一回党大会を挙行したイラン共産党は、アゼルバイジャンの共産党やソヴィエト政権の強い影響を当初から受けることになる。

誕生からわずかひと月余りで、ギーラーン共和国政府内の左右の対立が激化し、クーチェク派を排除するクーデターにまで発展するが、それもアゼルバイジャンからの介入が大きな原因だった。アゼルバイジャン共産党などが中心的な担い手であったイラン現地に対する指導機関が、テヘランに興った新政府とクーチェク派の接近を警戒したのである。同共産党代表でアルメニア人のミコヤンらは、事前にモスクワに諮ることなく兵を動かしてクーデターを決行し、さらには社会主義化に踏み切るとともに、テヘランを攻略すべく軍を進めるなど、イラン革命の急進化を図った。

このように、ちょうどコミンテルン第二回大会開催中に、ポーランドのみならずイランでも、つまりヨーロッパとアジア双方で軍事力の行使による革命の輸出が進行していた。ところが、それもわずかなあいだしか続かなかった。八月に入るとワルシャワ攻略とテヘラン攻略はともに隘路《あいろ》にはまり込む。

イラン北部での強硬策は出先機関の独断専行であり、もちろんコミンテルン側としっかり調整されたものでもなかった。そもそも現地住民との融和を重視し、地域の発展段階に合わせた柔軟な取り組みを旨とする「民族・植民地問題に関するテーゼ」で示された方針からも、完全に逸脱していた。

レーニンは、イランでの急進的な動きを知ると、すぐに反対の姿勢を表明した。彼やトロツキー、そして外務人民委員部を率いるチチェーリンらが憂慮したのは、イラン現地の動向がイギリスを過度に刺激することであった。というのも、この年の五月以来、モスクワ政府はイギリスとの通商協定締結を目指して交渉のテーブルについていたからである。

アンザリー軍港の占領とギーラーン共和国の樹立にとどまらずに、さらなるステップへと革命を推し進めることになれば、英ソ交渉の行方に大きく影響を与える可能性が充分に考えられた。もっとも、これまで見てきたようにアジアでの革命戦争路線を追求してきたのは、ボリシェヴィキ指導部にほかならない。イランでのイギリスの影響力を低下させたいのはやまやまだが、経済的な困窮の極みにあったソヴィエト・ロシアの現実をまえにして、イギリスと通商関係を結ぶことに強い期待をもっていたレーニンらからすると、悩ましい事態であった。ここにおいて、アジア政策をめぐる本質的な曖昧さが露呈することになったと言える。

バクー大会は、こうした局面下で開催されたものだと改めて想起しなければならない。ジノヴィエフらコミンテルン幹部一行は、ポーランドとイランの双方で革命の輸出が完全に失敗しようとする、まさにその刹那にバクーにやってきて、東洋の革命が前途洋々たることを高らかに宣言したのである。

イラン革命からの退場

バクー大会では、ロシア人とムスリム、あるいは西洋と東洋との深い溝が露呈した。実は、このときムスリム・コミュニスト同士のあいだでの溝までもが浮き彫りとなった。大会席上でイラン問題が取り上げられると、性急な社会革命を実施して失敗したことをめぐり、イラン共産党内で激しい対立が惹起《じゃっき》したのだ。

当初、ジノヴィエフら議長団は両者のあいだを取り持とうとしたものの、ギーラーンの実情がモスクワの知るところとなり、革命を推進した左派の立場は悪化する。そこでコミンテルンは、現行のイラン共産党中央委員会を解散し、新たな指導部を組織すると決定した。

さらに、カフカース視察中のスターリンも事態を収めるために介入し、旧中央委員会のメンバーを数人残す形で新たな中央委員会を発足させようと試みている。グルジア（現ジョージア）生まれのスターリンにとって、ザカフカース三国つまりアゼルバイジャン、グルジア、アルメニアの一体的な再征服を目指すうえで、イラン北部を引き続きロシアの影響下におけるか否かは重大な関心事であった。

その認識を彼と同郷のオルジョニキッゼやアルメニア出身のミコヤンらも共有していたからこそ、彼らはあれほど執拗《しつよう》にイランに関与したのである。のちのスターリン政権を構成する、こうした「スターリン派」の面々は、カフカースとイランの革命を連続したものとして捉え、その灯火《ともしび》の維持に強く執着したのだった。

ところが、イラン共産党左派はこれらの介入をすべて拒否し、自ら共産党を名乗ったため、党は完全な分裂状態に陥る。しかも左派は、コミンテルンに対して執拗に不満を訴え、とくに右派の指導者について民族主義者の傾向が強いなどと教条的な批判を展開した。その結果、コミンテルン執行委員会の判断に揺らぎが生じる。右派指導者を審問にかけようとし、しかもそれが拒否されるとイラン共産党の新指導部への支持を事実上撤回したのである。

レーニンの件《くだん》のテーゼが、アジアでの民族解放運動を強く支持するものであった以上、イラン共産党右派が社会革命よりもまずは民族革命を優先させたこと自体は正当性のあるものだった。しかし問題なのは、共産主義者が連携相手とすべき「革命的な民族ブルジョアジー」なるものが、結局のところ、ロシアの国益に適《かな》う相手か否かという基準で決定される現実を、イラン共産党の右派指導者が理解していなかったか、意に介さなかったことだと思われる。

たしかに、ギーラーン共和国をイギリスに対する外交上のカードとして利用できる限りは、クーチェクを革命的な民族ブルジョアジーとして連携を組み、現地のソヴィエト政権を安定化させることがロシアの国益に適うものだった。しかしその後ギーラーンでの革命が混乱を極めるなか、モスクワはテヘランの民族派政府を革命的な民族ブルジョアジーと位置づけて接近する方針に切り替えた。

それはやはり、まずはイギリスとのあいだで、力をめぐる抗争を有利に運びつつも決定的な対立に至らないようにして経済的な関係を強化する意図があったためである。また同時に、テヘランの民族派政府、つまりイランの現行の中央政府との友好は、同国との通商路の再開にもつながる可能性があり、包括的な観点から言ってロシアの国益に資するものだった。

しかもポーランドとの戦争がヨーロッパに内乱を惹き起こす一撃とならなかったことで、ロシアはヨーロッパの資本主義諸国との協調や周辺のアジア諸国との安定的な関係の構築に一層真剣に取り組まざるをえなくなっていた。その決定的な局面は市場経済の一部容認に踏み切ったネップ（新経済政策）の採用であるが、それに相前後してイランのみならず、アフガニスタンやトルコなどとも友好条約が締結されたのである。

　にもかかわらず、イラン共産党の右派指導者は、あくまでも中央政府打倒に固執し、例のイラン人国際部隊をバクー経由でイランへと秘密裏に移動させようとまでした（黒田二〇〇七）。その結果、ロシア政府はもちろん、ギーラーンの革命運動をなんとか維持しようとしたオルジョニキッゼらカフカースのコミュニストたちも右派を見放した。

　さらにその後も混乱は続き、クーチェクらが共産党員らに対してクーデターを起こす一方で、テヘラン政府軍がギーラーン共和国に攻撃を仕掛ける。クーチェク派は一掃され、ついに一九二一年一一月、ロシア国外でアジア最初期のソヴィエト共和国は完全に潰《つい》えた。ボリシェヴィキは、荒廃するロシア経済を立て直すという、まったくの国益重視の姿勢を強めたことで、イランにおける革命の灯火を自らかき消し退場したのである。

迷走するコミンテルン

　ここまで見てきたように、ボリシェヴィキにとってアジアでの国際革命とは、まずなによりもロシアに隣接するイスラム世界に照準を合わせたものであった。そのための拠点であるバクーから最初のアプローチがイランに対して試みられた。ところが、革命の方針をめぐってボリシェヴィキ内で意見の相違は大きく、モスクワの上層部内のみならず、それらと出先のカフカースのコミュニストたちとのあいだの対立も加わって、さまざまな勢力が介入する割拠状態となったのだ。

そこに鳴り物入りでコミンテルンが登場したわけだが、事態をより複雑にしただけだった。当初、バクー大会で現れたイスラム国際主義的な構想を一蹴したジノヴィエフらは、民族解放運動とともに農民や貧民層の組織化をも進めるという、より左派色の強い方針にこだわった。それゆえイラン共産党の左派に肩入れしたものの、そこから二転三転し、結局は同党を完全に分裂させてしまう。この結果は、ボリシェヴィキを範とする強力な中央集権体制を目指していたコミンテルンにとって大きな痛手だったと言える。

バクー大会でムスリム・コミュニストの不満が渦巻いたのはもちろん、イラン革命をめぐって角逐する各勢力をまるで統制できなかったことも、コミンテルンの権威がまったく確立されていない証左であった。ヨーロッパであれば、大戦中の第二インターの振る舞いに後ろめたさを感じていた社会民主主義者たちに、贖罪を求めながら第三インターの権威を大いに振りかざせた。

しかし、社会主義の伝統がしっかりと根付いていたわけではなく、戦争協力の「十字架」とも本質的に無縁なアジア地域では、少なからず勝手が違っていた。そうしたなかで、ロシアの国益によってその都度大きく左右される革命路線を現地の共産党員にすんなりと受容させることは難しかった。

とりわけ、どの民族ブルジョアジーと連携すべきか、という民族統一戦線の核心的なテーマで、ボリシェヴィキ指導部の決定をロシア国外の共産党の末端にまでコミンテルンを通じて行きわたらせることができるかどうかは、ひとえに権威をめぐる問題に直結していた。イラン共産党の右派指導者がコミンテルン執行委員会の審問に応じず、最後までテヘラン政府打倒を譲らなかったことは、イラン革命の混乱を象徴するものであった。同様の軋轢《あつれき》は、この後アジア各地で繰り返される。

ケマルの共産党

まさにイラン革命の終焉《しゅうえん》は、ボリシェヴィキによるアジア革命の困難さをさまざまな面で先取りした事件であった。その一方で、彼らがイランとともに国際革命の実現を期待した国にはトルコがあるが、ここでの革命も早々に頓挫している。

第一次世界大戦に敗戦したオスマン帝国つまりトルコは、ロシア同様、国際的に孤立し、しかもイギリスら西洋列強による国土分割の危機にもあった。ボリシェヴィキとしては、中東に大きな足場を築いてインドへの道を盤石なものにしようとするイギリスの思惑を挫《くじ》くためにも、トルコでの革命の推進は重要な取り組みであった。

ムスタファ・ケマル（1881〜1938）トルコ共和国建国の父で，同国の近代化に邁進した．４期目の大統領の任期途中で病死

また、トルコの東に隣接するカフカースなど国内の再征服にとっても、この地での革命は大きな意義があった。アゼルバイジャンやトルキスタンなど旧ロシア帝国版図内には多くのトルコ系のムスリムが居住しており、そうした人びとのあいだでオスマン帝国の威光は無視できないものだったからである。

こうした背景のもと、ロシア革命とトルコ革命とのあいだで協力関係を結ぶ余地が生まれた。とくにイギリスがオスマン帝国を揺さぶるためにギリシアを支援したことで、ムスタファ・ケマルらを中心とするトルコ民族運動に火をつけると、両者は急速に接近した。事実、イギリスの支援を受けた白軍勢力がロシア国内で次第に劣勢となり、それに伴い赤軍が南下してカフカースへも入ってきた際、トルコ人たちが現地のムスリムとのあいだを取り持つなどしてソヴィエト化に率先して協力したのである（山内二〇一三）。

もちろん、トルコの民族運動とボリシェヴィキの革命運動とは、政治的なイデオロギーではまったく共通するものはなかった。ケマルらがロシアに接近したのは、あくまでもイギリスに共同で立ち向かい、必要な軍事支援を提供してくれることを望んだからにほかならない。したがって、ケマルはトルコ国内への共産主義の流入には徹底的に抵抗した。

その姿勢がはっきりと表れたのが、一九二〇年一〇月にケマル自身によって組織され、短期間だけ存在した「公認トルコ共産党」である。当時はすでに、ソヴィエト・ロシアからトルコに送り込まれた使者によってボリシェヴィズムの浸透が図られ、トルコ内の政治勢力からもそれに呼応する動きが出ていたさなかであった。彼は、ロシアの共産主義を批判するのではなく、それとは異なるトルコの社会に見合った「共産主義」があるとの考えを打ち出し、自らが直接管理する共産党を組織したのだ。

トルコ独自の共産主義がボリシェヴィズムと対立するものではないという主張は、公認トルコ共産党のコミンテルン加盟が申請されたことにも示されている――もちろんコミンテルン側から加盟は拒否されたが――。ケマルは誠に大胆かつ巧妙な策を打つことで、国内の反ソヴィエト派を抑えつつ、親ソ派の動きをも封じることに成功したのだった。

その一方で、二〇年春にバクーで結党された真の「トルコ共産党」――つまりボリシェヴィキに認められた正統な共産党――をめぐっても大きな事件が発生している。同年末にアンカラを目指して党首とその同志十数人がバクーから出発したところ、トルコ国内の道中において徹底的な妨害に遭ったうえに、たどり着いた先の港町で全員が暗殺されてしまったのだ。彼らを殺害し無残にもそのまま黒海に投げ捨てた犯人は特定されず、事件はうやむやのままとなった。

しかしその直後、トルコとソヴィエト・ロシアとのあいだで友好条約が締結される。このことは、ボリシェヴィキがトルコでの革命よりも、ロシアの国益を満たす外交を重視する方針を採ったことを象徴的に示していた。

新たな「出口」を求めて

ボリシェヴィキやコミンテルンは、イランやトルコ以外でも、アラブ諸国を含めた中近東全域で革命運動の移植を試みたが、いずれも満足な成果を上げていない。アジアでの国際革命をイスラム圏から着手していく構想は、まったく挫折したのだった。

ウィーン生まれの著名な社会学者フランツ・ボルケナウ――彼は二〇年代初頭にドイツ共産党に入り、コミンテルンで活動するも、同年代末には共産主義から離れた――が言うように、最初期のコミンテルンは中近東諸国に大きな関心を払ったものの、その「失敗もまた他にくらべて徹底したものであった」(ボルケナウ一九七三)。

一方、先に見たように、アジアでのイギリスとの闘いで「本丸」となるはずのインドに対しては、革命をすぐさま実践することにボリシェヴィキ指導部の大半は及び腰であった。トロツキーにしてもイギリスとの通商協定交渉が始まると、相手の反発を招くような行動を控える姿勢へと転じた。また、バクー大会に参加したインド人がほんのわずかしかいなかったことを見れば、コミンテルンもインド革命にいまだ本腰を入れる段階ではないと認識していたと言える。実際、インド国内で共産主義者による組織化が本格化していくのは、二〇年代半ば以降からである。

ポーランドとの戦争に行き詰まったことで西方への出口を失い、それに引き続いて中近東でも大きく躓《つまず》き、インドには当面手を出せそうにない。そうなると、ロシアに接するアジア地域で突破口となりうる場所は、現実的に見て極東をおいてほかになかった。

ロシアのコア地域から遠く離れた極東は、レーニンはじめボリシェヴィキ上層部の面々にとって未知の世界であった。それだけに、たとえばカフカースのように党内で方針をめぐって利害が激しく対立するような土地ではなかった。また、中近東や中央アジアと異なり、ロシアの内と外を跨《また》ぐ広大なイスラム圏が広がっているわけでもないので、ムスリムたちの反ロシア意識や、独自のインターナショナリズムのような厄介な思想と対峙する必要もなかった。もちろんロシア国内には中国人や朝鮮人も居住していたが、その数はムスリムに比べれば微々たるものでしかない。

ボリシェヴィキの指導者たちにとって、ヨーロッパ・ロシアとそれに近接する周縁のアジア地域ほどには国家や民族をめぐる自らの危機意識を激しく揺さぶる存在ではなかったことが、極東での革命運動の形成を独特なものにした大きな要因であったと思われる。もちろん、ロシアの諸機関とのあいだで極東での主導権をめぐって対立もあったが、次第にコミンテルンの指揮下に一本化される。イルクーツクやウラジオストックから上海《シャンハイ》など極東各地を結ぶ革命のネットワークが構築されていった。

そして、極東の有する大きな可能性は、まずモンゴルで芽生えた。一九二〇年秋にロシア国内で劣勢となった白軍が外モンゴルに入ったことを受けて、ソヴィエト・ロシアとコミンテルンは、現地の民族主義者らのグループであるモンゴル人民党への支援を強める。それら現地勢力と赤軍の攻撃によって白軍は撃退され、翌二一年七月に人民党や仏教勢力などから成るモンゴル人民政府が誕生した。

その後もボリシェヴィキはモンゴルへの関与を続けた。コミンテルンから使者が派遣され、人民党を一層強化し、現地の仏教勢力らを排除した同党中心の国家体制づくりが目指されたのだ。長らく中国の支配下にあった外モンゴルに親ソ的な政権を形成することは、ソ連にとってはまずなによりも自国の安全保障上の要請であった。その目的のためになされた努力は、紆余曲折しつつも二四年一一月のモンゴル人民共和国の成立に結実する(青木二〇一一)。

十月革命に共鳴する社会主義国家が東アジアの一角に誕生したことは、失敗続きだった国際革命に光明を与え、新たな「出口」としての極東の存在感を一層高めたと言える。そして、後述するように、実はモンゴルのみならず、同時期の中国でもソ連を孤立から破る可能性を秘めた突破口が開かれようとしていた。

こうして中近東での失敗を経て、極東のなかでもとりわけ世界有数の人口と広さをもつ巨大国家、中国がコミンテルンにとってのフロンティアとなり、多大な労力が傾注されていくのである。

第3章　革命の終わりと始まり——ボリシェヴィズムの深層

弱者の戦略

クロンシュタットの反乱が鎮圧され、ネップ（新経済政策）の開始の一方で恐怖政治が日常的に機能する政治制度となり、そして党内分派が禁止されてローザ・ルクセンブルクの予言が現実のものとなった一九二一年三月。この一連の出来事をもって、「十月革命は終わりを告げた」とする見方は（フュレ二〇〇七）、至極妥当なものと言える。

結局のところ、十月革命の終焉は、革命ロシアの国益とプロレタリア国際主義の葛藤をうまく調停できなかったことによる必然でもあった。ヨーロッパ革命で生まれた友邦が助けにくるまでのあいだは、諸外国からの干渉や内戦を乗り切るためとして、強権的な統治手法がある程度正当化される余地があった。しかし、ようやく戦争は終結に向かっていったものの、西方からの支援はその影すらなく、ロシア国内には深刻な分断と疲弊が残された。

一方、一九一七年には二万数千人程度であったボリシェヴィキは、いまや七十万人以上の党員を数える巨大な集団へと成長していた。それだけに党をひとつにまとめあげることも容易ではなくなっていた。労組論争は、党の多様性を背景にして、あくまで労働者革命の理想実現を純粋に志向する左派らの不満が噴出した出来事だった。ただ、そもそも反対派としての左派が党内の一角を占めるようになったのは、レーニンがブレスト＝リトフスク条約の締結に踏み切って革命ロシアの国益を優先させたことがきっかけである。

そして今また、レーニンは農民と和解し、資本主義の力を借りてまでも国家の存続を図ろうとした。脆弱《ぜいじゃく》なプロレタリア国際主義に頼ることができないなか、強固な国家主義の追求を通じてボリシェヴィキ統治を維持しようとするレーニンにとって、反対派を封じ党の統一を強化することは欠かせなかった。その意味では、二一年三月のロシア共産党第十回党大会は格好の舞台となった。

ところで、ヨーロッパ革命が差し迫ったものではないという現実をレーニンが受け入れた最初の兆候は、ちょうど十月革命三周年の節目ごろから現れる。これまで既定路線とされてきた資本主義世界の早々の崩壊がありえなくなったことで、対外的な戦略の練り直しを迫られたのである。長期にわたって革命ロシアは「敵」に取り囲まれて孤立し続けることが確実であり、生き残るための新たな方策が必要となったのだ。

二〇年一二月初旬、レーニンは党員向けの演説のなかで、「二つの帝国主義のあいだの、二つの資本主義的国家群のあいだの対立と矛盾を利用し、彼らをたがいにけしかける」ことを訴えた。ボリシェヴィキが経済的にも軍事的にも弱体だと自覚し、敵同士の対立と矛盾を突くという「黄金律」を学べと説くのである（『レーニン全集』三二）。

自らが弱者であると理解し、敵を直接的にではなく間接的に攻撃するという、いわば「弱者の戦略」をレーニンは打ち出したと言える。もちろんドイツとの講和の際にも自らが弱者であるとの自覚があったわけだが、その当時の状況と、頼みの綱であった世界革命の見通しが彼方へと遠のいた現在の状況とでは、弱者である意味が本質的に変化していた。

生き残りのためには、その圧倒的な弱者の状態そのものに対して、より積極的な意義を見いださなくてはならなかった。その際、マルクス主義者として弁証法的な解釈を徹底すれば、革命運動での後退は単なる後退ではなく、前進のための大いなる力の発現にほかならない。

レーニンは、ロシア国内の天然資源などの利権をいわばエサとすることで、一部の帝国主義国家から対価としての資本と技術を引き出しつつ、利権にありつけた国家とありつけなかった国家の不和を煽り高め、互いをけしかけて潰しあわせることを想定した。国外のブルジョアジーとの資本主義的な取引は、共産主義の理念の放棄などではなく、次のステップへと進むために必要かつ一時的な妥協であった。それは一見後退しているように見えるものの、その実、ブルジョアジーとの闘争の新たな局面とされたのである。

ヘーゲル（1770～1831）ドイツ観念論哲学の代表的存在．マルクスをはじめ後代の思想家たちに多大な影響を与えた

レーニンのヘーゲル回帰

資本主義世界内部の矛盾や対立を利用しようとするレーニンの独特な革命戦略に、事物の内的な矛盾や対立を重視するヘーゲル弁証法からの影響を読み取ることは難しくない。実際、レーニンは第一次世界大戦の時期、集中的にヘーゲル研究に取り組み、その哲学から大きな影響を受けた。『哲学ノート』として知られるレーニンによる抜粋と思索を書き留めた文書は、ヘーゲルの『大論理学』の読解が中心をなしており、弁証法に対する並々ならぬ関心があったことを示している。

ただ、当時いわゆるマルクス主義者のあいだで、ヘーゲル研究が熱心におこなわれていたわけではなく、レーニンの取り組みはむしろきわめて例外的であった。さらに彼は晩年になって体調が悪化するなかでも、ヘーゲルへの関心を捨てず、党内に向かって弁証法の系統的な研究を始めるように訴えてもいるのである。

しかしその後、レーニンの熱意が実を結んだようには思われない。むしろ反対に、ボリシェヴィキ党内はヘーゲル主義的なマルクス主義を排除する方向に進む。そのきっかけを与えたのは、一九二三年に出版された二冊の書物であった。ルカーチ・ジェルジの『歴史と階級意識』とカール・コルシュの『マルクス主義と哲学』である。これらはともにヘーゲル哲学からの影響を色濃く受けた著作であり、その点ではレーニンの意向に適うもののはずであった。しかし翌二四年の六月半ばから七月初めにかけて開催されたコミンテルン第五回大会で、著者二人はジノヴィエフやブハーリンらから名指しで糾弾されるのである。

ドイツ共産党の幹部であったコルシュは二六年に同党から追放され、その後は反ソ的な姿勢を堅持しながらマルクス主義者として理論研究に当たった。思想家のヴァルター・ベンヤミンや劇作家のベルトルト・ブレヒトらとも交流し、またフランクフルト大学の社会研究所を中心に活躍した研究者グループ「フランクフルト学派」にも影響を与えたことで知られる。

ルカーチ（1885～1971）
1930年代初頭から主にモスクワで暮らし，自己批判を繰り返して党の公式路線にその都度合わせることで，大粛清をも潜り抜ける．第二次世界大戦後にハンガリーに帰国．56年のハンガリー動乱後は政治活動から離れた

一方、ルカーチも多方面に大きな影響を与えた思想家だが、コルシュとは異なり、コミンテルン第五回大会で批判されたあとも党を離れることはなかった。ブダペストで裕福なユダヤ人家庭に生まれ、若手知識人の中心的な存在であった彼は、一八年のハンガリー革命をきっかけに共産主義運動に身を投じた。ハンガリー・ソヴィエト共和国では教育分野担当の要職を務めるなどしたが、政権崩壊後はヨーロッパ各地を転々として亡命生活を送る。そうした流転の日々のなかで書き上げたのが『歴史と階級意識』だった。

ところでルカーチがハンガリー革命政

権に加わったのは、クンら指導部の引きがあったためだ。しかし、手練手管の策士であるクンとは当初から反りが合わなかった。その対立は、二一年夏のコミンテルン第三回大会で、ハンガリー共産党指導部が分裂状態に陥ったことにより一層拍車がかかる。これはクンが自らに近い亡命者たちをハンガリーに送り込んで現地の革命運動を直接的にコントロールしようとしたことが原因だった。ルカーチの表現で言えば、「典型的なジノヴィエフの弟子」であり「小使」であるクンが、コミンテルンのトップの威光を笠《かさ》に着てモスクワから強権的に指揮を執ろうとしたために、ハンガリー共産党内で強い反発が巻き起こったのである（ルカーチ一九八四）。ルカーチと、クンらジノヴィエフ派のあいだには確執があったわけだが、コミンテルン大会でジノヴィエフ本人が公然とルカーチを批判したのは、このときの大会の性格によるところが大きい。というのも、第五回大会はボリシェヴィズムを追求すべき理念として明確に打ち出した最初の大会であったからである。

見てきたように、すでに早くからコミンテルンのボリシェヴィキ化は進んでいたが、ロシア革命とそれを成功させたロシア共産党こそが革命の手本なのだと各国共産党にはっきりと示したのは、この大会からであった。こうしてコミンテルン各支部は、組織的にはもちろん、思想的にもロシア共産党と一枚岩となり、まったく同じ世界観の共有が今まで以上に求められることになる。

党内きっての理論家であるブハーリンは、それ以前から思想的な引き締めの必要性を感じていた。彼にとってマルクス主義とは徹底した唯物論の立場であり、観念論的な逸脱を決して認めないものであった。二一年に発表した理論的な主著のなかでも、人間の意志は自然界の因果法則に従っており、なにものからも強制されない自由な意志などありえないとする唯物論的な決定論を明確に示している。

この立場からすると、自己意識がさまざまな経験をすることで最終的に主体（主観）と客体（客観）の合一の境地である「絶対知」へと至るなどという、ヘーゲルの思想は神秘的な信仰以外のなにものでもなかった。それゆえブハーリンにとってルカーチらのヘーゲル回帰はきわめて問題のある動きでしかなく、彼らの著作が発表されたタイミングを逃さずにジノヴィエフとともに第五回大会で批判に打って出たのである。

一方で先に述べたように、晩年のレーニンはヘーゲル研究の重要性を公然と説いて、唯物論と観念論の性急な峻別《しゅんべつ》から距離をとっていた。しかも、彼は自らの「遺書」とも言える文書で、ブハーリンについて、「彼の理論的見解を完全にマルクス主義的とみなすことには、非常に大きな疑問をいだかないわけにはいかない〔……〕彼はけっして弁証法を学ばなかったし、けっして充分にそれを理解しなかったと私は思う」とこっぴどく批判してもいる（『レーニン全集』三六）。

ボリシェヴィキの指導部内でヘーゲル弁証法をめぐる重大な思想的亀裂が生じていたわけだが、二四年の一月にレーニンが死去したこともあって、この問題は糊塗された。レーニンを欠いた最初の大会であるコミンテルン第五回大会において、ジノヴィエフらはルカーチらの思想に「理論的修正主義」のレッテルを貼り、ヘーゲル主義的なマルクス主義解釈をボリシェヴィキの伝統から追放したのである。

前衛党論とヘーゲル哲学

ところで、第二次世界大戦後のフランスで活躍した哲学者メルロ＝ポンティは、若い頃に共産主義に傾倒し、友人の哲学者であるサルトルにも影響を与えたことで知られる。しかし、朝鮮戦争をきっかけにして共産主義ともサルトルとも決別した。一九五五年、つまりスターリンの死去後、またフルシチョフによるスターリン批判の直前の時期に、自らの思想的転回をはっきりと示した著作『弁証法の冒険』を発表する。そのなかでモスクワ公認の共産主義理論に、ルカーチの思想を「西欧マルクス主義」として対置し、後者を積極的に評価した。

言ってみればメルロ＝ポンティは、かつてレーニンが先鞭《せんべん》をつけ、ルカーチらが続いたヘーゲル回帰の重要性を再び論争的な形で提起したわけである。ところが、またしても共産党は激しい拒否反応を示した。このことは、三十年以上の月日が経ってもなお、ボリシェヴィズムとヘーゲル主義とのあいだに、まったく相容れない本質的な溝が横たわっていることを、改めて示すものであった。

おそらく両者の本質的な溝とは、権威をめぐる相克とも言い換えられるものである。端的に言って、ヘーゲル弁証法の大きな特徴は、あらゆる事物の内部には分裂の契機が存在し、主体と客体が相互に影響を与えあって入れ替わりながら最終的に綜合《そうごう》されていく、とみなす点にある。こうした「自己外化」と「自己還帰」の二つのダイナミックな働きが、社会と歴史をより高い次元へと押し上げていく原動力であるとされた。

したがって、共産党という社会集団にも分裂の契機は備わっていることになり、弁証法的運動の原理から自由ではありえない。「プロレタリアートの前衛」たる自らのあり方を徹底するほど、その内部の分裂の契機が作動して対立物へと転化するわけである。しかしこのことは、前衛党が常に揺るぎなくプロレタリアートを教え導く存在だということに強いこだわりがあったレーニンからすれば、なかなか受け入れがたいものであろう。

そもそも、外発的な変化を志向するレーニンの前衛党論と内発的な変化を自明とするヘーゲルの弁証法には根本的に相容れない面があることはたしかである。ところが、あれほどヘーゲルの哲学を熱心に学び、その弁証法の重要性を同僚たちにも説いたレーニンだが、自らの革命理論にとって核心部分とも言える前衛党論に対してはヘーゲル主義の観点から充分にメスを入れたとは思われない。

たとえば、二二年三月下旬から開催されたロシア共産党第一一回党大会にて全員一致で採択されたレーニンのテーゼを見てみよう。彼は、ネップ下での労働組合の任務について議論するなかで、労組が大衆の身近な利益を守る一方で、国家権力の参加者として大衆の利益を逆に圧迫する場合もあるという矛盾を指摘している。そのうえで、次のように述べる（『レーニン全集』三三）。

これらの矛盾をただちに解決するだけの権威をもった最高の機関が必要である。そのような機関こそ、共産党であり、すべての国の共産党の国際的な連合体、コミンテルンである。

前述の通り、権力を掌握して以降、ボリシェヴィキの党員数は年を追うごとに増加し、少数の精鋭からなる前衛党という当初の理念はすでに揺らいでいた。他方で、政治局の常設に表れているように、党の上層部の内部にさらに中枢が生まれるインナーサークル化の傾向も早い段階で発生し、権力側と国民との距離は開く一方であった。

そうしたなかクロンシュタットの反乱に象徴される一連の騒擾によって、党と国民との関係は完全に破綻し、両者の弁証法的な交流は望むべくもない状態となった。草の根からの声を吸い上げるシステムは、もはやどこにもなくなっていた。まさに主体と客体とが分離し、党は孤立のただなかにあったわけであるが、レーニンはヘーゲル主義的な方途ではなく、前衛党の理念を再び徹底する道を選んだのである。

なお、レーニンは第一一回党大会の準備に当たって、のちにスターリンの片腕となるモロトフに、党の権威を維持する具体的な手段についても党大会で議論する必要を示唆した。それは、入党基準の厳格化とともに粛清をも排除せず、肥大化した組織のスリム化を図らなければならない、というものだった。ここに前衛党の理念と党内粛清の論理とがはっきりと結びつけられたことが見てとれる。

ちなみに、スターリンが新設のポストである書記長に就任したのも、この党大会であった。これによって彼は、党の人事に大きな影響力を発揮し自らの権力基盤を築いていけるようになった。彼は党の深奥部にモロトフら側近たちとインナーサークルを形成し、巨大な官僚機構を暴力的に支配する絶対的な権威と権力を備えた存在へと駆け上がっていく。

両義的なレーニン

大きな節目となったロシア共産党第一一回党大会だが、その開催と同月にレーニンはヘーゲル研究を党内に呼びかけてもいるのである。この明らかに相反するレーニンの態度をどのように考えればよいのだろうか。

左翼思想の研究家であるラーヤ・ドゥナエフスカヤも、レーニンがマルクス主義者のなかでいち早くヘーゲルに回帰しつつも、それが彼自身の実際の行動において首尾一貫されなかったことに注目している。一九三〇年代後半にメキシコに亡命していたトロツキーの秘書を一時期務め、その後アメリカを中心に活躍したドゥナエフスカヤは、レーニンとヘーゲルとの関係を熱心に研究した先駆的な人物であった。

彼女にしてみれば、たとえば、レーニンが一九〇八年に発表した哲学的著作『唯物論と経験批判論』を、自らがヘーゲルへと回帰したあとにもかかわらず、ロシアでの再刊を認めたことなどは、きわめて問題を孕んだ行動であった。本書は、ロシアにマルクス主義をいち早く持ち込んだプレハーノフらの影響を強く受け、観念論と唯物論を峻別して人間の意識を物質の模写と見る単純な反映論の立場に拠っていた。

一方でレーニンは、『哲学ノート』のなかでプレハーノフへの批判を繰り返した。それだけでなく、「人間の意識は、客観的世界を反映するだけでなく、それを創造しもする」(『レーニン全集』三八)という、まさに彼の思想的な転換を凝縮した一文を書き込んでもいる。つまり彼は、民衆には自らとその周囲に広がる環境をともに変化させる契機があらかじめ備わっているということを、ヘーゲルを通じて理解したのだ。それゆえ、彼はロシアの地で自然発生的に出現したソヴィエト(評議会)をパリ・コミューンに重ね合わせ、あれほど強い支持と期待を示したのだった。

しかしそれにもかかわらず、レーニンは反ヘーゲル主義的な自著を再刊し、なおかつプレハーノフの哲学研究に賛辞の言葉まで贈るのである。彼のこうした姿勢は、ドゥナエフスカヤが指摘するように、まったく両義的なものと言うほかない(Dunayevskaya 2003)。

党と国家への執着 110

おそらく、レーニンがヘーゲル主義と反ヘーゲル主義とのあいだをどっちつかずに揺れ動いた要因は、十月革命直後から厳しい現実に直面して革命の理想から後退せざるをえなくなったこととともに、党と国家権力に対する彼の異常なまでの執着にあったように思われる。

先に述べたように、マルクスは資本主義から共産主義への移行に際してプロレタリア独裁なる過渡期があるとした。またのちに彼は、共産主義社会を第一段階と第二段階つまり低位と高位の二つの段階に分け、完全な平等が実現するのは後者に至ってからとする見方を示している(マルクス一九七五)。したがって、この区分けを素直に受け取れば、プロレタリア独裁の期間は資本主義社会と共産主義社会の第一段階とのあいだとなる。

また一方で、マルクスはパリ・コミューンの観察に基づいて、既存の国家機構を単に引き継ぐべきではないとも説いた。それゆえ、プロレタリアートによる全権力の独占とともに国家そのものの解体が着手され、共産主義社会の第一段階に到達するまでには、その解体の過程が完了されているはずである。

もちろんマルクスは、無政府主義者のように国家の一切をたちまちにして解体することを提唱していたわけではない。つまり、国家が果たすべき最低限の公的な役割を認めつつ、それをコミューンに徐々に移していくという、緩やかな移行が目指された。それによって、民衆社会の活力を無理なく再起させるというのが、彼の意図ではなかったかと思われる。

では、レーニンはプロレタリア独裁と国家の関係をどのように見ていたのだろうか。十月革命の直前に執筆した著作『国家と革命』で、彼は共産主義社会の第一段階を「普通にはこれが社会主義と呼ばれている」などと、マルクスにはない独自のアレンジを施す。そのうえで、この社会主義社会の段階では、「国家の必要はなお残っている」とし、「ここでは、すべての市民が、武装した労働者である国家に雇われる勤務員に転化する」とも述べている。また、彼によれば、プロレタリア国家は官僚制と常備軍という旧来の国家の機構をソヴィエト権力に置き換えていくことで、「本来の意味での国家ではない」ものとなり、死滅しつつある国家なのだとした（レーニン一九五七）。

レーニンは国家をブルジョア国家とプロレタリア国家に明確に分けたうえで、前者は即座に廃止されるべきものであって、後者は自然と死滅していくものだと見た。これはレーニン自身が、『国家と革命』のなかで引用し高く評価したエンゲルスの解釈に影響を受けたものである。エンゲルスはマルクス主義について広範に叙述した著作『反デューリング論』（一八七八年）で、国家は廃止されるのではなく死にゆくものだと論じている。

エンゲルスとしては、プロレタリアートが国家権力を掌握後に生産手段をひとまず国有に移すことを「社会の名において生産手段を掌握すること」であり、「国家としての最後の独立的な行為」だとした。また、この過程は国家による社会への干渉を縮小させていき、それによって国家は「徐々に死んでゆく」ことになると指摘した（エンゲルス一九六六）。

他方、先に触れたようにマルクス自身は、国家そのものに対する否定を重視し、なおかつ国家ではなく社会自らが社会主義を主導していくものとして捉えていたと考えられる。エンゲルスはマルクスの見方を自分なりの言葉で解釈しようと試みたわけだが、レーニンはその文脈のなかから、プロレタリア革命における国家の役割の重要性という、自らが見たいものを敢《あ》えて見いだしたように思われる。

この点に関連して注目すべきは、レーニンが同じく十月革命以前、世界大戦のさなかにドイツの戦時経済のあり方に関心をもち、そうした国家主導の統制経済を革命の現場に持ち込もうと構想していたことだ。つまり、それは国民全体の力を凝集させ国家を強化することを通じて社会主義へ踏み出すという考えであった（和田一九九二）。

こうしてみると、レーニンの言う死滅に向かう国家なるものの実相は、マルクスがパリ・コミューンを機に到達した、国家そのものに対する否定を忠実に反映しているとは言いがたい。とりわけ、社会主義へと前進するためにはコミューン国家に中央集権的な戦時国家の統制経済を導入すべきであるとの方針は、明らかにコミューン本来の理念からの完全な逸脱である。

おそらく、これほどまでにレーニンが国家を前面に押し出さざるをえなかったのは、やはり彼が後進国の革命を常に念頭に置いて自らの革命理論を彫琢《ちょうたく》してきたためであろう。資本主義が高度に発達した先進国を対象としたマルクスの革命理論を後進国に適用するために、レーニンが編み出した答えが国家の利用であったのだ。

かつてトロツキーが指摘したように、そもそもマルクスは、経済発展の度合いにおいて共産主義社会の第一段階は先進的な資本主義社会を上回る、と理解していたと考えられる（トロツキー一九九二）。資本主義社会で生み出された巨大な生産力をすべての人に解放することで、共産主義社会はその低次の段階でも、きわめて高度な経済発展を実現しているという認識である。

とはいえ、このマルクスの想定とともに、資本主義と共産主義の過渡期に国家が解体されるとの見方にも従うとすれば、果たして後進国の人びとは巨大な生産力という「果実」をいつ受け取ることができるのだろうか。

レーニンはこの問題を、プロレタリアートの権力獲得後に国家主導の産業革命を実施することで乗り越えようとしたのだった。プロレタリア独裁の時期と共産主義社会の第一段階とを完全に一体として捉え、国家機構の積極的な役割がいまだに存在する社会主義社会なるものを独自に措定した彼は、国家による厳格な統制に基づく工業化のための時間的猶予を最大限に確保しようとしたと言える。

ヘーゲル主義からの逸脱

いずれにしても、ここにおいて国家と共産主義との結びつきは、より強固なものへと仕立直された。高位の共産主義社会が到来するまでのあいだ、死滅に向かいつつも今なお強力な国家による隅々にわたる厳格な統制が必須となれば、プロレタリアートを導くことに存在意義をもつ前衛党に絶大な権力がますます集中するのはあまりにも当然であった。

本来は旧《ふる》い国家機構を解体する内的な分裂の契機であるはずのソヴィエト（評議会）を、実際には共産党が支配していること自体に、ヘーゲル主義の不徹底があった。言ってみれば、レーニンは評議会か政党かというマルクス以来の難問に解答を与えようとし、ヘーゲルに回帰しつつも、国家の強化に執着するあまりに、共産党を弁証法の論理の枠外に置いた。この処置の困難さが、結局のところ労組問題で火を噴いたわけである。

ヘーゲルを深く学んだレーニンであれば、どのような社会的階級や集団——もちろん前衛党であっても例外なく、その内部に分裂の契機を宿していると理解していたはずである。そうであるがゆえに、たとえば彼は帝国主義についての分析において、労働者階級のなかに植民地から吸い上げられた利潤の恩恵を受ける特権的な勢力すなわち「労働貴族」が出現するという卓見をなすこともできた。

また、プロレタリアートからブルジョアジーへと反転した存在である労働貴族について語るとき、レーニンが見据えていたのは、第一次世界大戦勃発における第二インターの「裏切り」にほかならない。労働者階級側であった人びとが戦争の始まりとともに突如として愛国主義的な姿勢に転換して革命を放棄し、ブルジョアジーに追従する動きをとるという、レーニンに大きな衝撃を与えた事態について、彼はヘーゲルに立ち返ることで説明しようとしたのである。

ひとつの階級が革命的な層と反革命的な層に分裂した場合、レーニンのとった一貫した方針は、後者の徹底的な排除であった。コミンテルン加入のための二一ヵ条が革命を裏切った社会民主主義者をあくまで排除し、党を純化し続けることにどれほどこだわったかは、先に見た通りである。また、戦時共産主義の時期にロシアの農村にブルジョアジーの出現を見て、熾烈な階級闘争を展開したことも、異質なものの完全な排除を目指す行為であった。

レーニンがなにより恐れたのは、共産党のなかの分裂の契機が作動して対立物へと転化することであり、それを阻止するために異質なものを徹底的に取り除こうとしたのである。しかし、そもそも異質なものを完膚なきまでに排除しようとすること自体、ヘーゲル弁証法的なものとは言いがたい。たしかに、ヘーゲルは命を賭した闘争の場が人間の社会であると見たが、しかしながら闘争相手を完全に駆逐すれば人間の完全な自由と自立が実現するなどとは想定していなかったと思われる。

ヘーゲルは若かりし頃から、人間と社会に対する独特な見方をもって自らの哲学を構想してきた。おそらくその肝要な点は、人間同士が闘争し分裂していることそれ自体がすでに社会的な関係である、ということだった。人間社会は、分裂しつつも、ひとつのまとまりを保つものであるからこそ、完全に自由で自立した個人からなる社会が実現する可能性を本来的に秘めているわけである。

加えてヘーゲルは、人間同士が命を賭して闘争する理由を、他者からの承認を得るためだとする。そうであれば、個々人が互いを対等な立場から認め合う「相互承認」が成立する社会が目標となろう。したがって、命がけで争いつつも、その相手を完全に排除してしまっては、当然だが相互承認に至ることはなくなってしまうはずである。農民を縛り首にし、水兵を海の藻《も》屑《くず》と葬り去り、他の政党の存在を禁じ、鉄の規律によって異質なものをとことん切り捨てて単一党として国家権力を独占するなどということは、相互承認を目指すものとはまた別の道程だと言えよう。

「ドイツの十月」

最晩年のレーニンは、ソヴィエトが形骸化するなか、かつて第二インターで発生した現象が革命ロシアでも起こりつつあることに危惧の念を強めた。それゆえ、党と国家が変質して「ブルジョア化」しないように、党内に向かってヘーゲル弁証法を学び、「対立物の転化」のメカニズムを把握して対処するよう求めたと考えられる。

第一一回党大会のすぐあとに最初の脳卒中の発作を起こして倒れ、政治的な影響力を大きく低下させつつも、レーニンは党と国家が対立物へと転化しない措置を講じることにこだわり続けた。例の「遺書」でも、その全体の主旨は、党の行き過ぎた官僚主義的傾向の是正を率直に訴えるものであった。すなわち、行政機関で職員として働いた経験のない労働者たちを党の中央委員にするという、レーニンが示した案には、党中枢のプロレタリアートの量を増やしてブルジョアジーへの質的な転化を防ごうとする意図がはっきりと表れている。

しかし最後までレーニンは、自らの前衛党論を本質的なところからは見直さず、共産党とコミンテルンを絶対的な権威にまで高めることを選択した。それは結果的に、ロシア革命を世界が見習うべき唯一無二の経験とするボリシェヴィズムの傾向をより強めることになる。皮肉にも、この傾向をさらに後押ししたのは、レーニンが一貫して批判してきた無謀で稚拙な革命行動であった。またもや舞台はドイツである。

ラデック（1885〜1939）
1920年代の党内闘争でトロツキーを支持し，27年に党を除名されるも，スターリンに帰順して30年に復党．しかし大粛清に巻き込まれて強制収容所送りとなり，そこで他の囚人に殺害された

ちょうどレーニンが「遺書」を口述筆記させていた頃の一九二三年一月、フランスとベルギーがドイツの賠償金未払いを理由にルール地方を占領した。その影響でドイツ国内の混乱が大きくなるなか、モスクワの指導部内で革命の機運が再び高まっているとの認識が芽生える。三月行動の失敗以来、鳴りを潜めていた攻勢路線の熱がここにきてぶり返したのである。とくにジノヴィエフはこの機に乗じて革命を実現することに前のめりとなった。ロシア共産党政治局でドイツ革命の計画が正式に採択されると、ラデックらがドイツへ送り込まれて革命を準備することになった。

ところがその後、蜂起しても成功が見込めないとの判断から、計画は土壇場で中止となる。しかし、一部地域にはその通達が届かず、蜂起は続行されたが、すぐさま鎮圧されて数多の死傷者を出した。その一方でザクセンなどでは社会民主主義者と共産主義者との労働者政府が樹立されたものの、労働者たちから広範な支持を得ることはできなかった。またもや革命は完全な失敗に終わったのだ。このいわゆる「ドイツの十月」によって、ヨーロッパ革命が幻想以外のなにものでもないことが、まさにダメ押しの形で示されたのである。

あれほどヨーロッパでの革命を希求しながら、ジノヴィエフはまたしても大きな挫折に直面した。そもそも労働者統一戦線の方針は、共産党と社会民主党との協調を否定しておらず、それゆえ両者が参加した労働者政府がつかの間ではあったが樹立されたわけである。ところが、ジノヴィエフはドイツ共産党が社会民主党指導部との関係構築に力点を置きすぎたことが、今回の失敗のそもそもの原因だとして批判したのだ。

モスクワのボリシェヴィキ指導部が革命行動を計画し、実際に指揮まで執ったにもかかわらず、結局すべての責任は、ドイツ共産党の逸脱に帰せられた。「ドイツの十月」が実を結ばなかった結果、唯一の成功体験としての「ロシアの十月」の栄光は一層揺るぎのないものとなる。ロシア革命を成功に導いたボリシェヴィキの指導は無謬《むびゅう》であり、すべての共産主義世界のヒエラルキーの頂点として、その存在はまさに権威にほかならないものとなった。レーニンがこだわった共産党とコミンテルンの権威化は、ここにひとつの完成を迎えたと言える。

ヘーゲル回帰の遺産

こうしてみると、コミンテルンはレーニン時代の終わりまでに、ヘーゲル主義と相反する前衛党論に基づくロシア革命モデルを世界に輸出する一個の「思想運動体」としての側面を、より強固なものにしていった。

ただ、その一方で世界のあり様を事物に内在する矛盾から読み解こうとするヘーゲル主義的な要素も、コミンテルンを構成する側面として機能し続けたことは見過ごせない。資本主義世界内部の矛盾として、資本主義国家同士の対立や分裂を見抜き、それを利用しようとする態度は、レーニンのヘーゲル回帰がコミンテルンの世界革命の遂行にもたらした遺産と言えるものであった。とはいえ、レーニンが自らの共産党とコミンテルンを権威の高みに置いたため、ヘーゲル弁証法はきわめて特殊かつ限定的な用いられ方をすることになった。より率直な言い方をすれば、敵を倒すための技術になってしまった感がある。

レーニンが言うように、完全な共産主義に至るには国家が必要であるのならば、世界革命への道程は、諸国家間の熾烈な闘争の道程とならざるをえない。主権国家同士が生き残りをかけてゲームを展開する国際政治の場に、レーニンはヘーゲル主義を援用した独自の闘争の技術を持ち込んで勝ち抜こうとした。

しかしながら、レーニンのヘーゲル回帰がコミンテルンにもたらした遺産は、それだけにとどまらない。なによりも重要なのは、革命の主体を大きく押し広げた点にある。すなわち、明らかにレーニンは、革命の主体をプロレタリアートに限定する従来のマルクス主義の枠を突破して、資本主義列強の植民地支配を受ける世界中の民族にまで拡大した。

もちろん、ヨーロッパの先進国のプロレタリアートが、もっとも重要な革命の主体ではあるが、資本主義が行き着いた帝国主義の段階では、その内部に深刻な矛盾、すなわちブルジョアジーとその支配を受けるさまざまな民族との対立が生まれ、後者がヨーロッパの革命を支援する新たな革命の主体となっていると、レーニンは見たのである。

これによって、世界を一体的に捉えて真にグローバルな規模での内的な発展を構想することができるようになった。またそれとともに、経済後進国としてのロシアの革命の経験を、同じようにプロレタリアートの未発達な世界中の国々に範として示すことも可能になった。こうしてコミンテルンはヨーロッパに限定されたそれまでのインターナショナルの空間を飛躍的に拡大できた。共産主義はキリスト教が入っていけなかった地域にまで拡散したと評されることがあるが、それにはレーニンの思想的な転回が大きく作用したと言えるのである。

「ヒュドラ」としてのコミンテルン

レーニンが世界中の左翼を惹きつけることができたのは、「ロシアの十月」を世界のいたるところで再現可能だとした点にある。それは資本主義の未熟な地域であっても一気に社会主義革命へと歴史を推し進めて豊かな社会を実現できるという、誠に斬新なビジョンの提起であった。

また他方で、第一次世界大戦が一八四八年革命で達成できなかったブルジョア世界の拡大をもたらし、諸国にあまねく民主主義が定着していくとの楽観が一時的に強まるもすぐに困難な現実に直面したことも、レーニンの思想への関心を高めたと言える。たとえば、そもそも自由や民主主義の伝統が希薄であり、多様な民族が混在するような土地に立憲主義を持ち込むだけでは、国民のまとまりを維持することは難しかった。東欧地域などで強権的な体制が次々と生まれたのには、そうした事情があった（マゾワー二〇一五a）。それゆえ社会民主主義も充分に成果を上げられないなかで、ボリシェヴィズムはひとつの有力な選択肢となりえたのである。

いずれにせよ、アメリカのマルクス主義研究者ケヴィン・アンダーソンが指摘するように、レーニンが国家と共産主義を理論的に結びつけたことで、スターリンや毛沢東《もうたくとう》のみならず、「他の多くの権威主義的でない社会主義者」にとっても、「国家の強化を共産主義への途上での重要なステップ」として認識させた（アンダーソン二〇二〇）。

そもそもマルクスは、資本主義が生み出す巨大な生産力を中央集権国家に集中させていき、プロレタリアートが権力を摑《つか》んだときにその巨大な生産力を丸ごと手に入れることを基本的な構想としてきた。それに対して、先に権力を握って生産手段をブルジョアジーから奪ったうえで国家主導での産業革命によって生産力を増大しようとするのが、レーニンの構想である。資本主義の発達から取り残された地域の人びとのなかには、後者がいかにも魅力的なものとして感じられたのであろう。

とはいえ、先に見たように、一九二一年春までに労働者や農民を含めた民衆そのものがボリシェヴィキから離反し反旗を翻したことで、本家の十月革命は早々に終焉を迎えてしまった。前衛党たるボリシェヴィキは、このとき革命の主体側から客体側へと実質的に移行した。レーニンはこの動きを食い止めるために、共産党とコミンテルンを絶対的な権威へと押し上げ、異質なものの徹底した排除に加えて、決定的な手を打つ。第一一回党大会で、彼は次のように述べている（『レーニン全集』三三）。

ところで、わが国の社会は、資本主義の軌道からはずれたが、まだ新しい軌道にのっていない社会であるが、この国家を指導しているのは、ブルジョアジーでなく、プロレタリアートである。われわれが「国家」というときには、その国家とはわれわれのことであり、プロレタリアートのことであり、労働者階級の前衛のことである〔……〕

もはや、党にしろ国家にしろ、分裂・変質してプロレタリアートの対立物へと転化することを究極的に阻止するためには、すでにそれらがプロレタリアートそのものであると言挙げするほかなくなったわけである。

こうして、十月革命の立役者であるボリシェヴィキの絶対的な権威によって、党と国家とプロレタリアートの三者が結びつき完全な一枚岩となっている——この壮大な「フィクション」の受け入れを迫るのがボリシェヴィズムの本質となった。そしてその世界的な旗振り役を担ったのがコミンテルンであったのだ。

コミンテルン第二回大会以後のロシアをめぐる深刻な危機は、ボリシェヴィキと民衆との関係を完全に断ち切り、ここに十月革命はたしかに終焉した。しかしながら、革命がこれまでにないものを生み出す営みであるならば、ボリシェヴィズムによる新たな世界の創出は、まさに革命そのものであった。戦時共産主義からネップへと変遷するなかでレーニンによって思想的に深化されたボリシェヴィズムが、彼亡き後の最初のコミンテルン大会ではっきり指針として打ち出された。

かくして、ヘーゲル主義と反ヘーゲル主義とが奇妙に混淆した思想に基づく新たな革命の担い手という、思想運動体としてのコミンテルンの本質的な性格が形づくられることになった。揺るぎない権威をもつボリシェヴィキの似姿として命を与えられた各国共産党は、こうしたレーニンの特異な教えによって取り結ばれ、モスクワからの指導と管理に服する一体的な国際機構となっていく。

いわばその姿は、まるでギリシア神話に登場する多頭の巨大な蛇「ヒュドラ」を思わせる。最も大きな首をもつ蛇が自らの心臓と脳とでその他の首をもつ弱小の蛇たちを生かしつつ、統制する。ロシア共産党と各国共産党はまさにヒュドラ型組織として単一であった。レーニンが前衛党を究極の高みにまで押し上げ、プロレタリアートが自らとその周囲に広がる環境をともに変化させて歴史そのものを創造するという弁証法的運動が停止した今、完全な平等社会へと至る道筋は、この一体の「怪物」しか把握しえないものとなったのである。

さて、ここまでの各章で、コミンテルン創立とそれに伴うヨーロッパの労働運動の分裂、ヨーロッパや中東での革命の挫折、あるいはレーニンの革命理論と現実との相克などを見てきた。これらは、いずれも一九一〇年代末から二〇年代初頭にかけて立て続けに生起した出来事であった。コミンテルンが本格的に始動した前後の数年間というものは、ソヴィエト・ロシアと国際共産主義運動の双方に深甚な影響を与える事象が波状的かつ重層的に発生し、しかもそれらが複雑に絡み合いながら、その後の共産主義世界の基盤を形づくったのである。

次章では、二〇年代初頭から後半にかけてコミンテルンが実践した統一戦線戦術に主として焦点を当てながら、この時期の国際共産主義運動の姿を追ってみたい。

第4章　大衆へ——労働者統一戦線の季節

極東での革命運動の始まり

第二回大会以後、コミンテルンはヨーロッパのみならず、植民地や半植民地状態にあるような経済後進国を含めた、まさにグローバルな規模での共産主義運動を開始した。しかし、中東で早々に躓いたこともあり、極東への関心を高めていく。当初はそのなかでも日本での革命が期待された。

当時、ジノヴィエフは資本主義が発達した日本で革命が成功しなければ、中国や朝鮮など他の地域での革命はありえないと見ていた。アメリカが主導してアジア太平洋地域の国際秩序を構築しようとするワシントン会議に対抗し、一九二二年初めに極東各地から代表者を集めてモスクワなどで開催された極東諸民族大会で、彼は日本の革命が「鍵」だと明確に語っている。

同年七月に第一回党大会を挙行した日本共産党は、その年の一一月に開催されたコミンテルン第四回大会で正式に承認された。しかし、さまざまな思想的な背景を持つ小集団の寄せ集めであった、いわゆる「第一次共産党」は、とても一枚岩の組織とは言えず、コミンテルンの指導を受け入れて鉄の規律のもとに活動に当たろうという意識も希薄であった。

当初から党内のごたごたが常態と化すなか、政府による弾圧にもさらされ、早々に立ち行かなくなった第一次共産党は、二四年四月にコミンテルンに相談せず勝手に解党してしまう。党としては二六年末に再建されるものの、その後も当局の弾圧による指導部の壊滅と再建を繰り返し、他のアジアに波及する「鍵」となる革命を起こす勢力にはついぞならなかった。もちろん、コミンテルンの指導と関与は一貫して続けられたが、日本の共産党が国際共産主義運動の舞台で大きな存在感を示すことはできなかったと言える。

一方、日本での革命運動がもたつくあいだに、大きな進展を見せたのが中国だった。

中国共産党は、コミンテルン第二回大会後に結党の動きが加速するが、それは同年の春ごろに中国に派遣されたロシア共産党員ヴォイチンスキーが現地の急進的な知識人たちと接触を続けた成果であった。そして翌二一年七月に上海のフランス租界にて中国共産党第一回党大会が挙行される。ヴォイチンスキーと入れ替わりで中国に派遣されたオランダ人共産主義者マーリンらコミンテルン代表がオブザーバーとして参加するなか、中国各地から集まった十数名によって規約などが採択された。その場には若き毛沢東の姿もあった。

当時は、モスクワ政府と北京《ペキン》政府のあいだで国交樹立交渉がおこなわれていたが、なかなか折り合えない状況であった。そうしたなか、ボリシェヴィキは孫文《そんぶん》が率いる中国国民党との関係構築を模索するようになる。その立役者のひとりが、マーリンである。彼は、第一次世界大戦前よりインドネシアで社会主義運動に関わり、インドネシア共産党の前身である東インド社会民主主義同盟を組織した人物であった。注目すべきは、彼がこの組織のメンバーを現地の有力な民族主義団体に加盟させて内部から切り崩すというやり方で、勢力を拡大する礎を築いたことである。

マーリンが実践した手法は、まさにレーニンの統一戦線の精神を先取りするものだったと言える。ロシア革命後、オランダに帰国していたマーリンは、コミンテルン第二回大会に参加したあと中国に向かい、インドネシアでの自らの経験を大いに発揮した。そして中共の結党に立ち会ったあと、彼は孫文に接触を図り、国共両党の協力を提案するのである。

ここから急速に両者の距離は縮まっていった。二三年初めに孫文とソ連の特命全権大使ヨッフェが共同宣言を出して双方の接近を公然のものとしたあと、翌二四年一月に第一次国共合作が成立した。孫文は中国各地の軍閥を一掃して国家を統一する国民革命を実現するために、ソ連の援助を受け入れるとともに、共産党員が党籍をそのまま保ったまま国民党に集団で参加することを認めたのだ。

ヨーロッパにおける統一戦線の意義

植民地や半植民地などでは、統一戦線は当初より避けられないものとして追求されたわけだが、それを追うかのように欧米の国々でも統一戦線が模索されるようになる。コミンテルンが二一年末から正式に実践した「労働者統一戦線」は、二八年まで紆余曲折《うよきょくせつ》しつつも七年近くにわたって続けられた。

先に論じたように、この戦術は、ロシアの十月革命が西方へとスムーズには拡大していかない現実を受けて生まれた。経済が発達した国々で労働者たちが革命に立ち上がらないのはなぜか――悪しき改良主義者の虜になっているからだ、と共産主義者たちは考えた。それゆえ、現状を打開するには、社会民主主義勢力に浸透し内部から切り崩して労働者たちを軛《くびき》から解放しなければならない、ということになる。これが労働者統一戦線のスローガンである「大衆へ！」に込められた意図だった。

当初、この「大衆へ！」の運動は、社会民主主義系の政党や労働組合の下部層を構成する労働者たちを共産党側に獲得する「下からの統一戦線」とともに、それら社会民主主義勢力の指導部との協調、すなわち「上からの統一戦線」も視野に入れていた。ところが、二三年の「ドイツの十月」の決定的な敗北によって、前者に大きく傾いていく。

そもそもパウル・レヴィが統一戦線の原型となる考えを構想したときも、上下からの統一戦線が目指されていた。ただ彼が卓説した戦略家であったのは、こうした統一戦線を国際政治の力学をも視野に入れたうえで提唱していた点である。彼が社会民主党をはじめとする労働者政党や労組に送付した公開状は、共産党との協調を呼びかけるだけでなく、彼らにソヴィエト・

ロシアとワイマル・ドイツとの外交関係の樹立を支持するように求めてもいた。
ドイツの有力な労働者政党と共産党とがロシア支持で一致すれば、国際社会から孤立していた独ソ両国にとって現状を打開するための糸口になりえた。レヴィは、ドイツを内側から平和裏に揺り動かしてロシアに接近させ、ゆくゆくは両者のあいだに同盟関係を結ばせることを視野に入れていたと思われる。モスクワにとって資本主義の部分的な復活であるネップは切羽詰まった対症療法的な現実路線であったが、レヴィはロシアがブルジョア国家との協調に向かうこと自体に、より積極的な意義を見いだしたと言える。本来は相容れない国家同士の歩み寄りを通じて、資本主義が安定的な状況にあるヨーロッパで共産党と広範な労働者大衆との接点を生み出し、将来の革命のための基盤を準備しようとしたのだ。

革命が潮の満ち引きのように流動的な性質をもっているのであれば、社会変革の機運が退潮傾向にある状況下でどのように振る舞うかは、革命家にとってきわめて重要な課題である。とくに、完全な平等社会の実現に至るまで国家が存続し続けるとのレーニンの想定に立てば、ロシア内外での革命の引き潮は必然的に国家の存続期間を長引かせる。その場合、ソヴィエト・ロシアを維持しつつ世界のブルジョア諸国とも渡り合うという、険しい茨《いばら》の道程を進み続ける期間もそれだけ長いものにならざるをえない。

十月革命後の数年間は、こうした国家をめぐる難事と国家の枠組みを超えて追求される革命運動とのあいだに、深刻な分裂はまだ生まれていなかった。それゆえ、外交はあくまで革命闘争の一環にほかならなかった。そもそもボリシェヴィキとしては、ヨーロッパで築き上げられてきた外交上の制度や慣習などは貴族やブルジョアによる悪しき産物であって、木端微塵に粉砕されて当然のものだった。ただ、もちろんモスクワ政府は、革命ロシアとの外交や通商関係を承認するよう早くからブルジョア諸国に促してもきた。しかし、それは滅亡間近の資本主義世界が最後のあがきをして革命ロシアに直接的な脅威を与えないようにしつつ、また彼らから世界革命のために必要な資金を引き出すためでもあった。

ところが、差し迫るヨーロッパ革命という前提がもろくも崩れ去ったことで、世界革命の追求とソヴィエト・ロシアの維持・防衛とが齟齬《そご》をきたし、革命と外交は大きく分離してしまう。革命の停滞期に国家の利益と国際主義の利益との不一致が、よりはっきりと浮き彫りになるなかで、レヴィの統一戦線論は両者の折り合いをつけるための方策として大きな可能性を秘めていたと言える。

レヴィとしては、共産党と接点を持たない多くの労働者たちを取り込んで革命的な勢力へと生まれ変わらせるためには、これまで一貫して激しい憎悪を向けてきた改良主義の指導者たちへの接近を、まずは再開する必要があった。そしてその際、完全なブルジョア国家との同盟までも含めて想定できるのであれば、モスクワと世界各地の共産党が採りうる選択肢の幅は大きく広がる。そういう意味で統一戦線とは、敵を十把《じっぱ》一絡《ひとから》げに扱うのではなく、敵全体の内部の亀裂に目をつけ、敵の敵は一時的な友になりうることに活路を見いだす、革命停滞期の実践的で総合的な取り組みという側面を潜在的に備えていた。

ブルジョア国際主義への対抗

たとえば、ドイツとの同盟の模索というものも、大戦後の国際関係を俯瞰した際に厳然と存在する大きな対立軸、つまり同じブルジョア国家であっても戦勝国と敗戦国とのあいだに横たわる深刻な亀裂に注目するものだった。

他の資本主義の国から実質的に排除されているドイツと政治的・経済的、さらには軍事的にも手を結べれば、無謀な蜂起でドイツの共産党員や労働者たちを窮地に追いやる危険性は下がる。加えて、ブルジョア諸国を内部から分断しつつ、公然とロシアを支援し活力を与える友好国を西方の核心部分に労せずして手に入れることにもなる。

また、ドイツへの接近は、岐路に立つ革命的なインターナショナリズムに今いちど重要な存在意義を与えられる可能性ももっていた。言い換えれば、「ブルジョアのインターナショナリズム」への対抗者として自らを明確に位置づけることによって得られる正統性である。

ここで言う「ブルジョアのインターナショナリズム」とは、もちろん第二インターすなわちモスクワの側から見た「ブルジョアの尖兵《せんぺい》」によるインターナショナリズムではなく——あるいは一九二一年二月にツィンメルヴァルト運動の多数派によって結成された「国際社会主義党行動同盟」、通称「ウィーン・インターナショナル」もしくは「第二半インター」でもなく

――、文字通りブルジョア諸国家が参加して追求されたインターナショナリズム、つまり国際連盟のそれである。

社会主義系のものではないインターナショナリズムについては、さまざまな捉え方や定義づけが可能である。ただ、諸国家が世界平和のために国家間の調停を図る国際機構として発足した国際連盟が、コミンテルンとともに二〇世紀の国際主義を象徴する存在なのは確かであろう。かたや既存の政府が統治する国家からなる国際機構と、かたやその政府を打倒しようと世界各国に設置された政党からなる国際機構。IGO（政府間組織）かNGO（非政府組織）かの違いを越えて、そこには著しく対照的な二つの国際主義の形があった。

しかも、言うまでもなく国際連盟を主導したのは先の大戦の勝者であり、とくにイギリスとフランスは敗者ドイツを封じるヴェルサイユ体制の要である一方で、ボリシェヴィズムを阻むヨーロッパの二大ブルジョア国家でもあった。仮にモスクワとベルリンがはっきりと平和裏に提携すれば、戦後国際秩序の支配勢力とそれに抵抗する勢力という、誠に分かりやすい構図が生まれるだろう。

ともに国際連盟とヴェルサイユ体制から爪はじきにされた二つの国が手を取り合って生き残りを図り、そして他方で第三インターが第二インターに歩み寄ることで共産党員が多くの労働者たちのなかに浸透する機会を切り開く。これによってブルジョア国際主義に対抗するプロレタリア国際主義の追求とソヴィエト・ロシアの国家利益の追求とのあいだの整合性の確保が、ある程度は可能になりえたと言える。

独ソの接近と葛藤

もちろん、いわば敵の敵であるドイツのブルジョアジーと手を取り合い、なおかつ「ブルジョアジーの尖兵」たる改良主義者たちとの共闘も同時に追求することには、慎重なバランス感覚が求められた。というのも、仮に共産党が性急な革命行動への衝動を捨てきれないまま、また社会民主主義勢力とも不仲のまま、独ソ政府間の協力関係だけが深まればどうなるか。ソヴィエト・ロシアの支援によって強化されたドイツの国家権力の矛先が、共産党への弾圧に向かないとも限らないのである。

実際、一九二三年の「ドイツの十月」では、こうした懸念が現実となった。共産党の蜂起を粉砕するために動員されたのは、秘《ひそ》かにソヴィエト・ロシアとの軍事的な協力関係を築いていたドイツ国防軍だったのである。

前年の春、独ソ両国は互いの債務を相殺し賠償請求権も放棄したうえで国交を回復するラパッロ条約を電撃的に締結し、ヴェルサイユ体制に風穴を開ける第一歩を画した。同条約には軍事協力に関する秘密条項が付帯しており、それはポーランドとの戦争に敗れて軍の近代化を必要としていたソヴィエト・ロシアと兵力を大幅に制限され国内での武器製造も禁じられていたドイツとの利害の一致によるものであった。この取り決めによってドイツ国防軍は、砲弾や毒ガスなどの工場や試験場、訓練施設などをソヴィエト・ロシア国内に作り、赤軍側と成果を分かち合えるようになったのである。

両国の軍部はヴェルサイユ条約とブルジョア国際主義の監視の目を逃れ、手に手を取り合う形で互いの増強を図っていった。だが他方で、ドイツ国防軍はワイマル共和国の転覆を狙うような共産主義者の動きには、断固とした取り締まりをおこなう責任を課されてもいた。同軍は第一次世界大戦での敗戦によって解体の危機に直面した際、存続を認めてもらう代わりに共和国維持の協力をするという協定をドイツ社会民主党と秘かに結んでいたのである。

独ソ接近が進展する一方で、ドイツ国防軍と社会民主党とのあいだに密接な協力関係がある以上、ソヴィエト・ロシアとしては前者とだけ友好を育んでも、安定的な両国間の関係は期待できなかった。ドイツ共産党が社会民主党との統一戦線を形成し、そしてゆくゆくは連合政府を樹立したうえで、モスクワ政府との真の同盟を目指すことが、革命ロシアの国益とプロレタリア国際主義を調停する唯一の道であったと言える。

この道筋は、世界大戦の敗戦国であり、伝統的に社会主義が根付いて政治的にも強い影響力をもったドイツだからこそ実現可能であり、また追求すべきものでもあった。しかしボリシェヴィキは、ドイツのみならず、先の大戦の勝者にも利権の門戸を開くという、全方位的なアプローチをとったため、自らの国益追求の姿勢がより鮮明な形となって現れることになる。

燻るインター間の不信

たとえば、先に見たように、モスクワ政府はすでに一九二〇年夏頃からイギリスとの交渉を開始し、翌年春に英ソ通商協定を結ぶことで資本主義国とのはじめての正式な通商関係を築いた。レーニンの戦略は、欧米のブルジョアジー全体に対して、いわば撒餌《まきえ》をするようにして惹きつけ、互いに競わせて不信を煽っていく、というものである。それは、戦勝国と敗戦国とのあいだの亀裂のみならず、戦勝国同士のあいだにある亀裂をも同時に利用し攻撃することにほかならなかった。ただ、この戦略を追求すればするほど、革命ロシアの国益とプロレタリア国際主義は分離していき、敵の敵を友とする姿勢も著しく無軌道なものにならざるをえなかったと言える。

すべての陣営のブルジョアジーに経済的利益を得る機会を与えて、その「牙」を手ずから研ぎ澄ますようなことをすれば、各国で生まれて間もない弱体な共産党にどのような影響がでるか。このごくわかりきった想定をしっかりと吟味して対策を講ずる間もなく、革命国家の護持が最優先にされたのだった。しかもコミンテルン指導部は、各国共産党に対して、追放した社会民主主義者たちと和解し共闘しろ、と指示するわけである。明日にも世界革命が起こるということで急ぎ社会民主主義者を追放し結党された各国共産党にとっては、はしごを外されたも同然であり、朝令暮改も甚だしい事態であった。多くの共産党の左派が反発を強めたのも当然だった。

ドイツ以外の国々の共産党に対しても、それぞれ固有の事情を無視して一律に統一戦線戦術を課すのであれば、まずは第三インターの指導部自身が第二インターの指導部とはっきり和解することが道理であろう。実際、そうした機会となりうる場が二二年春にあった。第三インターと第二インター、そして第二半インター——ちなみにこの呼び方は第三インターがウィーン・インターを貶《おとし》めて使ったもの——のそれぞれの代表がベルリンで一堂に会し、依然として揺るぎない資本主義に対する三者の共同行動の可能性について話し合いがもたれたのだ。

これは、オーストリア社会民主党左派を中心とする第二半インターが、第二と第三のインターナショナルのあいだを取り持つ形で、実現したものであった。当初コミンテルンはこの動きを歓迎したが、いざ対面して議論をはじめてみると第二インターとの溝の深さが改めて浮き彫りとなる。

それでもコミンテルンの代表たちは、第二インターに譲歩する姿勢を示す場面もあったが、レーニンがそれを認めることはなかった。また、やはり第二インターとしても、右手で握手を求めながら左手にもった棍棒《こんぼう》をあからさまに見せつけてくるようなコミンテルンの統一戦線戦術への不信を最後まで拭い去れなかった。

両者の和解は実を結ばず、本当の意味での「上からの統一戦線」の実施がまったくの絵に描いた餅《もち》でしかないことが露《あら》わとなったのだった。

非合法活動委員会の設置

さて、早々に「上からの統一戦線」に行き詰まり、「下からの統一戦線」に傾斜していったことは、コミンテルンのあり方をより隠密《おんみつ》的なものにしていった要因と言える。各国の社会民主主義勢力の指導者たちの目を盗んでその組織に「細胞」を作り内部から攻略しようとする以上、組織と活動の秘密の保持は最重要となる。

もちろん、革命ロシアが資本主義諸国に接近するようになったことでも、コミンテルンの隠密的な性格は強まった。イギリスとの通商関係の樹立をめぐる交渉がその典型だが、資本主義国側は両者の友好的な関係構築の条件として、コミンテルンが他国を脅かすような活動をしないよう求めた。それに対してモスクワ政府はコミンテルンを指導するような立場にはなく、まったくの無関係な間柄であるとの建前を強調した。それゆえ、ボリシェヴィキとしてはコミンテルンによるあからさまな煽動《せんどう》を抑制し秘密裏の工作活動へとシフトしていかざるをえなくなったのである。

これ以降、世界革命の参謀本部たるコミンテルンの存在意義を保って将来のヨーロッパ革命のための準備を進めるには、改良主義者の目はもちろん、ブルジョア国家のリーダーたちの目をも掻《か》い潜《くぐ》り、さまざまな組織や団体への浸透によって社会の隅々に根を張っていくことが喫緊の課題となった。国家利益の優先によって外交と革命が分離したことで、後者は秘密活動の領域に活路を見いだそうとしたのだが、それは同時にコミンテルンが、ロシアのインテリジェンス（諜報）機関、つまりさまざまな諜報分野の活動を担う専門組織との関係性を強めていくきっかけにもなった。

象徴的な動きが、三つのインターナショナルの協議が事実上不首尾に終わったあとの一九二二年秋に開かれた、コミンテルン第四回大会に見える。このときコミンテルンの組織体制に重要な変更が加えられ、執行委員会組織局の一部門として「非合法活動委員会」が短期間であったが新たに設置された。もっとも非合法活動の必要性はコミンテルン加入のための二一ヵ条ですでに強調され、また実際の活動としても遂行されてきたことである。しかし、この組織改編ではじめてコミンテルンの中枢に専門の指導的部門が作られ、そのメンバーにロシアの諜報機関の幹部が名を連ねた。

非合法活動委員会は設置当初から慎重に秘密のヴェールに包まれた存在であった。それは、本来秘密にすべき非合法活動に関しても、公けの出版物のなかで無邪気なまでに言及してきた従来のコミンテルンの姿勢からの大きな転換と言えた。資本主義国家に革命ロシアへの敵意を抱かせないようにしつつ、その一方で来る日のために秘かにその内部から掘り崩す準備を進めるという、実に難儀なミッションをこなすには、単純で露骨な煽動のあり方では立ち行かなくなった。このときコミンテルンと各国共産党は、そもそも軍隊的な党組織にとって欠かせない機密保持の能力を一層高めることに加えて、政治的な「欺瞞《ぎまん》」を操る能力をも身につける必要に迫られたのだった。

ところで、当時、すでに隠密と欺瞞を駆使して革命ロシアの防衛に臨みはじめていたのは、ロシアの諜報機関のひとつである保安情報機関――この組織は、チェーカー（反革命・サボタージュ取り締まり全ロシア非常委員会）に始まり、その後GPU（国家政治局）やOGPU（統合国家政治局）などと名称を幾度も変え、三四年にNKVD（内務人民委員部）内に統合された――であった。この組織が、二二年ごろから国内外の反共的な勢力を取り締まるための特徴的な工作活動「トレスト」を展開しだす。たとえば、ロシア国内につくった架空の白軍組織をオトリとして国外の反ボリシェヴィキ派を誘《おび》きだして捕らえたり、ロシアの軍事力を誇張した偽情報を資本主義諸国の諜報機関に流して信じ込ませ、反ソ的な行動に出ないように仕向ける、といったものである。

当初こうした作戦はGPUやOGPUの防諜《ぼうちょう》部が主導したもので、国外におけるより広範な活動は対外諜報部の管轄であった。二〇年末にチェーカー内に設置された対外諜報部は当初、防諜部ほどの目立った活動ができずに足踏み状態が続いた。しかし、ミハイル・アブラモヴィッチ・トリリッセルが指揮を執るようになってから次第に変貌し、組織的にも拡充されていく（Damaskin 2004）。

秘密のコラボ

一八八〇年代初頭にロシア南部の都市アストラハンでユダヤ系の靴職人の家庭に生まれたト

トリリッセル（1883～1940）スターリンの庇護のもと，要職を歴任．「モスクヴィン」の名でも知られる．大粛清に巻き込まれ，銃殺に処された．

リリッセルは、若くして革命運動の世界に飛び込んだ人物である。国内外のさまざまな地域で活動し、十月革命後にはシベリア東部地域に派遣されロシア共産党の現地指導機関のメンバーとして働いた。その後、能力を買われてチェーカー本部で主にヨーロッパに対する諜報網の構築に携わることになったと見られる。

多様な地域で経験を積んできたトリリッセルが対外諜報部の指揮を執ることになり、保安情報機関は国内の治安維持に特化した活動から真にグローバルな諜報活動の組織へと脱皮する大きなきっかけを得た。そして忘れてはならないのは、こうしたインテリジェンスのグローバル化の推進にとって、少なからず貢献したのがコミンテルンであった事実である。なぜならば、このときすでに世界各地にコミンテルン支部としての共産党が弱体ながらも生まれ、また生まれようとしていたので、それらを足掛かりに諜報網の世界展開を進めることができたからだ。

実際、保安情報機関は国外のいくつかの主要都市に活動拠点を開設し、そこから周辺の国々に対する諜報活動を展開するなかで、各地の共産党とその党員に対する監視を強めつつ、コミンテルンとの秘密のコラボレーションを深めていく。そうした両者の橋渡し役となったのが、ほかでもないトリリッセルであった。非合法活動委員会に名を連ねた諜報機関幹部とは、彼なのである。

同委員会の具体的な役割は、執行委員会の機密保持の改善に始まり、モスクワに駐在する各国共産党の派遣団に非合法活動のさまざまなテクニックを授け、さらには諸国での非合法活動の準備を監督することなどであった（McKnight 2002）。このようにコミンテルンに秘密警察流の諜報の技術を移植するうえで、トリリッセルの存在がいかに大きいものであったかがうかがえる。

ところで、非合法活動委員会の設置を決定したコミンテルン第四回大会の最中に作成された対外諜報部の活動に関する内部文書によると、ソヴィエト・ロシアの利益と国際的な革命運動に対抗して活動する組織をすべての国で残らず「暴露」することを目指す旨が確認されている（Haslam 2016）。すでに分離していた国家の利益と国際的な革命の理念がここでは一致したものとして捉えられている。しかも友好を取り結んだ資本主義国であろうとなかろうと、例外なくすべての国の領土のなかで反革命組織を追跡し、その正体を曝《さら》すというわけである。ネップの時代に入っても、対外諜報部は激しい革命的情熱を滾《たぎ》らせていたのだ。

このように根底に強い革命志向をもつ一方で、主要な国外拠点が赤軍の情報部と共同で運営されるなどヨーロッパにおける諜報網の構築はまだ途に就いたばかりであった。それゆえ情報収集能力がさほど高くないこともあって、対外諜報部は革命を惹き起こすための工作活動に傾斜していくことになる。

とくに、対外課報部にとっても最重要の場所であったドイツではこうした傾向が強く、ベルリンに設置された拠点から革命の幇助《ほうじょ》がなされ、それが「ドイツの十月」につながっていく。当時、ボリシェヴィキ指導部内で攻勢的な姿勢に拍車が掛かったのは、ドイツ情勢に関する正確な情報を集めて政策決定に資するという一連の過程に瑕疵《かし》があったことの反映でもあったと言えるだろう。

そもそもモスクワ政府が資本主義諸国との全方位的な接近へ舵を切った以上、コミンテルンはすぐに一揆に走るような極端な姿勢から転換し、それまでの粗野な非合法活動を課報機関の助けで洗練させることがなによりも重要だったはずである。ところが、農民や外国のブルジョアとの「和解」に不満をもつ一部の者たちにとっては、非合法活動をめぐるコミンテルン内の改革は次の一揆に備えるための体制立て直しに過ぎなかった。しかも、当時はまだ保安情報機関も対外課報の分野でよちよち歩きを始めたばかりであって、コミンテルンの国際的な非合法活動をすぐさま高度化できるわけでもなかったのである。

OMSとピャトニツキー

十月革命後の混乱によって国内の対応に追われ、対外課報分野の整備が遅れたのは、保安情報機関のみならず赤軍情報部も同様であった。しかも、やっと国外へ進出するきっかけとなったポーランドとの戦争では、赤軍の使用していた暗号が相手方に突破されてしまうなど散々な状況であった。またもや国内に押し戻されたかたちとなった赤軍としては、一からインテリジェンス体制の立て直しを図り、対外諜報の機能強化を急ぐ必要があったのだった。

これらソヴィエト・ロシアの諜報機関が諸外国に広範な諜報ネットワークを張り巡らす試みに着手したのは、ようやく一九二一年の後半ごろからだった。そのとき大きな課題となったのは、信頼できて能力もあるエージェントを国外でいかに確保・運用するかであった。革命ロシアを取り巻く「階級の敵」と対峙しても決して共産主義の大義を裏切らない強固な意志をもち、なおかつ外国語をはじめ国外での活動に必要なさまざまな能力やコネクションをもった者となると、やはり世界各地の共産党組織から供給を受けるのが現実的であった。

二一年八月、保安情報機関、赤軍情報部、コミンテルンの三者のあいだで、連携に関する重要な協議がなされた。このとき、両諜報機関が現地の共産党と接触する場合は必ずコミンテルン側の代表を介すること、そしてその代表は両諜報機関にあらゆる支援を与える義務があること、などが決定された（Alekseev 2010）。ロシアの政府や軍の諜報機関が現地の共産党員をエージェントとして直接運用することを避けたのは、活動の実態が露見した際の影響を最小限に抑えるという実際的な判断があった。

ピャトニツキー（1882～1938）多年にわたりコミンテルンの中枢で運営に携わる．しかし，スターリンの大粛清を批判して拘束され，処刑

一方コミンテルンとしては、これら諜報機関とのコラボを円滑におこなうためにも、モスクワ本部と各国共産党との連絡網を整備し、国外での秘密活動を実行できる体制を構築する必要があった。事実、そのための組織が二一年夏のコミンテルン第三回大会後、ちょうどコミンテルンと諜報機関との連携に関する協議がおこなわれたのと同時期に立ち上げられた。

多くの一般党員もその存在すら知らず、長らく歴史の闇に埋もれてきた「国際連絡部」すなわちOMS（オムス）は、コミンテルンの秘密の神経系とも評される。秘密指令の伝達や資金の供給に始まり、武器や宣伝文書の運搬、パスポートなど身分証明書の偽造やアジトの確保まで、国外における秘密活動をトータルに指揮し実行した。

OMSの立ち上げ時から長年にわたってトップを務めたのが、ピャトニツキーである。トリリッセルよりひとつ年長であるピャトニツキーは、ロシア西部の都市ヴィルコミール（現在はリトアニアのウクメルゲ）でユダヤ系の大工の家庭に生まれた。トリリッセルと同様、若くして国内外で革命運動に従事し、逮捕と投獄を繰り返して最終的にシベリア送りとなったが、釈放後はボリシェヴィキのなかで組織問題の分野において存在感を高めていく。その半生に触れた回想録が一九二〇年代半ばに出版され、日本語を含め各国語に訳されたこともあって、彼は比較的名の知れたボリシェヴィキ党員のひとりであるが、OMSに関する秘密の側面については厳重に隠匿されてきた。

OMSは、非合法活動委員会が設置されるとその下部機関に据えられるとともに、ピャトニツキーも同委員会のメンバーに加わった。これによってコミンテルンのなかに世界各地での秘密の活動の指揮と実行の組織的基盤が一層強固に形づくられた。対外的な秘密活動の分野でほぼ同じスタートラインに立っていたと言えるコミンテルンと保安情報機関は、こうして互いに協力しながらその能力を向上させていくのである。また、それは一方で、プロレタリアートのための国際機構としてのコミンテルンの内部に、ロシアの影響力をより広く深く、確実に浸透させることにもなったのだ。

ロシア飢饉をめぐる攻防

たしかにボリシェヴィキは、ネップと統一戦線の時代に資本主義諸国との関係改善に大きく踏み出した。しかし彼らが一貫して、どんな資本主義国家もソヴィエト・ロシアを隙あらば倒そうと狙い続ける危険な存在だという、強い不信感と危機感の虜であったことを忘れてはならない。そうした敵と接近するからこそ、相手の情報を丹念に入手し、もしこちらを攻撃してくる予兆があれば瞬時に対応できる体制が必要であった。そのために国外での諜報網の構築や非合法活動組織の配備を急いだわけである。

実際、ネップに踏み切った直後からボリシェヴィキの警戒感を大きく高めた出来事があった。それは一九二一年夏にヴォルガ川流域で発生した大規模な飢饉《ききん》に対して、アメリカが主導して救援に乗り出したことが端緒となった。のちの米国大統領で当時は商務長官であったフーヴァーが中心となって大量の食糧や医薬品などの物資をロシアにもたらしたのだが、ボリシェヴィキ指導部はアメリカが善意を盾に国内に入り込んで秘かに反革命勢力と連携するのではないかと強く疑ったのだ。

というのも、フーヴァーが救援の条件としてロシア側に囚われている米国人たちの解放を求め、そのなかにはロシア内戦時に米国務省によって送り込まれて諜報網の指揮を執っていた人物も含まれていたからである。結局、ボリシェヴィキはフーヴァーの圧力に屈する。怒り心頭のトロツキーは、アメリカの派遣団をチェーカーによって厳しく監視し、救援活動以外のことをしたらすぐさま監獄送りにすると息巻いたものである（サーヴィス二〇一三）。

一方、トロツキー同様、フーヴァー派遣団に不信の目を向けていたレーニンは、より積極的な対抗策を打ち出す。コミンテルンを使って世界中の人びとにロシアへの支援を呼びかけることで、アメリカ中心の救援活動から主導権を取り戻し、国際的な運動を自前で組織しようとしたのだ。この任務のために白羽の矢が当たったのが、ドイツ共産党員のヴィリー・ミュンツェンベルクであった。

ミュンツェンベルクは、早くから社会主義系の青年運動の組織化に携わり、コミンテルンの青年部である「共産主義青年インターナショナル」の創立にも中心的に関わった人物である。レーニンの要請を受け、ラデックとともに国際キャンペーンの組織化に着手したミュンツェンベルクは、ベルリンにコミンテルンの「フロント」すなわち外郭団体として「国際労働者救援会」を立ち上げた。ここから彼のプロパガンディストとしての類い稀な能力が遺憾なく発揮されることになる。

とくに、多くの世界的な著名人から救援キャンペーンの賛同を取りつけたのは大きかった。たとえば、ちょうど同じ二一年にノーベル物理学賞を受賞したアインシュタインや、同じくノーベル文学賞受賞のフランスの詩人アナトール・フランスらをはじめ、アイルランド出身の劇作家バーナード・ショー、フランスの小説家アンリ・バルビュス、ドイツの女性芸術家ケーテ・コルヴィッツなど、それぞれに政治的なスタンスの異なる知識人や文化人たちをロシア救援の一点に糾合したのである。

また一方では、OMSとも協力しながら世界各地に国際キャンペーンの支部組織を設置し、ロシアへの義捐金《ぎえんきん》を集める一大システムを瞬く間に作り上げた。それは共産主義に対する恐怖が蔓延《まんえん》していたアメリカでも同様だった。大都市はもちろん地方の田舎町にも活動拠点が設けられ、莫大《ばくだい》な義捐金が集められた。

こうしたことは、ボリシェヴィキにとって驚くべき成功体験だった。ブルジョア世界で広く名を知られ、なおかつ共産党員でもないような知識人や文化人がロシアのための国際的な活動に支持を示し、反共の嵐が渦巻くような国々にも支援の環が広がったわけである。ボリシェヴィキにとって「慈善」とは、まさに魔法の鍵であったと言える。

革命を声高に叫べば叫ぶほど固く閉ざされる資本主義国家の扉が、弱者との「連帯」を唱えると自然と開き、内側から迎え入れてくれる場合があるのであれば、それを煙幕にして諜報網と非合法活動の基盤を整備していくことが得策であろう。ミュンツェンベルクはロシア飢饉終息後も、さまざまな弱者との連帯を呼びかける国際キャンペーンを実施した。後述するように、それがやがて反帝国主義運動や反ファシズム運動へとつながっていく。その間着実に形成されていった世界的な連帯の環は、一方でロシアのインテリジェンスの領域に確実に接続され、まるで伝動ベルトのように秘密の協力者たちを供給する機能をも果たすのだった。

イタリア・ファシズムの台頭

このように、ネップへと舵が切られ、コミンテルンで労働者統一戦線戦術が正式に着手された当時は、コミンテルンとソヴィエト課報機関とのあいだの本格的な連携とともに、前者による大規模な国際フロント組織活動も始動した時期であった。革命ロシアとコミンテルンの国際的な領域での共闘を支える重要な要素が組織と活動の両面ではっきりと姿を現し始めたのである。

コミンテルンとソヴィエト課報機関は自らに足らないものをお互いに補い合いながら、革命が大きく遠景へと退いた国際社会の荒波を潜り抜ける知恵と能力を身につけていった。もちろんこのことは、コミンテルンがますますボリシェヴィキとロシアへの依存を高め、後者の利益に沿わせながら自らの国際主義を形成し実践する傾向を強めた。

ムッソリーニ（1883〜1945）

他方、すでに見たようにこの時期は、ボリシェヴィキによって分裂した国際的な労働運動の修復を試みる動きもあった。しかし結局は失敗し、ヨーロッパを二分する左翼同士の膠着《こうちゃく》状態が常態化する。

ところが同時に、この状況を根底から揺るがすような地殻変動の兆しが起こり始めてもいたのだ。それは、左翼からではなく、右翼からもたらされた。

舞台はイタリアだった。一九二二年一〇月、ムッソリーニ率いるファシスト党とその民兵組織がクーデターを宣してナポリから首都ローマへと行軍を開始した。世にいう「ローマ進軍」である。イタリア自由党からなる連立政権は、この動きになんら対抗できずに総辞職し、直後に国王からムッソリーニに組閣の命令が下された。ファシスト党の前身が結成されたのはコミンテルン創立と同時期であったが、後者があれほど権力を望んで各国各地で狂奔したものの結局成果を出せずにいた一方で、ムッソリーニのファシズム運動はきわめて短期間のうちに政権を獲得するまでになっていた。

もともとイタリアは、一九世紀半ばに国家統一されて以降、自由と民主主義を理念とする国づくりをおこない、政権運営も自由主義勢力が中心となってきた。成人男子普通選挙も実施されるなど、その歩みは着実なように見えたが、第一次世界大戦を境に状況が一変する。イタリアは領土的野心を満たすべく参戦したものの、充分な成果を得られなかったうえに、戦後は深刻な経済危機にさらされた。戦争から帰還した青年たちはもちろん、国民の幅広い層のあいだに、大きな不満が渦巻くようになる。

イタリアでは二〇世紀に入る頃から北部の都市部など一部地域で工業化が進みはじめ、それにあわせてプロレタリアートのみならず中小のブルジョアジーも新興の勢力として存在感を増した。新たなブルジョアジーは、小企業家や農業経営者、さまざまなフリーランスや公務員や教師、あるいは商店の事務員といった、ホワイトカラーの職にあるような人びとなどから成る、雑多な中間諸層を構成した。プロレタリアート同様、戦後の経済危機に巻き込まれていった彼らの不満を政治的に動員したのが、ムッソリーニであったのだ。

こうした中小ブルジョアジーの大半は、多くの労働者を雇用するような大ブルジョアジーに一体的なアイデンティティを感じることはなかった。それだけに、後者を代表して政治を支配する自由主義勢力に対する不信を強めた。彼ら中小ブルジョアジーの目には、利益誘導を駆使し議会の多数派を巧みに形成する自由主義政治家の姿は、腐った金権政治の権化、悪いブルジョアの典型として映った。それは議会制民主主義そのものに対する深い疑念をも生じさせた。

統一以来の国づくりの精神である自由主義の根幹が揺らぎ始めるなか、ムッソリーニはこの機をうまく捉えた。彼はもともと革命的社会主義者で、イタリア社会党左派の闘士として政治的キャリアをスタートさせた人物だった。世界大戦が勃発すると民族主義的な姿勢を強めてイタリアの参戦を支持し社会党から除名されたが、自らも志願兵として戦場に赴いている。

まさにムッソリーニは、戦場を潜り抜けてきた青年たちの怒りとイタリア国内に充満する政治不信の双方を代弁できる存在であった。彼は戦争前から実践してきた組織的な政治動員の技術に戦場の暴力と規律を合流させ、漂流する中間諸層の心を掴んで国家のもとに広範な結束を生み出すシステムを作り上げた。このシステムの目指すところは、自由主義の紛う方なき解体であった。

しかし、左翼勢力に対するファシストの暴力がイタリア社会に吹き荒れるなか、自由主義者たちはムッソリーニの意図を見誤った。得意の利益誘導によって懐柔できると踏んで、自ら議会のなかに招き入れてしまうのだ。ファシストとの政党連合を立ち上げた自由党は、二一年五月の総選挙で社会党などを抑えて勝利し政権を維持したが、ムッソリーニも国会に席を得た。その後、勢力を順調に拡大したファシスト党は、ローマ進軍を経て政権を獲得すると、議会政治そのものの破壊に着手する。合法的な選挙法の改革などを通じて一党制優位のあり方を強めていき、ついに二五年初め、ムッソリーニは独裁を目指すことを宣言するのである（コラリーツィ二〇一〇）。

社会ファシズム論の出現

ムッソリーニは、議会制民主主義を完膚なきまでに破壊するために、非合法活動に限定することなくブルジョア議会にも進んで入り、その内部から柔軟な闘争を展開した。そもそも、こうしたやり方はレーニンの追求するものでもあったはずである。ロシア・ボリシェヴィキとイタリア・ファシストは互いに相手を否定し激しく対立しつつも、反自由主義という点では明確に一致しており、その手法も似通っていたと言える。

その一方で、ボリシェヴィキはファシストが破壊のエネルギーの供給源とした中間諸層の性質をまったく見落としてしまった。というのも、階級がブルジョアジーとプロレタリアートに両極分化するというマルクス主義者の発想では、中間層は遅かれ早かれどちらかの階級に吸収される定めにあったからである。それゆえ、「大衆へ！」のスローガンは、あくまでも工場において身一つで働く賃金労働者たちに主眼を置いたものであり、こうしたタイプの生産に従事しない層が拡大し、より現代的に大衆化した社会の動きを捉えそこねた。

ともに工業化によって出現したプロレタリアートと中小ブルジョアジーであったが、より革命的だったのは後者であったと言える。ブルジョアに対する飽くなき破壊衝動は、ブルジョア自身が秘めていたのだ。共産主義者のなかでも一部の鋭敏な者は、イタリアで発生していることとの異質さをある程度感じ取ってはいた。しかし、ファシズムを社会の組成から吟味しようとする慎重な見方が主流とはならず、この現象の本質は見失われた。

結局、ファシズムとは、大ブルジョアジーがプロレタリアートを攻撃するために用いる「道具」だと断定されてしまう。一九二四年夏のコミンテルン第五回大会で、こうしたファシズム観が確定した。このことは、ブルジョアジーの「道具」になり果てた存在として、すでに共産主義者から蛇蝎《だかつ》のごとく忌み嫌われていた社会民主主義が、ファシズムと同等の存在であるとの見方を生み出す。事実、この年からジノヴィエフは、社会民主主義とファシズムとを一体のものとして捉えた、「社会ファシズム」なる実に奇妙な言葉を用い始めるのである。

すでにローマ進軍の以前から、ファシストの暴力がイタリアを広く覆う状態になっても、イタリア共産党は社会党の改良派と協力してファシズムに対抗しようとは一切しなかった。コミンテルンは、ファシズムの台頭を招いたのは社会党改良派がプロレタリアートを裏切ったためだと断じた。そして、社会党を除名された改良派が結成した政党の幹部がファシストによって暗殺されたことを受けて、野党間で反ムッソリーニの機運が大きく高まったときも、共産党はその隊列からすぐに離脱した。

コミンテルン第五回大会後、スターリンが社会民主党を「客観的にはファシズムの穏和な一翼」だと述べるなど、社会民主主義者とファシストとのあいだの違いはますます否定されていく（『スターリン全集』六）。結局のところ、共産主義者にとって共産党以外の諸勢力はすべて反革命であり、同じ穴のムジナであったが、そのムジナのなかでも改良主義者は常に別格にほかならず、最初に駆逐しなければならない存在だった。

こうした姿勢は、ファシストに対する間接的な支援にほかならず、結果的にムッソリーニの勝利にも大いに貢献した。その後、イタリアで見られた共産主義者とファシストとのある種の共謀関係は他国でも実践される。たとえば、ドイツ社会民主党が安定して政権を運営していたプロイセン州政府をナチスが合法的に葬り去ろうとして三一年夏に実施した住民投票をめぐる共産党の動きなどは、その好例であろう。

当初、ドイツ共産党は住民投票の実施に反対していたが、突然方針を転換し、社会民主党政権に対して共産党との統一戦線を組まないならば投票を支持すると表明した。政権側が要求を拒絶すると、実際に共産党は投票支持に回ってナチスに追随する姿勢を示したのだ。当時すでにスターリンとの闘いに敗れて国外追放の憂き目にあっていたトロッキーは、ドイツ共産党はファシストと統一戦線を結んだと、まったく正当な批判を展開した。

ところが実は、ドイツのファシストとの統一戦線の模索は、ちょうどイタリアのファシストが政権を獲得して着々と権威主義体制を構築していた頃にまでさかのぼる。これについては、二三年六月に開催されたコミンテルン執行委員会第三回拡大総会でのラデックの演説に注目しなければならない。このとき彼は、フランスのルール占領に反対するテロ活動の廉《かど》で処刑されたナチ党員シュラーゲターを取り上げ、ヴェルサイユ体制の軛に挑んだとして、その精神と行動を讃えた。

演説の意図は、民族主義に感化された人びとをファシストの指導者から分断し、共産党に獲得するというものであった。これはまさに社会民主主義をめぐる統一戦線を、ファシズムとの統一戦線に応用する動きだった。実際これ以降、ドイツ共産党はいわゆる「シュラーゲター路線」を追求し、短期間ではあったがナチスとの共同の演説会をおこなうなどのコラボレーションに取り組んだのである（マクダーマットほか一九九八）。

党内闘争の激化と統一戦線

さて、コミンテルン第五回大会後、社会民主主義とファシズムとが同一視される傾向が強まるなか、国際革命の機運は依然として低調なものとして認識された。とりわけ、欧米列強が協調してドイツ経済の再建に本格的に取り組み始めたこともあり、コミンテルンは資本主義が相対的な安定期に入ったとしぶしぶ認めざるをえなくなった。

また一方で、ソ連の状況はここ数年継続してきたネップによって経済的な安定が目に見える形で表れていた。ヨーロッパの革命の季節が完全に過ぎ去ったのであれば、当面は引き続きネップに取り組むことでソ連国内の社会主義建設を進めようというのが、ボリシェヴィキ指導部にとって現実的な選択であった。

ただし、この方針は、資本主義世界とソ連との平和的な雰囲気を醸成し、ソ連に対する帝国主義的な干渉を抑え込むことが前提だった。具体的には、欧米政府との外交上の友好関係を実現し、かつできるだけ広範な労働者層のなかにソ連に対する支持を拡大することとされた。後者については、統一戦線のより柔軟な適用、すなわち「上からの統一戦線」への回帰という試みとなって現れる。

たとえば、一九二五年春にイギリスとソ連の労働組合の協力関係を構築するために「英露労働組合委員会」が設立されたのも、その一環であった。この取り組みは、アムステルダム・インターや第二インターとイギリスの労組とのあいだに楔《くさび》を打ち込むとともに、労組のなかに親ソ感情を根付かせる意図があった。それは、仮にソ連に対する戦争が開始されても労働者たちの抵抗運動が起こるだろうという期待に基づいていた。

ところで、こうした統一戦線の実施をめぐっては、レーニン死去後の党指導部内の権力闘争が大きな影響を与えた。ボリシェヴィキの指導者たちの争いは、すでに二四年を通じてトロツキーらとトロツキーに反対する勢力とのあいだで過熱していた。反トロツキー派は、「ドイツの十月」の失敗は右派的な偏向によって統一戦線を歪曲《わいきょく》したためであるとして、トロツキーらを攻撃した。それを受けてドイツ共産党はもちろん、各国の共産党からは、「トロツキスト」とレッテルを貼られた党員たちが次々と追放されていく。たとえば、かつてフランス共産党の設立に率先して関与したスヴァーリンも、トロツキーを擁護した廉で除名処分を受けた。

レーニンに対する神格化も手伝って、トロツキズムは「レーニン主義」からの逸脱ともみなされた。ジノヴィエフやスターリンは、この重大な違反に対する闘いを鉄の規律をもって遂行することを党内に向かって繰り返し求め、それがボリシェヴィキ化の徹底に結びつけられた。そしてコミンテルン第五回大会でトロツキーは議決権をもたない執行委員会委員候補へと格下げされた一方、新たにスターリンが委員に就いたのだ。

コミンテルンはトロツキーとの闘争のさなかには、「下からの統一戦線」を全面的に押し出した左路線を掲げたが、資本主義世界の安定を受け入れざるをえなくなると、再び統一戦線の柔軟な適用を模索するようになる。そのひとつの取り組みが英露労働組合委員会であったわけである。とりわけスターリンやブハーリンは、現実的な見立てをもって左路線からの揺り戻しを画した。

しかしいまや、指導部内のパワー・バランスは大きく変化していた。ジノヴィエフやカーメネフらは、存在感を増すスターリンへの危機感を強めた。彼らはそのために一転してトロツキーと手を結び、右路線を表立って攻撃するようになる。

英ソ断交

ジノヴィエフらいわゆる合同反対派がスターリンら多数派を批判するための論点のひとつとしたのは、一九二六年に入って変化と緊張の度合いを高めた国際関係であった。彼らは外部世界との一時的な融和を前提としたスターリンらの方針が無効であることを訴えようとした。とりわけ焦点となったのが、イギリスと中国だった。

まず、保守党政権下のイギリスにおいて二六年春に発生したゼネラル・ストライキ（全国規模のストライキ）をめぐり、両者の鍔迫り合いが激化した。ジノヴィエフらはこのゼネストを革命の季節の再来を示すものだとし、英露労働組合委員会のような統一戦線のあり方を廃棄するよう主張した。一方の多数派は、イギリスの情勢をもって完全に革命的高揚の段階に入ったとは認識できないと否定した。また改良主義的な労働組合指導者との統一戦線を一挙に解消すればアムステルダム・インターや第二インターを利するだけだとして、これも退けたのだった。

ゼネスト自体は組合側が政府に全面的に屈服するかたちで短期間のうちに収束したが、炭鉱労働者が引き続き孤立したまま闘争を継続した。スターリンら多数派はそれら労働者に多額の支援を実行したが、当然こうしたやり方は、労働運動の過熱に神経をとがらせていたイギリスの保守層の反発を買わずにはおかなかった。

実際、保守党内でソ連との断交を求める声が日増しに高まっていく。そうしたなか、二七年五月中旬に決定的な事件が起こる。ロンドンにて英ソ間の貿易に携わるソ連側の企業「アルコス」やソ連通商代表団が入る事務所に大規模な家宅捜索がおこなわれたのだ。イギリス政府はこの事務所がソ連による諜報や破壊活動の拠点になっていたと断定し、同月末にソ連との外交および通商関係の断絶に踏み切るのである。

さらにその後、英ソの労働組合同士の関係も完全な終局を迎えた。九月にイギリス側が英露労働組合委員会の解散を正式に決定したのである。こうして二一年以来、紆余曲折しながらも続けられてきたネップ下における資本主義国家への接近は、大きな岐路に立たされた。

160 中国革命の成功と破綻

ストライキをめぐる問題とともに、ソ連とイギリスとの不和を助長したのが、中国問題である。第一次国共合作が成立して以来、ソ連とコミンテルンは中国革命に対する支援を強化してきたが、それは中国に大きな権益をもつイギリスにとって不満の種でしかなかった。

ところで、中国国民党がソ連の協力を得てまでして目指したのは、孫文の悲願でもあった中国統一のための軍事行動すなわち「北伐」の実施にほかならない。そのために中国共産党員を受け入れ、ボリシェヴィキの組織原理を学んで党と軍の能力を高めようとした。とりわけ、革命軍の創設に当たった蔣介石《しょうかいせき》は、孫文亡き後その遺志を継いで早々に北伐を実施することにこだわった人物だった。

孫文（右）**と蔣介石**　中国革命の父である孫文（1866～1925）の遺志を継いだ蔣介石（1887～1975）は中国統一を目指した

しかし、ソ連の軍事顧問団が北伐を時期尚早として反対したことで、蔣介石は不満を募らせる。そうしたなかの一九二六年春、反乱を企てたという廉で複数の共産党員が蔣介石の指示によって逮捕・拘束され、ソ連軍事顧問団の拠点も包囲されるという事件が発生した。その後すぐに蔣介石側の誤認であったとして事態は収まったが、この事件後、ボリシェヴィキ指導部では中国問題をめぐって意見が分かれた。ジノヴィエフらは国共合作の解消を提案したが、多数派が反対したことで引き続き国民党との連携が確認され、北伐も容認されたのだ。

蔣介石は同年夏に念願の北伐を開始して順調に軍を進め、秋までには長江《ちょうこう》中流の都市で辛《しん》亥《がい》革命発祥地でもある武漢《ぶかん》——武昌《ぶしょう》・漢陽《かんよう》・漢口《かんこう》の総称——を占領した。スターリンは北伐の実施に当初は慎重であったが、図らずも大きな成果が上がったことで中国革命の行く末に期待をかけるようになる。側近に対して「漢口がやがて中国のモスクワになるだろう」とまで述べた（リーほか一九九六）。

北伐の成功は必然的にソ連とコミンテルンの対中政策を新たな段階へと移行させた。二六年一一月末のコミンテルン執行委員会第七回拡大総会におけるスターリンの演説は、そのことをはっきりと示している（『スターリン全集』八）。彼は国共合作に反対する合同反対派の主張を一蹴しつつ、今後の中国共産党の任務は国民党支配地域で樹立されるであろう各権力に浸透し、そこから農民に接近して支持を広げることだとした。

スターリンは、国共合作を解体させずに、広大な地域で土地革命を実行できるよう粛々と浸透工作を図って党勢を高めよ、という矛盾に満ちた困難な使命を中共に与えたわけである。もっとも、こうした矛盾自体は民族主義者とコミュニストの連携である国共合作が当初から抱えていたものであった。それが北伐の成功によって先鋭化したと言える。

その後実際に、国共間の緊張は急速に高まる。まず二七年初めに蔣介石の反対を押し切って広州《こうしゅう》から武漢へ国民政府が移転し、ソ連人顧問の強い影響下のもとに国民党左派と共産党が主導する体制が築かれる。一方蔣介石は、共産党が指揮する労働者たちが樹立した上海の自治政府に対して攻撃を仕掛け、共産党員らを大量逮捕したのだ（上海クーデター）。

この事態を受けて、合同反対派はスターリンの中国政策への攻撃を強める。彼らの批判を意識したスターリンが、現地の事情をまるで無視した指示を発するなどして、国共関係は混乱の一途をたどった。とりわけ、武漢政府からは退去する一方で国民党には引き続き残るよう命じられた中共はそれに従うも、自らの足場を築く必要から武漢政府への武装蜂起を企てたことは決定的だった。モスクワの反対を押し切って蜂起は決行され、ここに国共対立は極まる。武漢の国民党は党内の共産党員を除名したうえで蔣介石の南京《なんきん》政府に合流する決断を下し、第一次国共合作は崩壊した。

「階級対階級」戦術への転換

このようにイギリスと中国の双方において、スターリンが追求してきた国際的な統一戦線のあり方は破綻した。しかしその一方で、彼は一九二七年中には合同反対派との闘争を完全に制した。彼が書記長のポストを利用して党内に築き上げてきた支持層は、恐ろしく強固なものになっていたのである。

ただし、失敗続きであったスターリンの中国政策に対しては、合同反対派以外からも批判が出てくる始末だった。だが彼は、自らの責任を微塵も認めなかった。国共合作が破局へとまっしぐらに進んでいた時点で彼は、「中国においても英露委員会に関しても、いまほどわれわれの政策の正しさを、深く、強く確信したことは一度もなかった」とモロトフに書き送っている（リーほか一九九六）。

結局のところ、合同反対派が支持を広げられなかった大きな理由のひとつは、戦争が切迫しているという危機感がソ連国内で高まっていたからである。イギリスなどとの急速な関係悪化を受けて、当時ソ連の国内では食料品の買い占めが発生するなどのパニックが発生していた。そうした状況下で、合同反対派の姿勢は党や国家の結束をいたずらに乱すもの、つまりはかつてレーニンが固く禁じた分派行動だとみなされたのである。

ジノヴィエフはスターリンとの抗争で大きく力を落とし、二六年一〇月にはコミンテルン議長から正式に解任された。その代わりに台頭したのがブハーリンであり、二八年半ばごろまでコミンテルンの事実上のトップを務める。その間、国外の共産党にも粛清の波が押し寄せた。合同反対派に与《くみ》したとして排除された党員のなかには、ほんの数年前に「右派」から党の指導権を奪ったばかりの者たちも多くいたのである。

ボリシェヴィキの内部抗争はコミンテルンの隊列をまるで安全装置の外れたジェットコースターのごとく右に左に激しく揺さぶり、そのたびに多くの者が振り落とされていった。モスクワでの嵐の行方を見定めるため風見鶏《かざみどり》のようになって意識を集中し、己の保身に汲々《きゅうきゅう》とする雰囲気がコミンテルン内に横溢《おういつ》するようになる。

他方、二七年末にトロツキーとジノヴィエフの追放を決定したロシア共産党第一五回党大会は、それまでの国際情勢認識を大きく転換する舞台ともなった。イギリスとの断交や国共合作の崩壊のみならず、同年夏にウィーンで発生した大規模な反乱は、これまでにない変化の兆しとして捉えられた。すなわち、資本主義の相対的安定が崩壊しつつあり、また新たな帝国主義戦争が差し迫るとともに、革命的な高揚がヨーロッパに再び訪れようとしているとの見方が示されたのだ。

さらに翌二八年二月に開催されたコミンテルン執行委員会第九回総会は、新戦術としていわゆる「階級対階級」を採択し、左への転換をはっきりとした方針として打ち出す。ジノヴィエフ指導下のコミンテルンでは「ドイツの十月」以降も、完全には「下からの統一戦線」へと振り切れることはなかった。だが、ここに至って社会民主主義者こそがソ連とコミンテルンにとっての主要な敵として全力を挙げて打倒されるべき存在となったわけである。

そして同年七月から九月にかけてコミンテルン第六回大会がモスクワで開催され、左転換が公式に承認された。「大衆へ！」のスローガンを掲げた労働者統一戦線は完全に放棄され、これ以降極左主義的な革命路線の追求が始まり、各国共産党は孤立を深めていくことになる。

第5章　スターリンのインターナショナル——独裁者の革命戦略

民族専門家スターリン

一九二〇年代後半に共産党を猛烈に揺さぶった権力闘争を通じて、スターリンは急速に台頭する一方、並行して国際的な共産主義運動の領域にも本格的に参入した。そもそもロシア国外で党活動に従事した経験もなく、またヨーロッパの革命運動に対する疑念を口にして同僚たちから批判されたことすらあったスターリンは、まずはジノヴィエフを皮切りに権力闘争上の共闘関係を結び、外国の共産党への影響力を手に入れたのである。

他方で、若かりし頃からスターリンを惹きつけたのは、ヨーロッパの先進地域よりも自らが生まれ育った場所でもある旧ロシア帝国版図であった。とりわけ彼は、後者の特徴である多民族社会に注目し、その地に相応しい革命のあり方に関心をもった。レーニンの教えを受けながら自らの理論的な考察を確立し、党内で民族論の専門家として早くから認知された。

ところで、マルクスやエンゲルスといったマルクス主義の始祖たちは、民族問題をそれほど

スターリン（1878〜1953）

重視しなかった。遅かれ早かれ大きな民族が小さな民族を吸収し一民族一国家の国民国家群を形成して資本主義が成熟していけば、対立軸は自ずと「民族」から「階級」へと移行する、と考えていたからである。

しかしながら、マルクスらが活躍した時代から下って一九世紀も末頃になってくると、ヨーロッパの諸民族をめぐる葛藤が激烈な調子を帯びるようになる。いまやナショナリズムは、帝国主義的な排外主義と少数民族の民族自決の要求という二つの面で世界を揺さぶるものとなっていた。それゆえ、インターナショナリズムを標榜《ひょうぼう》する活動家たちとしても、この新たな局面において自らの立場をはっきりとさせる必要に迫られたのだ。

とくにハプスブルク帝国やロシア帝国といった多民族国家の出身者のあいだで、民族と階級をめぐる侃々諤々《かんかんがくがく》の議論が実に長期間にわたって続けられた。論戦を主導した者のなかには、カウツキーやルクセンブルクやレーニンらとともに、スターリンもいたのである。

本章では、若干時間をさかのぼって、民族と革命をめぐるレーニンやスターリンの思想を確認したうえで、スターリン時代に特徴的なコミンテルンのあり方がどのように形成されていったのかを見てみたい。

民族と階級の相克

レーニンとスターリンはともに、少数民族の権利を擁護する点で一致していた。もちろんそれは、ナショナリズムをやみくもに煽り立てることを良しとしたわけではない。肝要なのは、階級を越えて人びとを強力に結束させる力をもつナショナリズムを制御しつつ、インターナショナリズムの利益に奉仕させることだった。先に見た「民族・植民地問題に関するテーゼ」は、こうした発想に貫かれた国際戦略であったのである。

スターリンの民族論では、ナショナリズムをいわば飼いならす方策として、民族単位の地方自治制の整備を必須とした。たとえば、それぞれの民族の母語使用を保護・奨励し、民族学校を普及させ、さらには人材の登用などを通じて、共産党のもとに民族の壁を越えた結合を生み出すことが目指された。敢えて諸民族に自己表現の場を形式的に与えることにより、ナショナリズムの恐るべき動員力を削ぎ、階級への自然な分化を促そうとしたわけである。

こうした意図のもと、民族と階級というまったくベクトルの向きが異なるもの同士を結びつける構想は、十月革命後にボリシェヴィキが国家形成に乗り出した際に実践に移される。白軍との戦いや諸外国からの干渉を乗り切るためにも、国内の諸民族の協力は必須であった。彼らから協力を取りつけるために自決権を認める約束がなされたのだ。

また、それとともにコミンテルンが単一の世界共和国の樹立を目標としたことで、スターリンの民族論は真に国際的な射程を得ることにもなった。とはいえ、すべての共産党員がこのような民族論の適用をすんなりと受け入れたわけではない。十月革命後に旧ロシア帝国全域では少数民族のナショナリズムが吹き荒れ、それはフィンランド、バルト三国、ポーランドの相次ぐ独立につながり、ウクライナも激しい混乱に陥った。そうしたなかで民族自決の旗を掲げ続けることが、せっかく生まれたばかりの革命国家を内部から解体に導く行為に見えたとしても不思議ではなかった。

少数民族をめぐるボリシェヴィキ内の温度差は、たとえばバシキール人と共産党が協定を結び一九二〇年に樹立されたバシキール自治共和国——首都はウファで、ヨーロッパ・ロシア東部のヴォルガ・ウラル地域に位置する——での一連の騒動にもはっきりと表れた。共産党員たちが現地人との関係をこじらせたことで両者の衝突が頻発し、最終的にスターリンが介入する事態にまで至ったのである。

スターリンは党内で民族問題の本質がまるで理解されていない現状を強く批判し、これ以降、自らの理念に基づく民族政策の徹底を急ぐ。それは、ソ連邦の成立後、二三年春のロシア共産党第一二回党大会の決議などで結実する。すなわち、単一の中央国家の枠組みを揺るがさない限りにおいて、領土、言語、人材登用、文化という諸形式を全面的に容認することが、ソ連の民族政策の根本的な方針となった。これ以降、数多の民族領域が旧帝国版図内に細かく創出され、民族語の普及や民族エリートの登用を中心とする、のちに「コレニザーツィヤ」(現地化の意)と呼ばれる施策が実行されることになる。

内なる国際社会

一九二三年の諸決議は、それまでのソヴィエト権力が実質的にロシア人の権力であったとし、今後は「ロシア人だけでなく万人のもの《インターナショナル》になる」のだ、と高らかに宣言した（マーチン二〇二二）。たしかに、コレニザーツィヤの追求は、いずれかの民族が支配者として振る舞うことを徹底して排除し、あらゆる民族を平等な存在に位置づけるものであった。

また一方で、対等な民族間関係の理念は、対等な国家間関係の理念と接合されてもいた。というのも、ソ連邦は、ロシア、ウクライナ、ベラルーシ、ザカフカースの四つの共和国が対等な同盟条約を相互に取り結ぶことで形成されていたからである。こうした疑似的な国民国家群からなるのがソ連であった。

したがって、レーニンが先鞭をつけ、スターリンが肉づけをしたボリシェヴィキの民族理論の実践は、旧ロシア帝国の境界に合わせて、いわば「内なる国際社会」を築く形で、ひとつの到達点に至ったと言える。もともと彼らが対象とした民族自決の範囲は、ロシアならびに東欧という実に局地的なものだった。旧帝国版図を引き継いで多民族国家のあり方を維持しつつ、そこに先進的な国民国家を対象とするマルクスの革命理論を適用するという、相容れぬものの同士を結びつける試みのもと、「内なる国際社会」が形成されていった。

しかしながら、この「内なる国際社会」は、単に限定的な範囲で完結するものではなかった。

先に論じたように、レーニンは世界大戦を境にヘーゲル主義に接近し、被抑圧民族を抑圧民族に対する革命の主体としてグローバルな視野から捉えるようになった。これによってヨーロッパとアジアは真にひとつの世界として認識され、その内部に宿る葛藤が世界史を前進させるというのが、レーニンの示す世界革命の揺るぎない道筋であった。

そして、ほかでもなくソヴィエト・ロシアこそがヨーロッパとアジアをつないで単一の世界を成立させる存在とされたことで、「内なる国際社会」は局地的な次元から解き放たれ、真に普遍的な相貌を帯びる。かくして、ソヴィエト・ロシアの「内なる国際社会」とそれを越えた実際の国際社会との理論的な関係性が規定された。

実は、この点は、「民族・植民地問題に関するテーゼ」に明確に示されている。繰り返しになるが、二〇年にレーニンによって示されたこのテーゼは、ソヴィエト・ロシアと世界のブルジョアジーの闘争を世界政治の中心点とした。そして前者が勝つためには、世界中のソヴィエト運動と民族解放運動を結合させなければならないと説く。そのうえで同テーゼは、「すべての民族・植民地解放運動とソヴィエト・ロシアとのもっとも緊密な同盟を実現する政策をとる必要がある」としたのだ。

ここで注目すべきは、こうした両者の同盟のあり方については、ソヴィエト・ロシアの連邦制が範とされたことである。それはつまり、ロシア・ソヴィエト共和国内の地方自治（たとえばバシキール自治共和国のようなタイプ）によるものと、ロシア・ソヴィエト共和国と独立共和国（たとえばウクライナのようなタイプ）との同盟条約によるものからなる連邦的な関係を指す。したがって、コミンテルンの任務とは、それぞれの地域の状況に合わせて形づくられるソヴィエト・ロシア内の同盟関係を手本として、それを世界の大半を占める後進国地域にも拡張していくことだとされたのである。「内なる国際社会」としてのソヴィエト・ロシアは、それを越えたグローバルな規模における未来の国際社会にとって不変の見本であるがゆえに、世界の共産党が全力を挙げて守り抜かねばならない存在となったのだ。

ところで、コミンテルンの究極的な目的は、「国際ソヴィエト共和国」の樹立にあったが、これが実際どういった国家なのかは、コミンテルンが創立された時点でそれほど明確ではなかった。しかし、このテーゼによってソヴィエト・ロシア内の連邦的関係を世界規模に押し広げたものだという一定の具体像を得た。もっと言えば、単一の世界共産党たるコミンテルンが、先進国と後進国の両方でソヴィエト共和国を樹立していき、それらがソヴィエト・ロシアを介した連邦的関係を取り結んで、単一の中央国家としての「国際ソヴィエト共和国」を構成する、ということである。

連邦をめぐる師弟の対立

民族と階級をめぐるコミンテルン内の議論の結果、ソヴィエト・ロシアがグローバルな世界革命のためのモデルと位置づけられた。この方針により、もっとも大きな利益を得たのは、一貫してロシアでの民族と革命の理論を追求してきたスターリンその人だったろう。

ただし、レーニンとスターリンとのあいだには、ソヴィエト国家のあり方について深刻な意見の不一致があった。先に見た通り、レーニンは連邦的関係には自治に基づくものと条約に基づくものとがあることを「民族・植民地問題に関するテーゼ」の原案のなかで示した。しかし、スターリンはその考えにはっきりと反対したのだ。つまり、連邦的関係を自治か条約かで区別する必要はなく、両者のあいだに違いは見いだせない、と指摘したのである（高橋一九九〇）。

スターリンは、建前では主権国家として独立している共和国と自治共和国とのあいだに何の差異も見いださない自らの認識に基づいて、一九二二年九月にいわゆる「自治共和国化案」を党内に示した。これは、ウクライナなどの独立共和国をロシア・ソヴィエト共和国の自治共和国として吸収する提案だった。これまでボリシェヴィキは、内戦を制するために辺境の諸民族に対して、独立の約束をいわばニンジンのようにぶら下げてきたが、しかしそれによって各地で独立派が力を得て、中央による統制に挑戦する動きが無視できないものになった。そうしたなかで、連邦に地方自治以外の多様なあり方を認めてしまえば、独立派を必要以上に助長し、最終的には国家の分裂を招いてしまうと、スターリンは危惧したのである。

もちろん大半の党員たちも、ようやく内戦を乗り切り、統合された国家としての姿を現してきたソヴィエト・ロシアを早くも分裂させるような事態は断じて容認できなかった。それゆえスターリンの自治共和国化案は党内で幅広い支持を得た。ところがレーニンは、スターリンの案に対して一貫して強く反対したのである。このとき病から一時的に回復傾向にあったレーニンは、多様な連邦のあり方を重視する年来の主張を踏襲し、独立した諸共和国が対等な立場で連邦を形づくる必要性を党内に向けて説いた。

レーニンにしてみれば、スターリン案は自らが「民族・植民地問題に関するテーゼ」で打ち出したグローバルな革命戦略の構想を根底から否定するものであり、とうてい受け入れられなかった。独立共和国をロシア共和国にすべて取り込むとは、まさしく帝国の論理にほかならず、それを認めてしまえば、コミンテルンが目指す「国際ソヴィエト共和国」の実現も単に帝国としての新生ロシアの拡張に過ぎなくなってしまうだろう。それは、単一の世界の内的な発展として革命を構想しつつ、国家のあり方とインターナショナリズムの理論的な整合性を見いだそうと腐心したレーニンの方針とはまったく相容れなかった。

さらに言えば、レーニンは、民族の分離を前提としながら、その国家的統合と最終的な解消を一連の過程と捉えていた――のちに見るように、ここが国家の消滅を否定したスターリンとの本質的な分かれ目だった――。「国際ソヴィエト共和国」の解消が最終的に目指されるべき到達点ならば、その世界国家のひな型たるソヴィエト連邦には同盟関係から離脱する自由を自らが立脚する原則としてあらかじめビルトインしておかなければならなかったのだ。ここに分離と統合とを人類解放に導く内なる葛藤として世界規模で貫徹させようとする、ヘーゲル主義者レーニンの強いこだわりがあったと言える。

レーニンの反対に直面したスターリンは、結局、自治共和国化案を撤回した。その後、レーニン案に概《おおむ》ね沿うかたちで、二二年一二月にソ連邦が成立する。こうして諸民族ならびに諸国家間の対等な関係に基づくインターナショナリズムの理念とともに、「内なる国際社会」としてのソ連とそれを越えて広がる実際の国際社会をひと続きのものとして構想しうる余地が残された。

ちなみに、こうした世界国家のビジョンは、「一四ヵ条の平和原則」にも色濃く反映されていたウィルソン米大統領の国際秩序のビジョンと実に似通った面があった。アメリカの内政を専門とする学者でもあったウィルソンは、自国の民主政治のあり方を国際社会に拡張し、それまでの伝統的な国際秩序を根底から刷新しようとした。国際連盟こそがアメリカを範とする共同体としての世界を正しく導く議会となりうるというウィルソンの理想の一方で、レーニンはコミンテルンこそがソ連を範とする世界にわたる共同体を実現し運営するに相応しい国際機構だと考えたわけである。

とはいえ、そもそも各共和国が対等な立場でソ連に参加するならば、当然それら諸国の共産党も対等でなければならなかったはずである。しかし、それら各共和国を統治するそれぞれの共産党はロシア共産党の支部として位置づけられた。単一のロシア共産党であることは自明であり、少しでも党内自治の容認につながるような措置は端から考慮されなかったのだ。それゆえ、いくら各共和国にソ連からの自由な離脱の権利が認められたとしても、ロシア共産党中央の意向を無視して連邦を離れるなど現実的には不可能であった。結局のところ、ここでも前衛党論への終始一貫した固執が、レーニンの理想としたインターナショナリズムの実現に多大な制約をかけたと言える。

引き続きロシアとその共産党が突出した存在となったことは、スターリンが当初主張したものと現実的には大差のない国家体制を生み出した。にもかかわらず、平等な共和国から成る連邦とそれをひな型にした世界国家の構想が堅持されたことで、「国際ソヴィエト共和国」への道程は、革命ロシアの帝国的な拡張の道程と同義となるほかなかった。そしてそれは同時に、コミンテルンを構成する国外の共産党が、帝国としてのソ連の「政治的領土」（フュレ二〇〇七）と化していくことを宿命づけたのである。

レーニン思想の帰結

実際、これ以降、ロシア共産党内部の動きが国外の共産党へとすぐさま反映され、コミンテルンを上から下へと統制の波が駆け巡るという事態が珍しくなくなる。レーニン死後にボリシェヴィキ指導者たちのあいだで巻き起こった党内闘争などは、まさにそうした例であった。反トロツキー運動の本質は、なにが正義でなにが悪かの唯一の判定者がロシア共産党の多数派であり、国外の共産党はその判定に絶対服従であることを徹底する一大イベントであったのだ。たとえば、それはポーランド共産党をめぐる一連の騒動でも同様であった。恐れ知らずにも同党のリーダーたちは、トロツキズムとの闘いのために党を分裂させる事態が適切なものなのかをロシア共産党政治局に直接問い合わせた。これはまさに虎の尾を自ら踏みにいったも同然だった。スターリンらは、多数派の方針に疑問を呈した者たちに反対派のレッテルを貼り、執行部から強制的に排除するという断固とした措置をとった。ここに国外の党指導者であろうが、モスクワの意向に素直に従わねば、いとも簡単に首が挿げ替えられてしまう前例が生まれたのである。

本来、対等な関係であるはずのコミンテルン諸支部は、ロシア共産党の多数派を頂点とする厳格なヒエラルキーへとはっきりと組み替えられた。しかしこれは、党内分派を禁止し、鉄の規律で貫かれた一枚岩の強烈な中央集権的党組織を目指したレーニンのこだわりの必然的な帰結であった。もっと言えば、共産党とコミンテルンに絶対的な「権威」を授け、また実質的に諸共和国の不平等な同盟に基づくソ連邦を世界国家のひな型と位置づけたレーニンの選択なくして生まれえなかった事態であったのだ。

そうした意味では、スターリンやジノヴィエフらモスクワの指導者たちはレーニンの遺産を忠実に継承し、それぞれが師の教えを熱心に実践したと言える。コミンテルン第五回大会で正式に宣言されたボリシェヴィキ化のスローガンは、ロシアの共産党多数派こそが「レーニン主義」の守護者であるとし、それへの絶対的な忠誠を他の共産党に求める号令にほかならなかったのである。

新教義としての一国社会主義論

さて、スターリンは自らの強みである民族論を実際の政策として着実に実行する一方で、レーニン死去後すぐに「レーニン主義」を定式化する著作を出版するなど、自らが師の思想の正統な継承者だと党内に向かってアピールした。理論面の仕事での迅速で抜け目のない立ち回りは、一九二四年末に発表した論文でも実践された。彼は、自身の党内での立場を揺るぎなくするだけでなく、以後の国際共産主義運動のあり方そのものに甚大な影響を与える新たな教義を提示したのだ。

いわゆる「一国社会主義論」である。これによってスターリンは、ロシアでの社会主義は先進国での社会主義建設が進むことなくして完成しないと見たライバルたちに挑戦し、ロシア一国での社会主義建設を全うできるという立場を打ち出した。彼は、かつてレーニンが唱えた「不均等発展の法則」——資本主義のもとでの経済発展は不均等に進むものであり、それゆえ社会主義はただ一国の資本主義国でも完成に至ることが可能という考え——を援用するなどして自説を組み立てた。

むろん、レーニンがそうした資本主義国の候補に後進国ロシアを含めていたとは考えにくい。だが、スターリンはこの法則が立脚する前提を次のように断言する。「一国における社会主義の勝利は——たとえ、その国が資本主義的にあまり発展していない国であり、他の諸国には資本主義が維持されていて、しかも、これらの国が資本主義的にもっともよく発展している国である場合でさえも——まったく可能であり、また予想される」(『スターリン全集』六)と。

また、スターリンは、一国の力でもって社会主義は建設可能であるとする一方で、「プロレタリアートの独裁」に至った国は、他の諸国でも革命が成功しなければ外国の干渉を完全には阻止できない、と論じた。こうして彼は、ロシアの革命と国外の革命との関係を巧みに再規定した。言い換えれば、十月革命と世界革命の関係性を捉えなおし、前者に新たな活力を与えたことが、彼の真の独自性だった。

一国社会主義論はレーニン主義の正統な装いをまとい、あたかも旧来の伝統的な教義であるかのように仕立てられた。この新しい教義は、「ドイツの十月」の失敗によってヨーロッパ革命の道が完全に閉ざされた現実に直面した党員たちにとっては、今後進むべき道を指し示すまさに「福音」としての魅力をもったと言える。

敵国からの脅威を完全に取り払わずしてロシア一国での社会主義の最終的な完成はないとなれば、党員をはじめロシアの全人民は国家を挙げて防衛力を高め、常に臨戦態勢を怠らないことが必須となるほかない。それとともに、国外の共産党では、社会主義の「祖国」たるロシアを守るための革命闘争が第一の使命ということになる。スターリンは、ロシアを取り囲む敵との長期にわたる戦いの場としての国際社会をはっきりと念頭に置き、その熾烈な環境を勝ち抜ける強靭《きょうじん》な国家体制を創造しようとしたのだ。

そうした意味では、一国社会主義論はレーニンが示した国家強化の道筋をスターリン流にアレンジしたものであった。ただし、スターリンがレーニンと大きく違うのは、国家の消滅という想定をまったく受け入れなかった点である。実際、彼は、レーニンが国家の消滅について力強く語った例の『国家と革命』の一九二三年版の表紙に、「消滅論は役に立たない理論だ！」と書きつけている（メドヴェージェフ二〇〇三）。

またスターリンは、ヘーゲル哲学を受容することもなかったので、国家の内的な分裂の契機の発動と対立物への転化という危惧をレーニンと深く共有していたとは言えない。実は、彼はヘーゲルを重視するレーニンの影響を受け、一時は家庭教師をつけてまで弁証法を学ぼうとしたが、途中で投げ出し、以後はドイツ観念論哲学に対する強い嫌悪感を隠さなかった。

高位の共産主義社会が到来しようが国家は消滅しないし、そのあいだに質的に大きく変容することもない。仮に国家が分裂したり崩壊したりするのであれば、それは他国からの攻撃を防ぎきれなかった場合である。これがスターリンの揺るぎない確信であった。

いずれにせよ、スターリンは一国社会主義論によって、国内の革命に対して優先的に注力することが国際的な革命運動をなんら阻害するものではなく、むしろ後者を展開するために必要な要件ですらあることを示せた。

もちろん反スターリン派は一国社会主義論に強く反対したが、結局それを切り崩せなかった。その後、スターリンはジノヴィエフをコミンテルン議長から解任すると、議長のポストそのものを廃止して、自らの方針を忠実に実施する組織へとコミンテルンを作り変えていく。二六年一一月、議長制度に代わり、執行委員会のなかに「政治書記局」が設置された。

また、スターリンは反対派との闘争のなかで、コミンテルン上層部内に強固なスターリン支持派を着実に形成していった。たとえば、ピャトニツキー、クン、ロゾフスキーらのほか、ウクライナ共産党での活動を経てコミンテルン入りしたマヌイリスキー、フィンランド共産党の創立メンバーのひとりであるクーシネン、ベラルーシ共産党幹部を務めるクノーリンといった人びとである。いわば組織人としての彼らの働きによって、今まで以上に高度に官僚化されたインターナショナルが姿を現すのである。

ピウスツキの再挑戦

このようにスターリンはブハーリンとの二頭体制のもとで反対派を追い込むとともに、コミンテルンの指導部の組織改編を実施し、自らの権力基盤を一層充実させた。

ちょうど同時期に、コミンテルンの事実上のトップであったブハーリンが「第三期」という概念をはじめて提起した。これは彼が第一次世界大戦後の資本主義の歴史を、大きく三つの時代に分けて説明したことによる。

すなわち、資本主義体制の危機と革命的高揚の時期である「第一期」、「ドイツの十月」の敗北から始まり、資本主義の部分的な安定とともにソ連の経済的な復興の時期である「第二期」、そして資本主義経済が戦前の水準を超えると同時に資本主義をめぐるさまざまな矛盾が激化する「第三期」である。

このうち第二期とは、まさに統一戦線の時期でもあったが、その戦術の前提となっていた資本主義の部分的な安定が崩れ出す兆しがあることを、ブハーリンは一九二六年末の段階で示したわけである。そして第三期では、資本主義諸国間の対立が深まって帝国主義戦争の勃発が不可避との想定がなされたことで、戦争の矛先がソ連に向けられる恐れも同時に高まると見られた。実際、ブハーリンの第三期論がコミンテルンで披露された一方で、ロシア共産党の政治局では、資本主義国の軍事的な攻撃に備える国防強化が本格的に議論されだす。

ピウスツキ（1867～1935）
ポーランド共和国建国の父．独ソの膨張から母国を防衛することに生涯腐心したが，その道半ばで病に倒れた

ソ連が戦争勃発の危機意識を大いに強めた要因のひとつに、ポーランドをめぐる動向があった。一時政界を引退していたピウスツキが、二六年五月にクーデターを起こして首相に就任するとともに、前政権の対ソ協調路線を大きく転換したのである。

ポーランドの指導者に返り咲いたピウスツキは、ソ連に対するさまざまなインテリジェンス活動の整備に力を入れた。そのなかには、いわゆる「プロメテウス運動」なる巧妙な工作活動があった（スナイダー二〇二一）。人類に火を授けたギリシア神話上の神の名を冠するこの作戦は、ソ連の抱える民族問題を意図的に煽って分離独立運動を組織化し、最終的にソ連そのものを解体に追い込むというもので、以後一五年以上の長きにわたって実践される。

この対ソ工作活動で、とくに重要な地域がポーランドと国境を接するウクライナであった。ところで、先のポーランドとソヴィエト・ロシアとの戦争は、双方でウクライナとベラルーシを分割する形で区切りがつけられた。ポーランドはこれによって広大な領土を手に入れたが、そこには多くのウクライナ人やユダヤ人が居住していた。一方、国境の向こうに広がるソ連領には、なおも多くのポーランド人が取り残されたままとなり、戦争は両国に民族問題の一層の複雑化をもたらした。

ピウスツキらは、ボリシェヴィキに対してともに戦ったウクライナ人たちと密接な協力関係を築き、ソヴィエト・ウクライナでの諜報網の整備などを進めた。その一方で、プロメテウス運動での重要な取り組みにも着手する。ポーランド領内のウクライナ文化を振興する政策を実施し、ソ連領内のウクライナ人のあいだに親ポーランド感情を高めてボリシェヴィキとの分断を図ったのだ。

これはまさに、ソ連の少数民族政策をそのまま逆手に取ったものだ。実はウクライナは、ソ連全土のなかでもスターリンのコレニザーツィヤ政策がとりわけ熱心に推進された場所だった。ウクライナ人はソ連の人口の二〇%以上を占め、また非ロシア人のうち半数弱に上るほどの基幹民族であり、その存在はきわめて大きかったからである（マーチン二〇一二）。さらに、内戦期にウクライナの分離独立運動が旧ロシア帝国版図のなかでもひと際激しかったことをも考えれば、スターリンにとって自らの理論を第一に実践し成功させねばならない場所でもあった。

ただし、こうしたソ連によるウクライナでの民族政策は、単に国内の課題だけに終始するものではなく、対外戦略の要素を常に兼ね備えていた。つまり、ソヴィエト・ウクライナでウクライナの民族文化を振興するなどの実践は、国境を接するポーランド領内のウクライナ人たちへのメッセージでもあったのだ。彼らをソ連側に惹きつけることで失地を奪回する意図を明確にもっていたのである。

加えて、ソ連がコレニザーツィヤを本格的に開始したのと同じ二三年には、ポーランド共産党の傘下に「西ウクライナ共産党」が組織されている。その名が示すように同党はポーランドがソヴィエト・ロシアとの戦争によって獲得した西ウクライナを拠点とし、この地域のソ連への併合を目指して活動した。ソ連は、ウクライナ問題に対して国内統治の次元からだけでなく、コミンテルンをも用いることで内外から多様なアプローチを仕掛けたのである。

ピウスツキは、こうしたソ連側の動きを警戒し、復権と同時に対抗策に着手したわけである。前政権がポーランド領内のウクライナ人ら少数民族におこなっていた同化政策を撤廃し、諸民族の融和を図る寛容な政策へと転じたのだ。

ちなみに、ロシア帝国領内でポーランド人の家庭に生まれたピウスツキは、若かりし頃からロシアに対する反対運動に参加し、皇帝暗殺計画に関わったとしてシベリア流刑も経験している。シベリアから脱出後、社会主義者となり、ポーランド社会党の中心メンバーとして活動するが、それもすべて民族の独立のためだった。ポーランドの労働者階級の運動を組織化し、これを利用して自身の長年の悲願を実現しようとしたのである。

その後、労働運動を利用するやり方に限界を感じたピウスツキは、自ら軍事組織を指揮して武力をもって独立を勝ち取るアプローチへと移り、社会党からも離れた。こうしてみると、彼の革命家としてのキャリアは、東欧の民族と階級の相克のなかで実地に鍛えあげられたものだった。だからこそ、スターリンの民族政策の戦略的な意図を見抜き、それを逆手に取った作戦を即座に実施できたのである。

コミンテルン内の混乱

プロメテウス運動の本質とは、世界観をめぐる闘争だったと言える。つまりピウスツキは、スターリンのインターナショナリズムに対して自らのインターナショナリズムをもって対決を挑んだのだ。スターリンにとって民族をめぐる問題は、自らの権力を支える重要な分野であることは先に見た。レーニンがソ連内の諸民族の平等によって成立する「内なる国際社会」を現実の国際社会の手本として位置づけた結果、スターリンの民族理論はソヴィエト国家のあり方とともにボリシェヴィキのインターナショナリズムを構成するきわめて重要な教義となった。

それゆえ、スターリン肝煎りの民族政策はソ連周辺の国々を切り崩して未来の「国際ソヴィエト共和国」の一部としていく性格をおのずと有していた。ピウスツキはその点を逆利用した。ウクライナ人をはじめとする諸少数民族との国境を越えた連帯を強めることで、ソ連を構成する諸共和国を離間させ、ソ連と国際共産主義運動をともに打倒しようとしたのである。

ピウスツキとしては、ソ連内の諸共和国を独立させたうえで、彼が主張していた巨大な連邦国家をバルト海から黒海のあいだに形成することを目指した。それによって共産主義なき東欧世界を構想するとともに、ロシアそしてドイツの帝国主義的な膨張を持続的に抑え込もうとしたのである。

もちろん、民族運動が燻《くすぶ》る国内各地に国外から導火線をつなごうとするピウスツキによるインターナショナリズムは、ソ連にとって早々に取り除くべき脅威にほかならなかった。しかも、これはポーランド一国の動きだけで済む問題ではなかった。強いポーランドを志向するヴェルサイユ体制の主導者たる英仏が、ピウスツキの新たな試みを積極的に支援しないとも限らなかった。実際、当時はイギリスやポーランドのみならず、フランスもソ連や自国内の共産党員に対する姿勢を硬化させた時期だった。それゆえモスクワが、ウクライナ問題を利用してソ連の懐深くに再び手を突っ込もうとするピウスツキの動きをもって、資本主義諸国による対ソ戦争の先触れだと認識したのも故なきことではなかった。

ソ連と国際共産主義運動への壮大な抵抗の試みであるプロメテウス運動が、ボリシェヴィキの危機感を一層高めた要因には、コミンテルン内の混乱もあった。これはスターリンの民族政策の実行をめぐり、ウクライナ共産党指導部内で発生した対立が発端だった。

当時、民族語の普及などのウクライナ化政策の指揮を執るためにソヴィエト・ウクライナに送り込まれたのは、古参のボリシェヴィキ党員で筋金入りのスターリニストでもあるカガノヴィチだった。しかし、彼はユダヤ系で、なおかつウクライナを知悉《ちしつ》しているわけでもなかった。そうした人物がウクライナ統治を担うことへの不満が、ウクライナ人党員に生じたのである。

とりわけ、ウクライナ民族主義の傾向が顕著な共産主義者だったシュムスキーが、カガノヴィチに激しく反発し、一九二六年春には彼を公然と批判した。カガノヴィチはすぐさま応戦してスターリンからの支持を取りつけ、またウクライナ共産党指導部内も反シュムスキー派で固めることに成功した。

党内対立は収束するかに見えたが、そうはならなかった。翌年二月から開催されたウクライナ共産党中央委員会総会にて、西ウクライナ共産党の代表がシュムスキーを擁護する論陣を張ったのだ。実は、西ウクライナ共産党の設立にシュムスキーが関わるなど、両者の絆は強いものがあった。ウクライナ共産党は西ウクライナ共産党指導部に対して、シュムスキー支持の姿勢を改めるように再三迫るが、ことごとく失敗に終わる。

最終的には、コミンテルンが裁定に乗り出し、二八年二月の執行委員会第九回総会にて、西ウクライナ共産党指導部を強制的に解体しメンバーを一新するという、厳しい処分を下した。

ソ連のウクライナ化政策を支持していたはずの西ウクライナの民族共産主義者たちが一転して強硬な反対姿勢をとり、最後には離反したことは、ボリシェヴィキに大きなショックを与えた。

そもそも、ロシア共産党の傘下にあったウクライナ共産党は、西ウクライナ共産党に対してコミンテルンを通さずに監督できる特権的な存在であった。したがって、シュムスキー事件はボリシェヴィキの権威に対する直接的な反抗という側面をもっていた。それほど重大な事案であったがために、離反劇の背後にピウスツキの暗躍が結びつけられ、国外からの反ソ活動に対する警戒のボルテージが一段と上がったのである。

ブハーリンの失脚

イギリスとの断交、中国での失敗、ピウスツキの対ソ工作活動の進展、西ウクライナ共産党の離反などといった、ソ連を取り巻く国際環境で次々と発生した事象とそれらが引き起こした「戦争への恐怖」は、コミンテルンの対外政策に大きな見直しを迫ることになる。

一九二八年夏の第六回大会で採択された「コミンテルン綱領」には、第三期へと情勢が移ったことがはっきりと示された。これまでコミンテルンは綱領的なさまざまなテーゼ類を発してはきたが、綱領そのものは存在せず、その作成が長らく懸案事項となっていた。ようやくこの大会にて本格的な討議の末にまとめられたコミンテルン綱領、いわゆる「世界綱領」は、ブハーリンとスターリンの二頭体制が目指す革命路線を反映するとともに、その反社会民主主義的な性格を強烈に打ち出した。

ただその一方で、すでに第六回大会前後からブハーリンとスターリンの関係は急速に悪化していた。合同反対派が潰えたことで、スターリンにとって、自らが最高指導者となるうえで最後の障害は、ブハーリンその人にほかならなかった。スターリンとその支持者らは、国内と国外の二つの領域で極端な左転換へと党を突き動かすことで、より時間をかけて慎重に事を運ぼうとするブハーリンらをあたかも「右派」のように印象づけようとした。

当時国内では、戦争が近いとの噂《うわさ》が広まるなか、農民たちが生産物を貯《た》めこんだため穀物調達量が大きく落ち込み、ネップそのものの機能不全を示す危機的な状況に直面していた。国家が市場を通じた穀物の調達に事実上失敗している以上、ボリシェヴィキ指導部の面々としては、ネップを見直して左派的な方向へと向けなおすことでは一致していた。

ところがスターリンは、きわめて急進的な左路線への転換を求めた点で際立っていた。彼は二八年初めに自らシベリアに乗り込み、現地の党組織に対して穀物の強制的な調達をおこなよう指導して回った。そのなかでクラーク（富農）との闘争を呼びかけたことで、農民たちに対する暴力的な抑圧が広がっていく。これはまさに戦時共産主義の再現にほかならなかった。

こうした動きは、ソ連をめぐる危機の進行の裏で社会主義建設に抵抗する「敵」の脅威を取り除くことをヒステリックに煽る風潮を高めた。とはいえ、農村に跳梁《ちょうりょう》するというクラークの定義にしても、かつての戦時共産主義のときと同様、ひどく曖昧なものだった。またそれは、国外の「敵」の定義でも似たようなものであった。第六回大会では、例の「社会ファシズム」についての議論が突如として再浮上したが、社会民主主義とファシズムとを完全に同一視するこじつけの理論に説得力のある根拠があるはずもなかった。

ブハーリンらは、スターリンらが国内外で見つけ出してきた「敵」に対する強硬な闘争の実施に反対した。しかし、党全体が極左的な潮流に飲み込まれていく傾向を押しとどめることはできなかった。それどころか穏健派は、「敵」に与する右派として次第に孤立させられていく。とりわけ、同年七月にブハーリンがかつての政敵カーメネフと秘かに接触して党の状況について話し合った内容が流出するなどしたことは、決定的に作用した。ブハーリンが開会を宣言していわば主役として取り仕切った第六回大会であったが、その裏では彼の失脚が間近いとの噂で持ち切りとなった。

右派的な偏向の元凶とされたブハーリンがコミンテルン執行委員会を追われたのは、二九年七月である。それ以降、「社会ファシズム」が国際共産主義運動の新スローガンとしてはっきりと定着した。こうして、コミンテルン内の穏健派は徹底的に排除されるとともに、社会民主主義者と共産主義者のあいだにいかなる接近の可能性も完全に絶たれたのである。

スターリン主義化の始まり

スターリンは、多年にわたる党内闘争を勝ち抜き、それまでの集団指導体制を廃して最高指導者の地位に上り詰めた。彼は、一九三三年ごろまで続く第三期の時期に、国内で第一次五ヵ年計画などの急激な工業化や農業集団化に着手し、いわゆる「上からの革命」を推し進めていった。

機能不全に陥ったネップを見直し、なおかつ着実な工業化を図ること自体は国家としての喫緊の課題とはいえ、スターリンの解決策は大きな混乱をともなった。言ってみれば、それは常軌を逸した政治主導であって、実際の経済の動きを勘案したものではとうていなかった。したがって、農民のみならず、それまでソ連各地で経済運営を担ってきた専門家や知識人たちまでもが抵抗勢力としてやり玉に挙げられた。暴力的な抑圧が国中に広がり、それは階級間における広範な「戦争」の様相を呈したのである。

スターリンは、強硬策を遂行するために、自らの意のままに動く厳格な官僚的中央集権体制を志向したが、それはコミンテルンにも求められる必須の要件であった。もちろんレーニン時代から鉄の規律の重要性は示されてきたが、スターリン時代の本格的な始まりとともに、その徹底した実践がコミンテルンの組織原理に叩《たた》き込まれた。その動きは第六回大会中にすでに表れていた。たとえば、コミンテルンのロシア代表は、ブハーリンが党内民主主義の必要性などを訴えたテーゼ草案を執筆すると、すぐに修正をおこなって、執行委員会への無条件の服従を含む鉄の規律の全面的な強化を強調したのである（マクダーマットほか一九九八）。

おそらく、スターリンにとって中国革命からの後退やシュムスキー事件の発生は、国際的な領域での規律の問題に大きな不満を抱かせた出来事だったはずである。もちろんこれまでもコミンテルンからの使者が各国共産党に派遣されて指導に当たってきたが、必ずしも国外の共産党員たちがモスクワの意向に素直に従うとは限らなかった。現地の党指導部は、コミンテルンからの指令を受け取っても露骨に反対したり、あるいは無視したりすることもあった。

　こうしたコミンテルン各支部の振る舞いはスターリンの求めるものでは当然なかった。考えてみれば、彼は、かつてイラン革命で味わった苦い経験が物語るように、国際革命の領域に関わったごく初期から国外の共産党指導部の不順に直面してきたと言える。しかしいまや最高権力者となった彼は、コミンテルン内の忠誠や規律をめぐる問題に一切の妥協を排した。それはもはやボリシェヴィキ化の徹底というよりも、スターリン個人への絶対的な服従へと至る「スターリン主義化」の始まりであったのだ。

モロトフ（1890〜1986）スターリンの片腕として独裁体制を支えた．第二次世界大戦後はスターリンから警戒され一時閑職に追いやられるも，スターリンの死後に復権．その後フルシチョフと対立して党を除名されたが，晩年に名誉回復がなされる．69回目の十月革命記念日の翌日，96歳で死去

　事実、二八年一二月におこなわれたコミンテルン執行委員会幹部会の会議以降、組織は大きく変貌していく。スターリンはこの会議に直々に出席し、右派らに対して党規律違反の観点から激しい批判を展開した。これをきっかけに、多数派への忠誠を少しでも疑われた者たちはコミ

ンテルン内から駆逐されていき、代わりにスターリンに進んで恭順する若い世代の党員たちが国際共産主義運動の場でも力を伸ばした。

当時すでに、モロトフが執行委員会政治書記局のメンバーとして送り込まれており、コミンテルンのスターリン主義化に大きく貢献した。スターリンは、この官僚的優秀さを備えた忠臣をはじめとするコミンテルン内の強硬派と共鳴しながら、この巨大組織をその内部から再構成したのである。

スターリンの強硬路線が国外の共産党に有無を言わさず適用され、国ごとの特殊な事情への配慮は一層顧みられなくなった。二一ヵ条の加入条件を定めて以来の、コミンテルンを一枚岩の世界政党にするというレーニンの念願は、スターリンの手で大きく達成に近づいたと言える。もちろん、イデオロギーの完全な一体性を貫くために、各国共産党を上から厳格に統制する組織体制も整備されていく。この頃までには広域的な革命運動を構想するあり方はますます下火になり、一国一党つまり国単位に共産党を設けることがすでに定着していた。第三期に突入したコミンテルンは、これら諸外国の共産党を管理するためのシステマティックな指導を実現すべく「地域書記局」制を整備した。

これはコミンテルン中枢の組織として、世界の主要な八地域ごとに指導機関を設け、それぞれの地域に属する共産党の活動全般を直接的に指導するものであった。たとえば、ドイツやチェコスロヴァキアやオーストリアなど中欧の国々と各共産党は、「中欧地域書記局」が担当した。同様に、フランスやイタリアやスペインなどの「ロマン地域書記局」、中近東から極東までのアジア全域をカバーした「東方書記局」のほか、「バルカン地域書記局」、「英米地域書記局」、「スカンジナヴィア地域書記局」、「ポーランド＝バルト地域書記局」、「ラテンアメリカ地域書記局」などがあった。

もちろん、モスクワから遠く離れた地域であればあるほど、地域書記局が現地の共産党と直接連絡し合うことが難しくなるため、比較的安全で活動しやすい場所を中継地とし、そこに中間的な指導機関として「海外ビューロー」が設置された。たとえば、上海の「極東ビューロー」、ベルリンの「西欧ビューロー」、ブエノスアイレスの「南米ビューロー」といった具合である。そして、こうした世界中に張り巡らされた地域書記局のネットワークで、指令や人員や資金のやり取りを監督したのが、OMS（国際連絡部）であった。これまでもOMSはコミンテルンの連絡網の運営を担ってきたが、地域書記局体制が成立して以降も、世界中に設置された独自の連絡拠点からコミンテルン中枢と現地共産党指導部とのあいだを結ぶ重要な神経系の役割を果たすのである（栗原二〇〇五）。

計画すらされない国際革命

ここまで見てきたように、スターリンは国内で再び革命の狼煙《のろし》を上げて、農民を階級ごと消し去ろうとするかのような「戦争」へと突進し、また国際的にも社会民主主義者との完全な断絶へと踏み切るなど、全面的な極左路線を推進した。資本主義の安定が失われ、諸外国によるソ連に対する攻撃が不可避であるとともに、革命の高揚が世界的に高まっているという第三期の情勢認識が、強硬路線を正当化したのだ。

しかし、如何《いかん》ともしがたい奇妙な点がある。資本主義世界に再び革命の季節がめぐってきたとし、コミンテルンの組織機能もそれに合わせて刷新して一層軍隊的な規律だった体制を整えたにもかかわらず、実際に政権を奪取する動きはまるで起こらなかったのである。当時、資本主義は、一九二九年一〇月の米国ウォール街の株価暴落に端を発した大恐慌によって未曽有の窮地に陥っていた。客観的に見れば、この機に乗じて革命的攻勢を図ることがコミンテルンの役割だと思えるが、しかし中国の場合を除いて蜂起は計画すらされなかった。

ここに第三期の決定的な特徴がある。あれほど革命の切迫を焚きつけておきながら、スターリンとその取り巻きたちは、国際革命の実現性にまったく信を置いていなかったのだ。実際、セクト主義的な傾向を強めて労働者大衆との接点を失い、一層孤立した各国共産党には、大規模な革命運動を組織するような力はなかったと言える。

とはいえ他方で、ドイツ共産党について言えば、第三期のあいだに多くの党員や支持者を獲得している。ただし、よく言われることであるが、党員や支持者の数がそのまま党勢を反映するとは限らない。とりわけ当時急増したドイツ共産党員の多くは、不況が生み出した失業者たちであった。改めて指摘するまでもなく、共産主義とは革命の主体に失業者ではなく、工場に勤める労働者たちを据える思想にほかならない。したがって、第三期のドイツ共産党は、「労働者党」ではなく「失業者党」だと評されたりもする。そうした失業者たちはきわめて流動的な存在であり、その支持対象が共産党とナチスのあいだを揺れ動くことは珍しくなかった。

いずれにしても、ヨーロッパの共産党では随一の大衆政党とされたドイツ共産党ですらこのあり様では、世界革命の道程は依然として長く険しいままだった。あくまでもスターリンとしては、猛烈な工業化によって国内の改造を達成するまでは、引き続き諸外国との外交を通じた安定を必要とした。そのためにも国外の共産党には手綱を結びつけて行動を厳格に管理しつつ、ソ連防衛を第一とする「プロレタリア国際軍」としての自覚を与えようとしたのである。

大粛清の予兆

第三期を通じて、スターリン時代のインターナショナルのあり方というものが、明瞭に立ち現れた。そこには国際革命よりもソ連の国益を徹底して優先するスターリンの意志が貫徹されると同時に、コミンテルンに対する彼の冷淡な眼差しがはっきりと滲み出た。

たしかに、彼の一国社会主義論は国際革命を放棄するものではなかったが、それでも今のところ唯一成功した社会革命であるロシアの革命に特別な意味を持たせ、その防衛に一層大きな意義を与えたことは間違いない。またそこにロシアのナショナリズムを刺激する要素が内包されていたことも疑いえないと言えよう。

事実、第三期はロシア中心主義にプロレタリア国際主義の理念がひどく搦《から》め捕られていく過程でもあった。とりわけ、そうした動きを加速させた要因のひとつに、国内における民族政策の失敗があったことは見逃せない。農業集団化の強行は、ウクライナなどで農民たちの大規模な反乱を惹き起こし、さらにはソ連内の少数民族から大量の出国者を出すまでになった。なかでもポーランド人の動きが活発だった。彼らはポーランドを目指してウクライナの国境地帯までデモ行進したり、ウクライナ農民の反乱に合流するなど、ソ連当局の警戒感を強く刺激した。ウクライナを分断しようとするピウスツキ一派に呼応する動きだとみなされたのである（マーチン二〇一一）。

やはりウクライナとポーランドをめぐる不穏な事態は、このときもロシアの伝統的な国防意識に決定的な影響を与えた。こうなると国内の少数民族は外国の敵に呼応する可能性のある危険分子とみなされ、それまでの優遇政策はかなぐり捨てられた。ソ連の西部国境地域からポーランド人を強制移住させるなど、民族浄化の動きが強まるのである。

その一方でソ連内の動揺は、すかさずコミンテルンにも波及した。スターリンらボリシェヴィキ指導部の危機感が、ポーランド共産党への不信を助長したのだ。すでにピウスツキの復権以降、ポーランド当局が現地共産党に浸透を試みているということは、スターリンの確信となっていた。彼は一九二九年の段階で保安情報機関に対してポーランド共産党内に潜伏する外国勢力を一掃するよう指示し、その後実際に逮捕者や追放者を出した（Chase 2001）。

ウクライナをはじめとするソ連内の不安定化が、外国に対する警戒感を一層高めただけでなく、国外の共産党の人員に対するスターリンとその側近たちの疑念をも深くさせたことは間違いない。このときのポーランド共産党の一件は、のちに大粛清に巻き込まれていくコミンテルンの過酷な運命の予兆とも言えるものだったのである。

第6章　「大きな家」の黄昏——赤い時代のコミンテルン

特権集団としてのコミンテルン職員

一九三〇年代初頭、スターリンが共産主義世界を極端な左派路線に駆り立てていた時期に、コミンテルンは高度に中央集権化された官僚機構としての性格を強める一方で、その組織としての規模もピークを迎える。

創立時と比べると、コミンテルンの職員の数は何倍にも膨れ上がっていた。国境を越えて活動するさまざまなフロント組織の人員も加えると、一時は全世界で約一万六千人もの人びとがコミンテルンに関わる仕事に就いていたと見られる。そのうちモスクワの指導部に勤務していたのは五百人から六百人ほどで、大半はロシア共産党に所属していた。

人員の急増や、またスターリン時代を通じての特徴である頻繁な人事異動などに対応するうえで、欠かせなかったのは、職員の身元調査とその一元的な管理であった。当初は、組織局とOMSがそれぞれで人事記録を作成していた。それも秘匿度の高い職務に当たる者などに限定され、なおかつ定期的な更新もなかった。しかし三二年から専門部局が設置され、新しい職員すべてに詳細な履歴書の提出を義務づけるなど、厳格な人事管理がおこなわれだす。

ソ連内外から集った多様な民族や国籍をもつ人びとが、コミンテルンの職員としてこの巨大な機構を運営していた。職員は大きく三つの雇用形態に分けられていた。まず第一にロシア共産党の指導者たちや国外の共産党の代表者たち、次いでそれら政策決定に関わる高級幹部のもとで働く補佐官や編集者やジャーナリストといった人びと、そして最後に技術スタッフや共産主義青年インターナショナルの職員といった具合である。

この厳然としたヒエラルキーは待遇面にも反映され、給料はもちろん、衣食住の面でもはっきりとした差があった。たとえば、コミンテルンで働く外国人たちの宿舎で、かつてモスクワ市内にあったゴーリキー通りに面していた有名なホテル・ルックスでは、職位に準じて部屋の大きさや数が異なるだけでなく、配給される食料や衣料、そして日用品にいたるまでも歴然とした違いがあった。

とはいえ、居住者であれば、ホテル内にあった幼稚園や美容院やランドリーなどを利用でき、また定期的に開催される映画上映会に参加したり、あるいは演劇やコンサートのチケットを入手したりもできた。加えて、コミンテルンに勤務している者であれば、クレムリン内にある党幹部専用の充実した設備を持つ病院で診てもらえるなど、下級職員ですら一般のソ連市民よりも相当に優遇された生活を保障されていたのである。

このように、堅固なヒエラルキーに基づいた待遇差があったとはいえ、コミンテルン職員自体がソ連の一般社会から隔絶された特権的な集団を形づくっていたのだ（Studer 2015）。

「大きな家」

ところで、フランスの歴史家で元共産党員でもあるフランソワ・フュレは、共産主義を「一軒の家」に例えている（フュレ二〇〇七）。つまり、革命の大義に加わる者とそこから去る者とが出たり入ったりを繰り返す家のような存在だと言うのである。たしかに、二〇世紀を席巻した共産主義の歴史は、革命の理念に惹きつけられた人びとを世界中で大量に生み出す一方で、革命の現実に幻滅して自ら離れたり、あるいは強制的に排除された人びとも大量に生み出したりした。それはまるで、共産主義という理想の家をめぐって繰り広げられた愛憎劇とも言えよう。

実は奇《く》しくも、コミンテルンは党内で「大きな家」というあだ名で長く呼ばれた。これはコミンテルン結成時にジノヴィエフが、その本部機能の入る「大きな家」が必要だと党組織局に求めたことが由来のようである。実際、その要請を受けて、クレムリンから西に車で一五分ほどの場所にある二階建ての大きく壮麗な邸宅にコミンテルン本部が置かれた。ちなみに、この邸宅は帝政時代に裕福な商人によって建てられたもので、現在はイタリア大使館として使われている（Haslam 2021）。

コミンテルン本部は、一九二二年にさらに大きな四階建ての物件に移った。場所はクレムリンの西側の城壁にほど近く、ちょうどモホヴァヤ通りにヴォズドヴィジェンカ通り――かつてはコミンテルン通りと呼ばれた――がぶつかる辺りである。周囲には広大なアレクサンドロフスキー庭園や国内随一の蔵書を誇った国立レーニン図書館（現在のロシア国立図書館）などがあるほか、すぐ隣はクレムリンに勤務する人びとが使う公用車のための車庫となっていた。

まさにモスクワの政治と文化の中心地から、コミンテルンはその後一五年以上にわたって国際共産主義運動の指揮を執った。その間、たしかに数多の人びとが入れ替わり立ち替わりして共産主義に関わったが、それはとりわけスターリン時代に顕著なことだった。スターリンその人が絶対的な「家長」として共産主義世界に君臨し、コミンテルンは文字通り「大きな家」のような存在と化したのである。

スターリンへの個人崇拝が強まった時期は、それまで革命の大義に関心を示さなかった層がソ連や共産主義に接近する現象が見られた。とくに重要なのは、知識人たちの動きである。西欧では第一次世界大戦やロシア革命を機に知識人のあいだで共産主義への関心が徐々に高まっていったが、その傾向に拍車をかけたのは、なによりも二九年の世界大恐慌であった。資本主義の深刻な行き詰まりは、それまでブルジョア社会のなかで安泰な社会的地位を享受してきた知識人たちの境遇をも一変させた。先行きの見えない資本主義の混迷のなかで、それとは対照的に映った共産主義世界の姿が、多くの知識人の心を捉えたのも無理のないことだった。

さらに言えば、こうした動きは、ヨーロッパ大陸のみならず、英語圏すなわちアングロ＝サクソン系諸国の知識人たちにも見られ、とりわけ三〇年代半ばから顕著だった。ちなみに、これは国際共産主義運動の全歴史を通じて言えることだが、英米で共産党が現地の政治で大きな存在感を示すことは、ついぞなかった。それにもかかわらず、ソ連共産主義がこれら連続する二つの世界覇権国の知的・文化的空間で一定の影響力を行使できたことは、やはり注目すべき事象であった。

知識人層におけるソ連共産主義の世界的流行現象は、いわゆる「赤い三〇年代」として印象づけるに足るものである。実際に共産党に入党する者たちのほか、いわゆる「フェロー・トラベラー」（fellow traveler）――日本語では「同伴者」と訳される――のような、党員ではないもののソ連や共産党に同調する者たちも多く出現した。そうした親ソ・親共派の知識人たちは、活発な言論活動などを通じて、ブルジョア社会に向けてソ連共産主義の素晴らしさを力強く説いたのである。

躍動するミュンツェンベルク

社会的影響力のある有識者層を動かすことで、共産主義という「大きな家」に世界中の数多の人びとを惹きつける任務は、コミンテルンによって中心的に担われた。これは世界各地に活動拠点を持ちネットワークを張り巡らす国際組織にとっては、打ってつけの仕事であったと言

ミュンツェンベルク（1889～1940）コミンテルンの辣腕プロパガンディストとして知られる．独ソ不可侵条約締結を機に反スターリンの姿勢を明確にした彼であったが，ドイツ軍のフランス侵攻直後の40年10月に仏南東部の森にて縊死体となって発見される．

える。

ただし、ここで見過ごしてはならない点がある。それは当時の対知識人工作の口火を切って自ら率先して実行したのが、スターリン自身だったことだ。事実、彼は一九三〇年代に入るとすぐに、バーナード・ショーとの接見を皮切りに国外の著名な知識人や文化人らと交流するようになる。

ソ連の最高指導者自らが先頭に立って西側の有識者層への接近を図ったことで、コミンテルンによる同様の活動が大きく後押しされたのは必定だった。そして並々ならぬ成果をもたらしたのは、やはりミュンツェンベルクによるものだった。

ミュンツェンベルクはヒトラーと同じ一八八九年の生まれで、ドイツのエアフルトで飲み屋を営む貧しい家庭の出身だった。靴職人の徒弟として働くなどしながら社会主義の青年運動に関わる。各地を転々としたあと、スイスの社会主義組織の青年部が出していた雑誌の編集者となり、この頃レーニンとも出会う。コミンテルン創立後は、ジノヴィエフが世界に向けて発した青年組織結集の呼びかけに応えるかたちで、共産主義青年インターナショナルの立ち上げに参加した。

すでに見たようにミュンツェンベルクは、ロシアの飢餓救済運動でその能力を十二分に発揮した。彼はブルジョア世界の著名な知識人や文化人たちの社会的影響力をうまく利用しながら、党派と階級・階層を超えた世界的な連帯の環を作り上げていった。彼の新機軸とは、階級内の団結から階級を超えた連帯へと転換を図ることで世界革命の運動に新たな息吹を与えた、ということにある。

それゆえ、ミュンツェンベルクの取り組みは、共産党の左派から見れば警戒すべきものでもあったと言えるだろう。とはいえ、ブルジョア世界から資本と技術を手に入れつつ、なおかつ反共勢力の攻撃を未然に阻止し、さらには将来の革命のための秘密の細胞組織を敵中に張り巡らせていくという、生々しい闘争をやり抜くうえで、その国際的な連帯の運動は実に好都合なものだった。それもあってか、彼の組織活動はモスクワからかなりの裁量を与えられ、比較的自由かつ大胆な取り組みを実施することができたのである。

また、彼の異才は、マスメディアの効果的な活用で大いに発揮された。次々と新聞や雑誌を刊行していき、「ミュンツェンベルク・コンツェルン」と呼ばれるような巨大な企業集団を作り上げたほか、当時最先端のメディアであった映画の世界にも進出した。高度に大衆化された社会に合わせた宣伝手法をいち早く実践したわけである。

一貫してソ連との連帯を煽ったミュンツェンベルクの大量伝達と組織化の手法は、大恐慌を機に西側社会で階級横断的に広がっていた不安と危機の意識を追い風にして一層大規模になっていく。たとえば、彼が率いる国際労働者救援会が二〇年代半ばからベルリンなどで毎年開催していた夏のイベント、その名も「国際連帯デー」は年を追うごとに規模を拡大した。なかでも、同会設立十周年にあたる三一年は盛大なものだった。

六月中旬の数日間にわたってドイツ各地で関連行事がおこなわれ、のべ数万人の人びとを集めた。そして最終日の夕方からベルリンで開催されたグランドフィナーレは、まさに一大スペクタクルの様相を呈した。トランペットのファンファーレとともに横断幕を掲げて革命歌を高唱するパレードの入場で華々しく開幕。大砲の轟音《ごうおん》が鳴り響くなか花火が打ち上がり、夜空に救援会の巨大なシンボルマークを描き出すとともに、地上からは赤く輝く光線まで放たれた。こうした畳みかけるような演出に会場の熱気はとどまるところがなく、詰めかけた人びとによるソ連国歌「インターナショナル」の大合唱が響き渡ったという（Braskén 2015）。

満洲事変と国際反戦大会

当時、コミンテルンの公式路線は、いまだ「階級対階級」を堅持しており、三〇年九月の総選挙で第二党に躍り出たナチスよりも、相変わらず社会民主主義者への憎しみを滾らせていた。ミュンツェンベルクは比較的早い段階でヒトラーの動きを警戒し脅威をもって受け止めており、国際労働者救援会の会合でもそうした旨の発言をしたこともあった。しかし、それは例外的で、当時の共産主義者の大半は党の公式路線に忠実だった。

スターリンとしては、ソ連がいまだ強国化の途上にある状態で、資本主義の国々がいちどきにソ連に攻め込んでくることが最悪の事態であった。だからこそ、あれほど革命の季節の到来を騒ぎ立てながらも、具体的な行動計画をまるで示さず、ヨーロッパ各国政府を極端に刺激せぬように細心の注意を払ったのだった。言うなれば、社会民主主義を第一の敵だとして憎悪を煽ったのも、共産党員の目先を誘導するための煙幕であった。

ところが、資本主義世界との最終的な闘いをできる限り先延ばしにしたいスターリンの思惑の一方で、ソ連を取り巻く国際環境は一九三〇年代に入ってさらに悪化していく。発端は三一年九月、日本による満洲事変だった。ソ連を主要な仮想敵国とする日本の動きが極東ロシアと接する中国大陸で活発化したことは、もちろんモスクワを強く刺激した。

しかしやはりクレムリンにとって、もっとも危惧されることは、遠く離れた東方の事態に近くの西方つまりヨーロッパの列強までもが反応し、ここぞとばかりに反ソ行動に出てくることだった。そうなれば、ソ連は孤立無援のなかで東西から挟み撃ちとなり、まさに万事休すである。

それゆえ、モスクワは極東の火種が各地に飛び火してソ連を巻き込む世界戦争と化さないように手を打つ必要に迫られた。この目的のためにいち早く動いたのが、コミンテルンであり、秘密の宣伝相たるミュンツェンベルクだった。その皮切りとなったのは、三二年八月に国際労働者救援会が日本の行動に対する批判を掲げてアムステルダムで主催した大規模な反戦大会である。このイベントには約二千人もの人びとが参加し、その呼びかけ人にはフランスのノーベル賞作家であるロマン・ロランや同じくフランスの作家で共産党員のアンリ・バルビュスといった著名な文化人が就くなど、ここでもイベント・プロデューサーとしてのミュンツェンベルクが八面六臂《はちめんろっぴ》の活躍をしたのだった。

いわゆるアムステルダム国際反戦大会は、日本批判から始まったものであるものの、その関心は極東問題に終始せず、ソ連に対するいかなる帝国主義戦争にも反対した。それゆえ、ヨーロッパの現状に対しては、引き続きヴェルサイユ体制そのものが批判対象だった。一方、この大会では、党派を超えた参加が呼びかけられた点が注目に値しよう。もっとも、ソ連と共産主義の防衛を露骨に企図したイベントであるため、第二インターからは拒絶にあった。しかし、ドイツ社会民主党やフランス社会党の党員のなかには、党の方針を無視して参加する者も現れたのである。

ドイツ国会議事堂放火事件

翌一九三三年六月、パリのプレイエル会館でも同様の反戦大会が開催された。そのため、この一連の国際的な反戦運動は、アムステルダム＝プレイエル運動と呼ばれる。ただし、二つの大会のあいだには、ナチスの権力掌握につながる決定的な出来事があった。

同年一月末にヒトラー内閣が成立し、その直後の二月二七日に突如としてドイツ国会議事堂が放火され全焼する事件が発生する。放火は共産党員だったオランダ人ファン・デア・ルッベの単独犯行と見られるが、ヒトラーは共産党による組織的犯行だと強硬に主張し、国家の非常事態に対応するための大統領緊急令を発出させた。

これによって国家が人権を大きく制限することが可能となり、共産党員や社会民主党員ら左翼勢力に対する大量弾圧が加速した。結果的にドイツ国会議事堂放火事件は、ヒトラーの独裁体制を出現させる決定打となった。ナチス以外の政党は禁止され、議会制民主主義は粉々に破壊されたのである。

それまで共産主義者にとってファシズムなる語は、自らとは相容れないすべての勢力の要素を含んでいたが、ナチスの台頭によってまったく新しい意味合いを帯びずにはいられなくなった。そうしたなか、ミュンツェンベルクらはベルリンを脱出してパリへと亡命し、この新たなファシズムに反対する国際的な連帯形成の運動を強力に推し進めていく。

ミュンツェンベルクは、国際労働者救援会を中心とする自らの「コンツェルン」の拠点をパリに移すとともに、反ファシズムに特化した新たな組織活動を立ち上げるなどした。とりわけ力を入れた活動が国会議事堂放火事件をめぐるキャンペーンである。ナチスが共産党による組織的犯行であることを示すために、ルッベのほかに共犯として四人の共産党員を逮捕したこともあって、彼らの解放運動はファシズムと反ファシズムとの対立を象徴するものとなった。

ミュンツェンベルクは、これまでもコミンテルンとの実際の関係を公けにはしなかったが、このときの組織活動では自分が表立って関与することも差し控えて裏方へと回った。共産党色を徹底して排除し、まったくの無党派の運動を装うことで、ファシズムという共通の敵に対して共産主義者とブルジョア民主主義者とが一致協力する機運を効果的に高めようとしたのである。

具体的な取り組みとしては、放火事件がナチスによって実行されたとするプロパガンダ本を作って各国語に翻訳し大量に流通させたり、あるいはライプツィヒでの実際の裁判に対抗して共産党員らの無罪を示すためにロンドンで非公式の法廷を開催したりするといったものだった。プロパガンダ本はアインシュタインの名前を勝手に使って出版したほか、「対抗裁判」には各国から反ファシズムに賛同する著名な法律家や政治家などを参加させ、彼らの影響力を利用した。

いずれにしても、国会議事堂の炎上をきっかけにして二つの全体主義国家のあいだで繰り広げられた抗争の一端は、互いに世界の大衆に向けて自らに都合のよい幻影を投ずる試みでもあった。しかしすでに左傾化の兆候を示し、なおかつナチスが他の政党をすべて禁止する様子を目撃した西側世界では、共産主義者とブルジョア民主主義者との連帯を呼びかけるミュンツェンベルクの斬新かつ巧妙な演出のほうに分があった。

もっと言えば、スターリンが慎重にも欧米諸国での革命を抑制してきた結果、ナチスによる暴力の氾濫が一層目につくものとなった。また、ヨーロッパの中心部に位置するドイツの状況は、歴史的にも地理的にもアジア的な相貌の色濃いロシアでの抑圧よりも、西洋文明の没落と野蛮への退行を如実に示すものとして欧米社会の危機感を刺激した。

そうしたなか、ライプツィヒの法廷で被告席に立たされたひとりであるブルガリア共産党員ゲオルギ・ディミトロフが、ナチス幹部で国会議長でもあったゲーリングの証言に毅然《きぜん》と反論する姿は、西側の人びとに鮮烈な印象を与えた。しかもその後、証拠不十分でルッベを除く四人全員が無罪となったことで、ディミトロフは共産主義者のみならず、ブルジョア民主主義者にとっても英雄的な存在となる。この結果はまさしく、コミンテルンの輝かしい勝利にほかならなかった。

ソ連の集団安全保障構想

他方でスターリンは、ナチスによって共産党員が大量に迫害される最中にあっても、しばらくのあいだは従来のファシズム認識を踏襲し、ヒトラーに対しても敵対的な姿勢を公然と示すことは一切なかった。彼にとっては、あくまでもドイツを含めた西側の資本主義の国々が対ソ戦争を起こさないことが重要であって、ソ連の「平和」とはそれ以上でもそれ以下でもなかった。

忠実なレーニンの弟子にしてみれば、資本主義国家同士が互いに戦争で潰し合ってヴェルサイユ体制もろとも自壊することこそが、ソ連の国益に最も適うのは自明であったのだ。事実、彼は一九三四年一月のロシア共産党第一七回党大会で、「問題はファシズムではない」と指摘し、ソ連の安全が確保されるのであればファシズム国家に接近することも選択肢として排除されるべきではない、と明確に述べている（『スターリン全集』一三）。

ただしその一方で、前年一〇月にドイツが軍縮会議と国際連盟からの脱退を宣言し、再軍備と侵略の意欲を包み隠さなくなったことで、ラパッロ条約以来の独ソの友好的な関係が引き続き保たれるかどうかの見通しは次第に予断を許さなくなっていた。とりわけ三四年初めにドイツとポーランドとのあいだで不可侵条約が締結され、ソ連側の危機感は大きく高まった。それゆえソ連としては、ナチスによる侵略への備えを念頭に置きつつ、まずはドイツを引き入れた形での集団安全保障体制を、西欧を含むヨーロッパ諸国とのあいだで構築する動きを見せるのである。

ソ連の外務人民委員部は、ドイツに対する警戒を強めていたフランスとのあいだで集団安全保障の具体的なあり方について協議を重ね、三四年夏に草案をまとめた。この構想は、東欧から北欧にかけての諸国が結ぶ地域的な安全保障条約を中核とするものだったが、結局、肝心のドイツの拒絶にあって頓挫した。ここまでくると、ナチスがこれまでボリシェヴィキと懇《ねんご》ろな関係にあった伝統的なドイツ右翼とはまったく異質な右翼であることが、ソ連側にも疑いえないものとなったと言える。

こうしてソ連外交は、ナチス・ドイツをはっきり脅威と認識してそれを抑え込むための集団安全保障を築く方針へとシフトする。三四年秋に国際連盟に加盟したソ連は、フランスとの同盟を目指すべく交渉を続けた。ドイツが三五年春に再軍備を正式に宣言したことで、両国は急速に距離を縮め、五月には仏ソ相互援助条約の締結に至った。さらにその直後にソ連は、チェコスロヴァキアとも同様の条約を結んだのである。

チチェーリンの跡を襲って外務人民委員部を率いたリトヴィノフは、当初から西側の民主主義諸国との友好的な関係を深めることに熱心に取り組んできたが、ナチスの台頭は彼の意欲をそれまで以上に掻き立てた。一時的にではあるが名誉を回復していたブハーリンやラデックらの後援を受けつつ、彼はとりわけフランスとの関係改善に心血を注ぎ、相互援助条約の締結にこぎつけた。

もちろんスターリンは、西側諸国と真の和解が可能などとは毛頭信じてはいなかったものの、ドイツに対抗する集団安全保障を築くためには、国際社会でのソ連の外聞をよりよいものにする必要があることは充分承知していた。ソ連国内では第一次五ヵ年計画に伴う強硬路線からの引き戻しの動きが、とくに三四年に入って現れる。それは国内の不満をガス抜きする必要からだけでなく、国際社会の動向を意識した面もあった。同年初めのロシア共産党第一七回党大会は、「勝利者の大会」と銘打たれたように、社会主義建設の勝利が宣言され、戦時共産主義的な怒濤《どとう》の攻勢を終えて「平時」への移行が画された。

ディミトロフ（1882〜1949）コミンテルンのトップとしてスターリンを忠実に支える．第二次世界大戦後は母国に帰国し，46年成立のブルガリア人民共和国の初代首相に就くも，ほどなくして病死

ディミトロフとミュンツェンベルク

リトヴィノフは、ソ連の孤立状態を脱すべく、集団安全保障の必要性を訴えるためにヨーロッパ諸国を飛び回るが、スターリン自身は革命の喧伝《けんでん》から協調の熱望への露骨な転回に表立って同調することはなかった。しかしそれでも、西側への接近を演出するうえで無視できない国際共産主義運動のあり方に関して、彼は大胆な決定をおこなっている。反ファシズム運動の「英雄」となったディミトロフをコミンテルンの指導者として抜擢したのである。

ディミトロフは、オスマン帝国の属国であったブルガリア公国の小さな村にて、一八八二年に労働者の子として生まれた。若くして植字工として働き始め、労働組合に加わって本格的な社会主義運動へと進んだ叩き上げの闘士であった。ブルガリア共産党による蜂起に関わった廉で死刑判決が出たため国外に逃れ、それ以降コミンテルンの要職を歴任した。一九二〇年代末には、コミンテルンの西欧ビューローの指揮を執るためにベルリンに送られ、そこでミュンツェンベルクのフロント組織とも交わることになる。

おそらく、このときディミトロフに期待された役割のひとつは、ミュンツェンベルクが国際労働者救援会で振るっていた独占的な指揮権を取り上げることだったと見られる。実際、三一年一〇月にディミトロフがコミンテルン本部に提出した報告書は、それを裏づける。これはミュンツェンベルクが三一年の国際労働者救援会十周年の集大成として同年秋に開催した大規模集会の直後に作成されたものである。ちなみにこのときの公開集会は、一万五千人の収容規模を誇るベルリンの有名な催事会場「スポーツ宮殿」を満員にし、さらに会場の外にまで数千人の人びとが溢《あふ》れ出すほどで、彼のキャリアでも目を見張るイベントとなった。

その報告書でディミトロフは、集会の輝かしい成功を評価する一方で、ミュンツェンベルクによる国際労働者救援会の運営について次のように書き記している（Braskén 2015）。

ミュンツェンベルクが個人的にすべてを管理し、配下の職員たちとともに働くという現在の指導部のあり方に終止符を打つことが絶対に必要である。そして私はわれわれがそれをやり遂げることを望んでいる。

当初からミュンツェンベルクの活動に対して眉を顰《ひそ》める者たちは共産党内に少なからずいたが、本人はそれを意に介さずあまりにも自由にフロント組織活動を展開してきた。彼が大衆運動のカリスマとしての存在感を著しく高めている現状に対して、コミンテルン本部も看過できなくなったと見られる。

一九世紀の社会主義運動の頃から、秘密結社と公然の外郭団体とが使い分けられていたことを思い起こせば、コミンテルンとミュンツェンベルクのフロント組織も、そうした伝統に連なるものだった。しかしいまや彼の組織は、目立った成果を上げられない本体とは対照的に、華々しい活躍を見せるまでに成長した。

スターリン主義化が進行していた共産主義世界で、ミュンツェンベルクの成功は大いなる逸脱にほかならなかった。満洲事変の勃発を受けて新たな反戦運動の組織化が急務となるなか、コミンテルンは国際労働者救援会のあり方をミュンツェンベルクのワンマン体制から集団指導的な体制へと転換し、モスクワの直接的な管理下に置こうとしたのである。

この介入の実行役がディミトロフだったわけだが、その途半《みちなか》ばで例の国会議事堂放火事件が発生し、彼はナチスに捕らえられてしまう。皮肉なことに、ディミトロフは彼がコミンテルンのフロント組織活動から排除しようとしたミュンツェンベルクの能力によって、反ファシズムのスターダムに上り詰めたのである。

変化の胎動

さて、ライプツィヒで無罪を勝ち取ったディミトロフはソ連に強制送還され、一九三四年二月に大歓迎のなかモスクワの地を踏んだ。それからほどなくして、彼はコミンテルンの最上層部に迎え入れられるとともに、スターリンの意思に従った党政治局の決定により、次回のコミンテルン第七回大会の準備を主導することになる。ブハーリンの失脚後、コミンテルンの運営は実質的にマヌイリスキー、ピャトニツキー、クーシネン、クノーリンからなる「四人組」が担っていたが、それに代わってディミトロフによる新たな指導体制が動き出すのである。

ディミトロフの登用は、ソ連外交と国際共産主義運動という表向き無関係な二つの領域をうまく使い分けながら自らの対外政策を遂行しようとする、従来の一貫したスターリンの姿勢を改めて示すものだった。西側で反ファシズムのアイコン的な存在となった非ロシア人をコミンテルンの新たな「顔」とすることが、リトヴィノフ外交の努力と相補的な面をもっていたのは明らかである。

とはいえ当時のスターリンには、これまでの極端なセクト主義から柔軟な方針へと移行するにしても、「社会ファシズム」の看板を完全に取り下げる考えまではなかった。ところが、ヨーロッパ諸国内の情勢の緊迫化は、現地の共産主義者と社会民主主義者とのあいだを急速に接近させる。

フランスでは、三四年二月初旬に右翼諸団体らが関わった激しい暴動が発生するなど、大恐慌による経済的混乱やドイツでのナチス政権誕生に影響を受けた反議会主義的な政情不安が深まった。そうしたなか、この事件をきっかけにして、危機感を共有したフランスの社会党と共産党の労働者たちが長年のわだかまりを乗り越え、ゼネストとデモを共同で実施するという動きを見せた。

ドリオ（1898～1945）トレーズとの抗争に敗れて共産党を除名されると，一転してファシストに変貌した．40年の独仏休戦協定後は，対独協力者として東部戦線に従軍．その後，パリ解放直前にドイツへと亡命するが，連合国の戦闘機による機銃掃射で死亡

さらに、他のヨーロッパ諸国と同様、大恐慌による混乱が深刻化するオーストリアでは、ナチズムとコミュニズムの双方に対して危機感を強めたキリスト教社会党政権がムッソリーニのイタリアをモデルに強権化を進めていた。そしてついに独裁体制が敷かれると、それに反対するオーストリア社会民主党の民兵組織が政権側と衝突する事態に発展する。

同国北部に位置するリンツで二月中旬から始まり各都市へと波及して数日続いた戦闘により、民間人を含む多数の死傷者が出た。結局、社会民主党の民兵側が敗北し、多くがチェコスロヴァキアにいったん逃れるなどしたが、その後、彼ら一行を迎え入れたのはソ連だった。五月上旬にはその第一陣がディミトロフと面会しており、これまでにない社共間の歩み寄りがはっきりと広がりを見せるようになる（Vatlin 2023）。

ところでフランスでは、二月半ばの左翼勢力の統一行動以降、そのまま社会民主主義者との協力を維持すべきかについて共産党内は大きく意見が割れた。スターリンに忠誠を誓って、三〇年代初頭にフランス共産党書記長に就いたモーリス・トレーズが率いる党指導部は、モスクワからの明確な指示がない以上、「階級対階級」戦術を踏襲しようとした。しかし、パリの北に位置し、フランス内でもとくに共産党支持の強固な土地であったサン゠ドニで市長を務める党内有力者ジャック・ドリオを中心に、党下部組織が指導部の方針に強く反発する。

そもそもドリオは、ナチスの脅威が高まった三三年以来、セクト主義からの転換の必要性を公然と党指導部に訴えた人物だった。さらに三四年初めにおこなわれた党中央委員会の会議では、中間層などの社会階層に対する動員がファシズム勢力に先んじられており、それを打開するためにも社会党の指導者たちとの「上からの統一戦線」の形成が急務である、とかなり突っ込んだ提案までしていた。しかもその直後の二月の暴動をきっかけとした社共間の統一行動の立役者も、ドリオにほかならなかった。彼はトレーズら党指導部が推進してきた極左路線の放棄を公言して、サン゠ドニを労働者による反ファシズム戦線の中心地にまとめあげたのである（ヴォルフ一九七二）。

トレーズとドリオの確執が極まり、党内が分裂状態に陥ったことを受けて、コミンテルンは四月下旬に二人を召喚する。しかしそれに応じたのはトレーズだけだった。ドリオはモスクワに行けば有無を言わさず旧来の極左路線に従うよう迫られると見たのだが、あにはからんや、ディミトロフから自説を曲げるよう促されたのはトレーズのほうだった。

ところで、ソ連崩壊後に公刊されたディミトロフの日記によると、トレーズとの面会の直前である五月初め、彼はスターリンから次のように言われたという。「人前に出る場所や方法、書きたいことは自分で決めなさい。他人に説得されてはならない。主要な問題だけを選ぶことだ」と（Dimitrov 2005）。

これは明らかにスターリンがディミトロフに対し、今後のコミンテルンの運営で独自の大きな裁量権を与えたと受け取れる発言と言える。オーストリア社会民主党の民兵たちやトレーズへの対応、さらにはディミトロフが来るコミンテルン第七回大会の報告を任されることになったのも同じ五月であったことを考えれば、ここが「階級対階級」からの変化を示す大きな節目であったことは間違いない。

そもそもディミトロフは、西欧ビューローの長としてベルリンで現地の政治動向をつぶさに観察していた当時すでに、共産党の偏狭なセクト主義の限界を認識し、社共間におけるより柔軟な共闘を目指すべきだとモスクワにも伝えていた（カー一九八六）。その後ナチスの虜囚を経て、スターリンから絶大な信任を与えられたコミンテルン指導者となった今、ようやく時宜を得て自らの懸案に取り掛かったのだ。

トレーズの飛躍

そのための重要な一歩が、七月初めにディミトロフがスターリンに提出した覚書である（『コミンテルン資料集』六）。これは次回のコミンテルン第七回大会で予定していた報告を作成するにあたり、ディミトロフがとりわけ重要な諸点について自らの考えを示したものだった。

まず彼はずばりと、「社会民主主義を十把一絡げに社会ファシズムと特徴づけるのは、正しいであろうか。こういう方針をとることによって、われわれは、社会民主党系の労働者に近づく道をしばしば自ら閉ざしたのである」と述べる。さらに、「統一戦線は下からのみ実現できるという方針を捨て去る必要がある。社会民主党指導部にも同時に呼びかけることはすべて日和見主義だとみなすようなことは、やめなければならない」などとも記した。

　これに対するスターリンの反応は、相変わらず「社会ファシズム」に対する敵意が深く滲んだものだった。たとえば前者については「指導部に関しては――正しい、しかし〝十把一絡げではない〟」、後者には「とはいえ、下からの統一戦線は基礎である」などと、覚書の余白に書きつけている（Dallin and Firsov 2000）。ディミトロフにコミンテルンの采配を託しつつも、スターリンは国際共産主義運動が進むべき道について未だ思い切れないところがあったのだ。

トレーズ（1900〜64）病死するまでの30年以上にわたってフランス共産党書記長を努め，一貫してモスクワに対する忠誠を維持した

　スターリンの逡巡《しゅんじゅん》にもかかわらず、ディミトロフは自身に与えられた裁量を十二分に発揮していった。もちろんそれは、「社会ファシズム」に対する反省がスターリンへの批判に結びつかないように慎重に進められた。また、ディミトロフ本人も述べているように、彼が第三期に特有のセクト主義を打破しようとしたのは、これまで獲得できてこなかった労働者たちに接近する道を開くためであった。したがって、反ファシズムを

掲げるとはいえ、広範な労働者階級を中心とする統一戦線が目指すべき最終的な到達点は、これまで通りプロレタリア独裁の実現にこそあったのである。

ところが、ヨーロッパの刻々と移り変わる情勢がこうしたディミトロフの前提を越えて進んでいく。とりわけ反ファシズムの中心地であり、なおかつ共産党勢力がヨーロッパで最大規模を誇るフランスが、これまでにない新たな統一戦線の出現の舞台となった。主役はトレーズだった。モスクワから戻った彼は当初、コミンテルンの指示に忠実に従って「階級対階級」から転換し、社会党との統一的な行動についての協定を取り結ぶ。しかし彼はそれにとどまらず、ブルジョア政党である急進党との全面的な協力まで模索しだすのである。

当時、急進党は、フランスの保守政権の一角に加わっていたが、左翼勢力との協力に前向きな動きも党内には見られた。そこでフランス共産党指導部は急進党の主流派に不満を持つ左派に接近することの許可をモスクワに求め、コミンテルン上層部はそれを認めた。コミンテルン側としては、あくまでも旧来の階級闘争の立場に基づき、ブルジョア政党内を分断することをフランス共産党に期待したのである（Firsov et. al. 2014）。

ところで、その頃のコミンテルン上層部内では、「階級対階級」からの転換をめぐって、ディミトロフをはじめとするマヌイリスキーやクーシネンらの路線変更派と、ピャトニツキーやクノーリンやクンらの守旧派との対立が存在した。こうした不一致は、スターリンの煮え切らない姿勢を反映したものとも言えた。そうしたなか、路線変更派からはヨーロッパ社会の中間層への接近が必要だとする声も上がるようになる。

ただその一方で、先に述べたように、路線変更派の筆頭であるディミトロフとしても、プロレタリア革命のために労働者を中心とする反ファシズム戦線を目指したのであって、階級闘争の追求自体は守旧派と共有するものだった。それゆえ、急進党の切り崩しについてのフランス共産党への指示は、路線変更派と守旧派ともに譲れない点だった。

ところが、トレーズが急進党の左派のみならず主流派に対しても協力するよう呼びかけ、しかもそれが全国民的な反ファシズム戦線の形成を訴えたものであったので、コミンテルン内で反発を惹き起こした。当然コミンテルンの指導者たちは、トレーズの動きにストップをかけようと試みる。しかし驚いたことに彼はそれを振り切り、急進党の党大会開催地にまで赴いて自説を改めて披露したのである。

言ってみれば、トレーズは「上からの統一戦線」へと舵を切るように尻を叩かれているうちに、ディミトロフもそこまでは考えていなかった一線をぽんと飛び越えてしまった。それは三四年二月の暴動を機にフランスで階級を越えた反ファシズムの機運が大きく高まっていた影響はもちろん、これまで政敵のドリオを支持してきた党員や労働者たちに強いリーダーシップを示す必要があったからだとも考えられる。

いずれにしても、反ファシズム戦線は、かつてのような労働者統一戦線ではなく、ブルジョアを含めた全国民的な統一戦線であるべきだというトレーズの主張は、やはり斬新であった。

それだけに、コミンテルン内では対応をめぐって意見が割れた。

しかし、結局のところ、この諍《いさか》いを最終的に収めたのは、スターリンであった。彼は三四年末までには決断を下し、トレーズが「人民戦線」と呼んだ新たな統一戦線の追求を承認した。前述した通り、すでにその頃までにドイツを含めた集団安全保障体制の模索が完全に行き詰まり、ソ連にとってはフランスとのドイツ包囲網の形成がなによりも優先すべき外交課題となっていた。仏ソ間の相互援助条約を結び維持していくためには、より左翼的な政権をフランスに築く必要があり、それには人民戦線というアプローチが有効だと、スターリンが考えたという可能性は充分にあるだろう（Firsov et. al. 2014）。

コミンテルン第七回大会

直後の一九三五年初め、コミンテルン執行委員会の政治書記局はスターリンの判断に従う決定をおこなった。こうして人民戦線がコミンテルンのスローガンとなり、さらには同年夏の第七回大会にてすべての共産党の公式路線として採択された。

見てきたように、人民戦線はスターリンが採用を決断したが、彼やソ連政府が発案し練り上げたものではなかった。あくまでもコミンテルンとその支部が主体となって生み出した政策であった。巨大な運動体であり官僚機構でもあるコミンテルンをめぐるさまざまな要素が渾然《こんぜん》と影響し合いながら、人民戦線政策が最終的に形づくられるに至ったのだ。

そうした意味でも、自ら作り上げた人民戦線政策への転換を世界に向かって宣言した第七回大会は、コミンテルンの存在感をこれまでになく示した画期的なものだった。六五の共産党とその代表五一三人を集め、前回から七年ぶりに三五年七月下旬から一ヵ月弱にわたっておこなわれた世界大会は、モスクワ中心部にある労働組合会館で開幕した。壇上の奥には、マルクス、エンゲルス、レーニンらと並んでスターリンの巨大な肖像が掲げられ、ソ連と国際共産主義運動の絶対的な指導者を讃える厳かな熱気のなかで議事が進行していった。

この大会の性格と、目指されるべき人民戦線の意義を最も明瞭に開陳したのは、やはりディミトロフの報告である（ディミトロフ一九五五）。彼は、いま世界の労働者たちに迫られているのは、プロレタリア独裁かブルジョア民主主義かではなく、ブルジョア民主主義かファシズムかの選択であると断じた。そのうえで、ブルジョア民主主義を守るには、共産主義と社会民主主義の垣根を越えたプロレタリアの連合に、農民やプチ・ブルジョアといった中間層との連合をも加えた、広範な人民による反ファシズム戦線の結成が求められている、としたのである。

ここには、プロレタリアートという一階級を社会変革の源泉とする、いわゆる「階級政党」としての伝統的な共産党のあり方から、より幅広い階級・階層をも取り込んでいこうという、ある種の「包括政党」への思い切った衣替えの意図がはっきりと示されている。しかし、「プロレタリアートの独裁」が事実上、当面の目標ではなくなったといえども、それが完全に否定されたわけでないことも、ディミトロフは強調する。あくまでも共産主義者としてのアイデンティティを失うことなく、将来の革命に備えつつ、ブルジョア民主主義の防衛に敢然と当たれ、という誠に矛盾し切った方針こそが、人民戦線戦術の本質であった。

それゆえ、ボリシェヴィズムの組織原理も引き続き何ら変更されなかった。結局のところ、社会民主主義者との協力は、かつて二〇年代の労働者統一戦線でぶち当たったのとまったく同じ問題を抱えるほかなかったのだ。しかし、それでもブルジョア民主主義の側に立つ包括政党としての装いを早替わりのごとく華麗にまとって反ファシズムの音頭を取ったことで、共産党はかつてないほど多方面の非共産主義者たちを惹きつけることに成功した。

たとえば、フランスでは党員数が爆発的に増加し、労働組合に対する影響力も大幅に強まった。また英米の大学などで学生のあいだに共産主義への関心が急速に広まっていったのも、顕著な表れのひとつだろう。

書記長のポストと個人書記局制の導入

第七回大会をきっかけとして、コミンテルンは活動面できわめて大胆な新方針を実践していくが、他方で組織面でも大きな変更が図られた。執行委員会に書記長のポストが設けられるとともに、これまでの地域書記局制を廃して新たに個人書記局制が導入されたのである。

実は、スターリンはモスクワにディミトロフを迎え入れた当時、コミンテルンの指導体制にかなり強い不満をもっていた。ディミトロフ日記の一九三四年四月七日の条には、スターリン

コミンテルン第7回大会で選ばれた書記たち 前列左からディミトロフ，イタリア共産党指導者パルミーロ・トリアッティ（1893～1964），ドイツ共産党幹部ヴィルヘルム・フローリン（1894～1944），王明（1904～1974），後列左からクーシネン（1881～1964），チェコスロヴァキア共産党指導者クレメント・ゴットワルト（1896～1953），ドイツ共産党指導者ヴィルヘルム・ピーク（1876～1960），マヌイリスキー（1883～1959）．毛沢東との権力闘争に敗れた王明は，中共中央委員の地位を維持したものの党内での影響力を失い，50年代半ばにソ連へ出国したまま戻ることなくモスクワで死去．クーシネンは，スターリンの大粛清を潜り抜け，フルシチョフ時代もソ連で要職を歴任した．スターリンに一貫して忠実に仕えたマヌイリスキーも大粛清を無事に生き残ったが，スターリン没後から数年して病死．

が、事実上のトップである「四人組」がいてもいなくても結局は自分が中心となって執行委員会総会の進行を決定するなど、コミンテルンの運営に直接携わらなくてはならないことに苛立《いらだ》ちを示した様子が記されている（Dimitrov 2005）。

スターリンとしては、「四人組」のリーダーシップ不足のために、世界中の共産党の指導に関わるコミンテルンの意思決定に自らがいちいち関与しなければならないことを、まったくの無駄だと認識していたのである。ソ連の国益に直結する問題だけに集中して面倒な手間をすべて省き、自分の意向が直ちに貫徹される効率的で機動的な組織であることをコミンテルンに求め、その実現をディミトロフに命じたわけである。

これ以降、スターリンの使者としての役割を負ったディミトロフは、コミンテルン執行委員会の肥大化した官僚機構の合理化と各国共産党指導部の強化を軸とする組織改革に着手していく。彼としても、コミンテルンが世界各地の共産党の活動を事細かにすべてにわたって監督することはそもそも不可能だと見ていた。そこで、モスクワからは忽《ゆるが》せにできない全般的かつ基本的な面での政治指導や支援をおこないつつ、日常の業務については各国党指導部の主体性に任せる体制を構築しようとした。

スターリンはこの方針を承認する一方で、新たな書記局制の導入やその人事案については自らの考えに沿って具現化した。ディミトロフが書記長、マヌイリスキーが書記のひとりに就くなど、人民戦線推進派で新指導部は固められた。

ちなみに当初スターリンは、ピャトニツキーも書記のひとりに加えようとしたが、ディミトロフやマヌイリスキーの強い反対にあって取り止めている（Firsov 2020）。ディミトロフらは、これまでコミンテルンの運営で中心的な存在であったピャトニツキーが引き続き大きな影響力をもつことを危惧し、スターリンの考えに逆らってまでも守旧派の完全な一掃にこだわったのである。

ところで、コミンテルンに議長職がなくなったことで、第三期のあいだはコミンテルン全体を統括する明確な代表者を欠いたまま、地域書記局制が運営されてきた。しかも、それら各書記局で内部を隅々まで取り仕切る責任者がいたわけでもなく、また全書記局を一元的に管理するあり方が整っていたわけでもなかった。

書記長と個人書記局の設置は、こうした状況を改善しようとするものだった。コミンテルンのトップとしての書記長に権限を集中させるとともに、書記に任命された各個人が書記長を支えつつ、責任をもって自ら担当する書記局を運営していく体制を目指したのである。もちろん、それら個人書記局にも管轄する地域があった。

たとえば、ディミトロフは書記長を務めるとともに、中国を受け持つ個人書記局を担当した。そのほか、マヌイリスキー書記局はフランスなど西洋諸国やその植民地、クーシネン書記局は日本やインドなどを受け持つなど、全部で九つの個人書記局が設置された。

なお、マヌイリスキー書記局のように、宗主国と植民地を併せて管轄する書記局が複数あるが、これはコミンテルン中枢が植民地の共産党への直接的な指導を放棄し、宗主国の共産党に委任する動きを示すものである。ヨーロッパや中国などソ連の国益にとってより重要な地域に集中することで、コミンテルンのスリム化を図ろうとする表れであった（栗原二〇〇五）。

こうしてスターリンは、自らの息のかかった側近を対象の組織に送り込むという得意のやり方を使って、コミンテルンをソ連の国益のために一層効率的に統治する仕組みを短期間のうちに作り上げた。強固なスターリン主義者の少数のリーダーたちにますます権力が集中し、「不在の支配人」とも評されるスターリンの意向を迅速に実現することを目指す、一層寡頭的な官僚機構としてのインターナショナルが姿を現したのだ。

ちなみにこれ以降、執行委員会総会は開催されなくなり、世界大会も第七回大会が最後となった。スターリンの希望は、この点でも叶えられたと言える。

フランス人民戦線

さて、このように大きく組織的な変貌を遂げたコミンテルンによって、人民戦線戦術は世界各地で本格的に実践されていった。そのなかでも、とりわけ政治的にも社会的にも大きな影響を惹き起こした場所は、この戦術の生まれ故郷フランスであった。

すでに一九三五年七月一四日の革命記念日に、フランス共産党が反ファシズムの政党や団体にデモの開催を呼びかけ、急進党も支持を表明したことで、人民戦線運動の機運が大きく高まっていた。そうしたなか、運動に参加する意思を示した諸組織が翌三六年五月に予定されていた総選挙に向けての共同綱領を取り結ぶまでに至る。

そして、この共同綱領を掲げた側が選挙で圧勝し、社会党のレオン・ブルムを首班とする人民戦線内閣が誕生した。結党以来初の大幅な議席増となった共産党は、閣外協力という形で連合政権に参加する。

あれほど敵意を燃やし続けてきたブルジョア政党や社会民主主義政党とともに、政権を担うことになったこのときほど、共産党の人民戦線戦術の輝かしい成果はなかったと言える。ところが、その栄光はごく短期間しか続かず、たちまちこの戦術がもとよりもつ矛盾が止めどなく噴出しだす。

というのも、やはりいくらフランス共産党が反ファシズム勢力側に加わって議会制を擁護しようとも、そのイデオロギー的な本質はなんら変わらなかったからである。モスクワの強固な軛につながれたままであり、また将来における革命の実現を放棄したわけでもない以上、社会党や急進党からの不信を完全に拭い去ることなどできるはずもなかった。共産党が人民戦線運動の波に乗り、これまで獲得できなかった民衆からの支持を集めれば集めるほど、連合相手の不信を買ったのだ。

さらに、総選挙直後に工場占拠をともなったストライキが自然発生的に発生し、フランスを席巻したことで、このジレンマはますます昂進《こうしん》した。空前の規模となったストは、中間層をひどく動揺させた。共産党は事態が過激化しないように努めたものの、フランス社会内の革命への強い恐怖心は人民戦線の紐帯に一層深刻なダメージを与えた。

そもそもコミンテルンは、ソ連を取り巻く安全保障上の要請を受けて人民戦線戦術を展開し、共産党を加えた左翼政権をフランスに樹立するというソ連側の希望を十全の形で実現した。しかし誠に皮肉なことに、これによって仏ソ間の緊密化を図ろうとしたにもかかわらず、結果としては両者の亀裂を深めるという正反対の事態が惹き起こされたのである。

スペイン内戦

人民戦線をめぐる光と影の激しいコントラストは、フランスの隣国でも世界中の注目を集めた。スペインの共産党は、フランスのそれに比べてまだまだ弱体ではあったものの、共和党や社会党などと人民戦線を組み、三六年二月の総選挙で右翼勢力を破ることに成功した。しかし僅差での勝利だったこともあり、直後から左右のあいだでの緊張が急速に高まっていく。

その年の夏以降、大規模なストライキやデモが続発し、それへの右翼側の反発も強まる。そうしたなか突如として、フランコ将軍ら軍の指導者たちが人民戦線政府に反旗を翻す。これをきっかけに、スペインは以後三年近くにわたる激しい内戦に突入した。

当時はすでに、ドイツがヴェルサイユ条約で禁じられていた同国西部のラインラントの再武装に着手するなど、ヨーロッパ情勢が緊迫の度合いをますます強めていたところだった。そこにヨーロッパの政治的分断を象徴するかのような軍事衝突がスペインで起こったのである。独伊が、反乱を主導した軍部の支援にすぐさま踏み切ったため、ファシズムをめぐる国際的な抗争としての意味合いをスペイン内戦は色濃く纏《まと》った。

フランスのブルム内閣がドイツを刺激することを恐れて、英政府とともに不干渉政策をとった一方で、ソ連政府は熟慮の末、九月末に共和国派つまり人民戦線政府側に対する軍事支援を開始する。その頃までにはスペイン全土で反乱軍側が優勢となっており、万が一そのまま人民戦線政府が潰えると、ヨーロッパの国際秩序にきわめて深刻な揺らぎが生じ、ソ連外交が追求してきた集団安全保障の枠組みが破綻することも充分にありえた。

したがってソ連としては、なんとか共和国を持ちこたえさせつつ、その間に英仏の姿勢を転換させ、集団安全保障を健全な形で機能させる必要があった。その目的のためのスペインへの大規模な介入を中心的に担ったのが、コミンテルンだった。すぐに世界中の支部を通じ、軍事経験のある労働者を募集してスペインへと派遣する取り組みに着手した。「国際旅団」と呼ばれる外国人部隊の設立である。

国際旅団の募集センターはパリに置かれ、フランス共産党やイタリア共産党の幹部らによって選別や採用がおこなわれた。ちなみに、ヨシプ・ブロズつまり「チトー」の名で知られる、のちのユーゴスラヴィア共産党最高指導者もこのときパリで活動し、スペインでも部隊を率いて戦った。内戦期間中にスペインに送られた外国人志願兵は、五三ヵ国から三万人以上にのぼったと見られる。各国の共産党員はもとより、多くの失業中の労働者や中流階級出身の若い知識人たちまでもが、世界をファシズムから救うという高揚した意識を燃え立たせてスペインの戦場へと大挙して渡っていったのである（ビーヴァー二〇一一）。

スペイン問題から中国問題へ

スペインの人民戦線は、実に多様な政治的志向をもつ諸集団から構成され、常に不安定かつ脆弱で分裂状態にあった。もともとアナーキズムの伝統の根強い土地柄でもあり、そこに共産主義者に率いられた巨大な一群が国境を越えてやってくれば、一層の政治的な摩擦を惹き起こすことは必定だった。

また、国際旅団とともに、ロシアから軍事顧問や諜報機関の要員なども多数送り込まれ、人民戦線政府やその軍に対する影響力を強めていった。それもトロツキストや無政府主義者らに強い警戒感を与えた。実際、ソ連とコミンテルンは、人民戦線内に苛烈なイデオロギー闘争を持ち込み、反ファシズム人民戦線の意味合いは根底から揺らぎだす。

もっとも、トロツキストや無政府主義者は戦争よりも革命を優先させようとしたために、同じ人民戦線内の自由主義者や社会主義者ら諸派からの反発も強かった。反乱軍を倒して共和国を維持するという目的に立てば、無謀な革命路線派を抑え込もうとする共産主義者の行動にも正当性があったと言える（マクダーマットほか一九九八）。

しかし、そのやり方はまったく尋常なものではなかった。とりわけトロツキストらはファシストの「手先」だとされ、スペインを救うにはその一掃が欠かせないとして、徹底した暴力による排除が進行していった。それは一九三七年五月のバルセロナにて頂点に達し、まさに「内戦の中の内戦」の様相を呈した。これほどまでに激しい同士討ちを演じれば、フランコの反乱軍を利するのは火を見るよりも明らかだった。事実、その後スペイン人民戦線が真に結束することはなかった。

スターリンは内戦に介入するに当たり、あくまでもブルジョア民主主義の側に立ち、プロレタリア革命の追求と受け取られるような行動は厳に慎むよう共産主義者たちに求めてきた。ソ連の国益からみて至極真っ当な判断と言えるが、そうした慎重な姿勢で臨んだにもかかわらず、トロツキストらに対する底なしの憎悪をスペインの地に解き放ったことで、すべてを台無しにしたのである。

スペインの人民戦線自体が内戦状態になって混乱を極めるなか、フランスの人民戦線も危機を迎えていた。スペインへの介入の是非などをめぐって急進党と共産党の対立がこれ以上なく深まり、政権は麻痺《まひ》状態に陥る。その結果、三七年六月にブルム内閣が総辞職し、フランスの人民戦線は一年足らずで大きく後退した。

フランスがスペインに介入する可能性とともに、仏ソ間の緊密化につながると期待された左翼政権そのものが潰えてしまったことは、スターリンの対外政策に本質的な変更を迫った。このままスペインに関与し続ければ、ソ連がドイツとの対立の前面に立たされかねなかった。ソ連は三七年後半に入ると共和国への軍事支援を大幅に削減するようになり、明らかにスペインから手を引き始めたのである。

また、政策の変化を促した要因のひとつは、極東の動きであった。三七年七月七日の盧溝《ろこう》橋《きょう》事件をきっかけに日中戦争が勃発したのだ。スペインとは異なり、ソ連と直接国境を接する中国にて、反共勢力としての日本の全面侵攻が始まったことにより、もはやヨーロッパでファシズム諸国と単独で向き合っていたずらに緊張を煽るメリットはどこにもなくなった。この時点でクレムリンにとっての喫緊の課題は、スペイン問題から中国問題へと移ったと言える。

苦難の中国共産党

もっとも、すでに満洲事変以来、日本が万里の長城以南への領土的野心を露わにした行動を取り続けてきたこともあり、ソ連とコミンテルンにとって中国は一貫して重要な地域であった。コミンテルン第七回大会を境にディミトロフが中国を単独で管轄する個人書記局を担ったのは、この地域を重視する姿勢をより鮮明にした組織改編だったと言える。

そしていまや、日中間で宣戦布告なき全面戦争が開始された。仮に中国が日本の手に落ちれば、ソ連を取り巻くパワー・バランスが大きく崩れることは必至だった。すでに前年の一九三六年一一月には、日本とドイツのあいだでコミンテルンの活動に対して共同で防衛することを謳った防共協定が結ばれており、東西から反ソ国家の脅威がはっきりと高まっていた。
ソ連の安全保障上の差し迫った事態に対処するために、当然のことながら中国共産党の存在意義が試されることになる。しかし当時、この党の置かれた状況はきわめて厳しいものであった。勢力を著しく落としていたうえに、中国内陸の陝西省《せんせいしょう》北部、荒涼とした黄土高原の奥深くに押し込められていたのである。

ここまでに至る中国共産党の変遷について少しばかり見ておこう。

二〇年代末の国共分裂後、中共は国民党政府からの激しい弾圧にさらされた。とくに都市部で壊滅的な打撃を受けたが、その一方で農村部に活路を見いだし、内陸各地に根拠地を設けた。そのうち最大規模のものが、長江南岸に位置する江西省《こうせいしょう》にあった。三一年一一月に瑞金《ずいきん》を首都として建国された「中華ソヴィエト共和国」である。

毛沢東（1893～1976）

同国の臨時政府主席に就いたのが、毛沢東だった。国共合作末期に中共による都市部での蜂起が失敗するなか、彼は党指導部に断ることなく自らの部隊を引き連れて湖南《こなん》・江西両省の境にある山間部に入り、その後は江西省南部に移って広大な面積の根拠地を築いた。

ところで、北伐が成果を上げていた二六年一一月当時、引き続き国共合作を維持しつつ、農民層への接近を図る方針をスターリンが示したことは先に触れた。実はちょうど同じ頃、毛沢東も中国国内の状況の観察から、農民運動の重要性を訴えていた。とりわけ、抑圧された農民のエネルギーを革命の原動力に変える必要があると主張した有名な報告（二七年三月）は、コミンテルン本部の目にもとまり、ブハーリンの絶賛を受けるほどだった。

中華ソヴィエト共和国の樹立は、こうした年来の毛沢東の思想を具現化するものであり、農民中心の革命という中国独特の共産主義運動の誕生を象徴するものだった。ところが、ゲリラ戦を主体としてできる限り自軍の温存を図る毛沢東のやり方に対して、積極的に打って出て大都市を奪取せよとする上海の党指導部からの圧力が強まり、毛は早々に軍事指揮権を取り上げられてしまう。また、ほどなくして党指導部自体が上海から移ってきたことで、彼は党内での影響力をさらに失った。

しかし結局、中国共産党は国民党軍の攻勢を凌《しの》げなかった。各地の根拠地は次々と崩壊し、中華ソヴィエト共和国も建国から三年ほどで消滅してしまった。それぞれの根拠地を脱出した党と、その軍隊である「紅軍《こうぐん》」は、ここから長く険しい逃避行の旅に出る。いわゆる「長征」である。国民党の攻撃を掻い潜り、多くの死傷者と脱落者を出しながら、最終的には約二年の歳月と一万二千五百キロメートルにものぼる距離を踏破し、陝西省の延安《えんあん》にたどり着く。

まさに命からがらと言ってよい長征の苦難の道行は、その一方で中国共産党の独自色を育んだ。というのは、モスクワとの無線での連絡が途絶したために、何事も自ら判断して行動せざるをえなくなったからである。

またその間、党指導部内の勢力図も塗り替わった。当初、上海から来たソ連留学経験のある幹部やコミンテルン代表が中心となって党中央を形成したが、実戦経験に乏しい彼らの指導に対する不満が党内で高まった。毛沢東はその機を逃さず、再び軍事指揮権を取り戻して権力の中心に返り咲いていくのである。

毛沢東らの紅軍第一方面軍が他の根拠地から出発した部隊に先駆けて陝北《せんほく》に到達したのは、一九三五年一〇月中旬のことであった。それから半年ほど経ってモスクワとの無線通信が再開され、コミンテルンによる監督が復活した。

とはいえ前述したように、ディミトロフは先のコミンテルン第七回大会を機に、各国支部に対する画一的で全面的な監督のあり方からの転換を図ったところであった。日常業務での大きな裁量を認めて現地党指導部の権限を強化するなど、各党が置かれた個々の事情にある程度配慮する方針に切り替わったことは、中国共産党にとって長征時に培った自立的な党運営を引き続きおこなえる余地を生んだと言える。

またそれとともに、毛沢東にもディミトロフの新方針は大きなメリットがあった。共産主義者として十月革命に深い敬意を示しつつも、徹頭徹尾ロシアの経験を範とするのではなく、より中国に適した革命戦略の実践という自らの本領を発揮することが可能になったからである。こうして中国におけるボリシェヴィズムの「土着化」がますます進行する。

　もちろん、コミンテルンとしては、ソ連の安全保障に関わるような重大案件については有無を言わさず介入した。たとえば、張学良《ちょうがくりょう》が蔣介石を拘束した「西安《せいあん》事変」をめぐる対応がある。二八年に暗殺された父・張作霖《ちょうさくりん》の跡目を継いで軍閥の領袖となった張学良は、満洲事変で拠点を追われたあと、蔣介石に命じられて陝北での対紅軍戦に当たっていた。しかし苦戦が続いたこともあって蔣介石の方針に不満を持つようになり、次第に共産党に接近し、ついには秘かに入党を願い出るまでになった。そうしたなか、彼は三六年一二月、司令部のある西安を視察に訪れた蔣介石を突如として監禁し、内戦をすぐさま止めて共産党と一致協力して日本と戦うよう迫るというクーデター騒ぎを起こすのである。

　毛沢東は張学良の行動を称賛し、すぐに蔣介石を人民裁判にかけるべきだなどと訴え、党内でも強硬策を支持する声が大勢を占めた。しかしそこにモスクワから待ったがかかる。ディミトロフは、あくまでも平和的な解決を図るよう強く求めたのだ。

　コミンテルン上層部はすでに事変前から、蔣介石ら民族主義者を含めた広範な人民戦線を築くことを基本方針としていた。中共はそれにしぶしぶ従って憎き蔣介石に共闘の呼びかけをおこなっていたところに、西安事変が発生したのである。これを機に積年の恨みを晴らそうとする中共側の動きをモスクワは即座に牽制し、国民党政府の弱体化によって日本を利することにならないように断固とした姿勢を示したのだった。

中国版人民戦線

結局、蔣介石は張学良の要求をおおむね受け入れて二週間ぶりに解放され、国共間の軍事衝突はいったん停止となった。その後、中共側の代表として周恩来《しゅうおんらい》が国民党政府との交渉にあたり、両者の協力のあり方について模索がなされるなか、日中戦争が勃発する。これを受けて、ようやく国共合作が約十年の時を経て再び姿を現す。フランスやスペインでの人民戦線が軒並み機能不全に陥るなか、中国での人民戦線の船出となったわけである。

中共は、国民党から武力弾圧の代わりに財政支援を受ける立場となり、息を吹き返すきっかけを得た。しかし毛沢東らは、共産党と紅軍が国民党政府の指導下に入って自立性を失うことに対しては断固として拒否し、兵力もできる限り温存しようとした。

その一方で、中共内には毛沢東らの姿勢に反対する者たちもいた。中共の駐コミンテルン代表を長く務め、一九三七年一一月にモスクワから飛行機で帰国し延安に入った王明《おうめい》を中心とするグループである。彼らは、兵力温存などもってのほかであり、ソ連防衛のためには国民党と積極的に協力して日本との戦いに全力を注ぐべきだ、という立場だった。

こうした両派の対立は、先に触れたような人民戦線戦術そのものが抱えた矛盾を体現したところがあったと言える。とはいえ、次第に王明が中共のトップであるかのように独善的に振る舞い、党内に不満が高まると、コミンテルン本部は中国での活動の経験に乏しい王明ではなく、毛沢東への支持をはっきりと打ち出した。

モスクワのお墨付きを得た毛沢東は、その地位を安定的なものにし、党と軍の自立性を重んじる自らの方針を着実に実践していく。それは日本軍と国民党軍との争いの背後で共産党の支配地域を確実に拡大させることに貢献し、日本敗戦後の国民党との対決に実に有利に働くことになるのである。

宋慶齢の真の役割

さて、そうした中共の自主と独立の傾向は、軍事や政治のみならず、たとえば外交などでも追求された。簡単には人を寄せつけない中国最奥部に拠点を置きながら、中共は国内のみならず諸外国の人びとと積極的に交流をもった。たとえば、米国人ジャーナリストのエドガー・スノウが密着取材をもとに有名な『中国の赤い星』を刊行できたのも、そうした中共の姿勢の表れであった。

ただし、こうした独自の動きでも、コミンテルンの資源を使って実行されていた側面があった。この点では、孫文夫人であり、蔣介石の義理の姉でもある宋慶齢《そうけいれい》に注目する必要がある。

彼女は、孫文が亡くなるとその遺志の継承者を自認し、共産党との協力維持に熱心な国民党左派の重鎮として活発な政治活動を始めた。中国社会での高い威光を発揮するとともに、堪能な英語を活かして欧米の知識人や文化人らとも幅広く交流した。スノウの陝北行きを手配するなど、中共と外部世界との結節点の役割を果たしたのである。

実は、彼女の有する国際的な発信力にいち早く目をつけたのが、ほかならぬミュンツェンベルクだった。彼はロシアの飢餓救済運動の次の展開として、中国における西洋列強の支配に対する反発の高まりを利用し、反帝国主義運動を組織化した。すなわち、一九二七年二月にベルギーのブリュッセルに世界中から多数の参加者を集めて設立された「反帝国主義・民族独立支持同盟」、通称「反帝同盟」である。このとき名誉議長にアインシュタインらとともに選出されたのが、宋慶齢だったのである。

これを機に宋慶齢は、ミュンツェンベルクのさまざまなフロント組織活動の常連となる。ただしアインシュタインのような、その他多くの著名な常連たちと彼女が異なるのは、ソ連・コミンテルンとの関係性である。彼女は、国共分裂後の二七年秋にソ連に亡命してから三一年夏に中国に帰国すると、上海で逮捕されたコミンテルンの情報工作員を救援する活動をおこなっている。おそらく、こうした活動の前後に、ソ連・コミンテル

宋慶齢（1893〜1981）孫文夫人．中国国民党政府の財政部長・孔祥熙の妻である姉の靄齢，蔣介石の妻である妹の美齢とともに，「宋家の三姉妹」として知られる．49年の中華人民共和国成立後に国家副主席に就任．世を去る直前に，中共党員として正式に認められるとともに「中華人民共和国名誉主席」の称号が贈られた

ン側と秘密の関係を取り結んだと見られるのである（佐々木二〇一六）。

実は、宋慶齢のソ連亡命受け入れ後、コミンテルン執行委員会東方書記局は、ロシア共産党政治局中国委員会の決定を受けて、宋慶齢を今後どのように利用するかの計画案を取りまとめている。それによれば、彼女に思想教育を施してソ連支持のより強固な意志を芽生えさせるとともに、将来的に次のような活動に利用することが提案された（Titarenko et al., vol. 3）。

反帝同盟を中国に設立する計画を提起し、最終的には彼女が主導的な立場で活動に参加することで、その広範な組織を共産党員の活動のためのある種の合法的な遮蔽として利用する可能性を確保する。

宋慶齢の類稀なる社会的影響力がもつ価値を見抜き、ミュンツェンベルクのフロント組織を通じた工作活動に用いる具体的な構想が早々に立ち上げられていたのだ。彼女がこうしたソ連・コミンテルン側の期待に大いに応えることになったのが、三一年六月に上海で発生したヌーラン事件である。

この事件は、コミンテルンの極東ビューローの一員でOMSの情報工作員でもあったイレール・ヌーランとその妻が上海共同租界の警察に逮捕され、彼らの住居からコミンテルンの内部文書が大量に押収された、というものである。これによって中国のみならず東南アジアなどにまで及ぶ秘密活動の実態が暴露されてしまい、コミンテルンはきわめて深刻な打撃を被った。すぐにミュンツェンベルクによってヌーラン夫妻を救援する国際キャンペーンが動き出し、ベルリンに「ヌーラン防衛委員会」なる組織が立ち上げられ、いつものように各界の著名人が動員されていった。そして彼はそれら著名人に呼びかけ、中国・上海に戻ったばかりの宋慶齢に宛ててヌーラン夫妻の釈放に協力を求める内容の電報を送らせるのである。

アインシュタインやロマン・ロランといった誰もが知る名の連なる電報を受け取った宋慶齢は、中国現地におけるヌーラン夫妻救援運動の指導者として組織的な活動を始める。彼女の周りには、魯迅《ろじん》や蔡元培《さいげんばい》といった中国の著名な文化人のほか、外国人たちも集って活動を支援した。そのなかには、赤軍情報部に属し、のちに日本での諜報活動で知られることとなるリヒャルト・ゾルゲや、あるいは米国人ジャーナリストでコミンテルンのエージェントとして活動していたアグネス・スメドレーなどもいた。

こうしてまさに、宋慶齢が主導する組織を「合法的な遮蔽として利用する」というあり方が形づくられていった。それはその後、ヌーラン夫妻救援運動をさらに発展させ、政治犯として囚われた中国共産党員の釈放などを国民党政府や租界当局に迫る組織活動でも同様であった。

近年機密解除されたコミンテルンの文書によれば、こうした活動において宋慶齢がコミンテルンからの指示を受けて動いていたことが明白である。たとえば、彼女は三三年四月に南京で勾留されていたある共産党員と面談しているが、前月に上海のOMS代表がコミンテルン本部に送った電報には、「われわれは宋夫人を南京へ派遣した」との文言が見える。また別の文書には、彼女が自らの組織活動に参加していたある人物についてトロツキストであると中国駐在のコミンテルン執行委員会代表に告発までしていたことが記されている（佐々木二〇一六）。

これまでも宋慶齢については、共産党員だったのか否かについて議論されてきた。しかし、インテリジェンスの観点からより重要なのは、実質的に彼女がいわゆる「エージェント・オブ・インフルエンス」(agent of influence)——自らの社会的影響力の行使を通じて標的の国家の政策や世論を秘密裏に誘導するタイプのエージェント——であったことである。こうした存在を使った工作活動は、冷戦期にソ連の諜報機関が多用したことで知られるが、宋慶齢はその先駆けだったと言えるのだ。

ただし、宋慶齢が共産主義勢力の秘密活動に自覚をもって協力していることは、ソ連・コミンテルンでもトップレベルでのみ共有されていたと考えられる。また、彼女自身に対しても、通常のエージェントとしての扱いではなく、特別の待遇が図られていたと見るのが妥当であろう。

三〇年代は欧米のみならず、中国の知識人のあいだでも共産主義への関心と支持が広がった時代であった。とくにコミンテルンが人民戦線へと舵を切ったことで、親共的な層はさらに拡大した。そうしたなか宋慶齢はモスクワから中共中央への活動資金の送付を秘かに中継するなどのほかに、自らの並々ならぬ社会的な影響力を行使してコミンテルンの活動に煙幕を張って中共に対する支援の環を確実に広げていった。その後押しが陰に陽にあったことで、中共も外の世界とつながることができたのである。

スターリンの大粛清

こうしてみると、コミンテルンの人民戦線戦術は各地各様の反応を惹き起こし、なかには将来につながる大きな成果を生み出した地域もあったと言える。

しかしその一方で、コミンテルン自体はきわめて深刻なソ連政治の嵐に巻き込まれていく。スターリンの「大粛清」が始まったのだ。彼は古参のボリシェヴィキ党員など将来的に自らの敵となりうる可能性をもつすべての人びとを余すことなく排除し、より若くより忠実な党員集団を形成しようとしたのである。

その動きは、スターリンの後継者とも言われていたセルゲイ・キーロフが一九三四年に暗殺された直後からすでにあった。三六年夏には、トロツキーと謀《はか》ってキーロフを暗殺したという、まったくのでっちあげの事実に基づいて見世物裁判がおこなわれ、ジノヴィエフやカーメネフらが死刑となる。

この年の一二月、ソ連の新憲法いわゆる「スターリン憲法」が制定された。これは、ソ連が社会主義建設を完了し、ついに階級対立のない社会を実現したとのスターリンの判断に基づいたものだった。秘密投票による直接選挙を認めたり、言論や出版の自由が盛り込まれたりするなど、新憲法は第一次五ヵ年計画から平時への引き戻し政策の到達点と言える内容であった。

しかし、こうした自由の促進は、ブルジョア民主主義に至るためのものでは毛頭なく、あくまでも最終的な共産主義社会を実現するための一途であった。それゆえ、ソ連内部は今まで以上に一枚岩であることが求められた。スターリンはレーニンと同様、緩和には緊張がともなうことを必須としたのだ。

すでに人民戦線戦術への移行によって諸外国の民主主義勢力との緊張緩和を実践していたコミンテルンにも、組織内部の強烈な引き締めが求められることになる。その開始の合図は、スターリン自身によって示された。モスクワで第二回の見世物裁判が実施され、スターリンの暗殺を目論んだとして、ラデックらが有罪判決を受けた直後の三七年二月中旬のことである。スターリンはディミトロフに対して、「コミンテルンにいる君たち全員が敵を助けるために働いている」と言い放ったのだ（Dimitrov 2005）。

やはりスターリンは、人民戦線戦術の採択の時点で、近い将来にコミンテルン内の「敵」を一掃する必要が到来することを見越していたものと思われる。というのも、コミンテルン第七回大会での組織改編で、彼の肝煎りで二人の人物が新たに執行委員に選ばれているからだ。すなわち、トリリッセルとエジョフである。前者は先に述べたように、ソ連の保安情報機関における対外活動の責任者である。後者も同機関員であり、ちょうど第一回モスクワ裁判のあとに内務人民委員に就任し、大粛清全体の指揮を執ることになる。

「大きな家」の没落

こうしてコミンテルン中枢の一角に保安情報機関の高官がしっかりと地歩を固めたうえで、コミンテルン党委員会や執行委員会人事部などと連携しながら大粛清が着手された。ディミトロフやマヌイリスキーらも率先して加担したが、そこには政敵たちを排除しようとする権力闘争もたぶんに反映されていたと見られる。ピャトニツキー、クノーリン、クンといった面々が次々と逮捕、銃殺されていき、コミンテルンの秘密の神経系たるOMSでも隅々まで排除が進行した。

もちろん各国共産党の内部にも粛清の嵐が容赦なく吹き荒れた。ただし、従来も指摘されてきたことだが、英米仏やチェコスロヴァキアといった合法下にある共産党に対しては、それらの国々の世論を過度に刺激しないように少数の逮捕者にとどまった。他方、非合法下にある共産党は悲惨の一言に尽きる。それは、非合法の共産党の活動家は現地当局に検挙された際に必ず敵に寝返っているに違いないと、粛清の執行者たちにみなされたからだとも言われている。

国外の共産党のなかで最も激しく弾圧されたのは、ポーランド共産党である。一九三七年中に数千人規模で逮捕・殺害されたのみならず、党自体を解体する秘密決議がコミンテルン執行委員会でなされた。スターリンはその報告を受けたときに、「決議は二年遅れた」と述べたという（Dallin and Firsov 2000）。

いずれにしても、コミンテルンは三七年から三八年にかけてのあいだ、とてつもない規模の大量逮捕と処刑あるいは強制収容所送りにさらされ、完全な機能不全に陥った。その後も、この痛手から充分に立ち直れたとは言いがたい。それほどの打撃であった。

スターリンにしてみれば、これは遅すぎた処置でしかなかった。言ってみれば、彼はようやく国際共産主義運動という厄介なレモンの実を渾身《こんしん》の力をかけて絞り切って余計なものを取り除き、自分のためにいかようにも使いうる純粋なエッセンスだけにしてしまったのである。ほんの数年前に人民戦線戦術を華々しく掲げた頃とは打って変わり、大きく力を落とし、もはや見る影もなくなったコミンテルンは、一九二二年以来拠点としてきた、あの四階建ての「大きな家」からも退去し、モスクワ北東部のロストキノ地区近郊のより小さな建物に移転せざるをえなくなった。

ところで、大粛清を主導したNKVD（内務人民委員部）が入る建物は、地名からとって通称「ルビャンカ」と呼ばれる。有名な「赤の広場」からさほど離れていないモスクワの中心部にあり、帝政時代に建築され、内部にNKVDの監獄を備える大きく壮麗な建物には、新たにもうひとつの呼び名が与えられることになる。「大きな家」である。それまで世界中の人びとを惹きつけて、まさに「大きな家」であったコミンテルンは、国際的な共産主義運動に携わってきた数多くの者たちを無慈悲に吸い込んだこの巨大なビルに、そのあだ名をも奪われたのである（Haslam 2016）。

第7章　夢の名残り——第二次世界大戦とその後

独ソ不可侵条約の衝撃

大テロルにようやく終局の兆しが現れるのは、一九三八年も後半になってからである。これまでスターリンの手足となって抑圧を実行してきたNKVDそのものに粛清の波が押し寄せ、上層部までもが入れ替えとなった。彼らは大量逮捕による甚大な社会的混乱の詰め腹を切らされたのだった。

スターリンが大粛清から常態への復帰を慎重に進めるなかで、ソ連の国防をめぐる潮目も大きく変わっていった。極東では、数年来続いていたソ連と満洲との国境紛争が激しくなり、三八年夏には日ソ両軍の大規模な衝突にまで発展した。これによって赤軍は日本軍以上の損害を被っている。

しかしソ連にとって極東以上に深刻だった場所は、ヨーロッパだった。三八年九月末、ドイツ・ミュンヘンに英国首相チェンバレンと仏首相ダラディエ、そしてムッソリーニとヒトラー

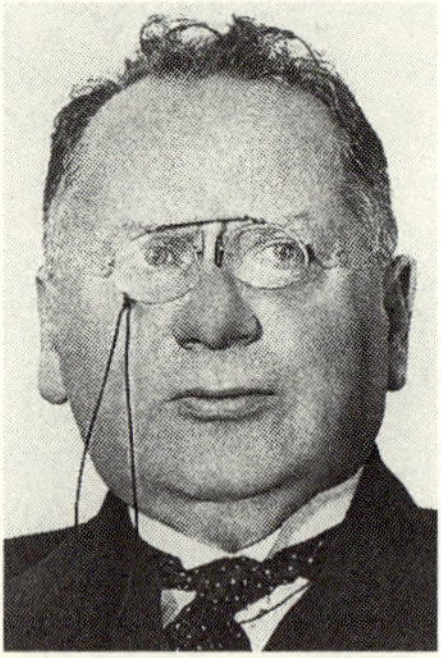

リトヴィノフ（1876～1951）ポーランドのユダヤ人家庭の生まれで，古参のボリシェヴィキ党員．39年5月に外務人民委員を解任されるが，独ソ戦の勃発を機に再び外交の舞台に復帰し，駐米大使などを務める．

が集まって国際会議が開かれ、ドイツ人住民が多数を占めるチェコスロヴァキア北部のズデーテン地方をドイツに割譲することが決定したのである。

ソ連を爪弾きにして開催された協議で、英米がヒトラーの強硬な要求を飲んでまでもドイツとの宥和を図ったことは、スターリンにリトヴィノフ外交の破綻を確信させた。彼の目には、かねてよりスラヴ系民族の奴隷化を公言して憚《はばか》らないヒトラーのためにソ連への道を英仏のブルジョアジーが掃き清めているとしか映らなかったのである。

ブルジョア民主主義とファシズムの一体性を改めて強く認識したスターリンであったが、赤軍が大粛清による混乱から回復するには相当な時間を要することが見込まれる以上、外交を通じて両者のあいだに楔を打ち込み時間を稼ぐほか手段がなかった。英仏との同盟の可能性を探りつつ、他方でドイツに対しても友好のシグナルを送るというわけである。その一端は、親西欧派のリトヴィノフを解任し、代わりに自らの最側近で親独派でもあるモロトフを外務人民委員に就けたことに表れた。

その後しばらくは、なんの進展も見られなかったが、ミュンヘン会談から一年ほど経った頃に事態が大きく動く。ポーランド侵攻を実行するにはソ連との協調が欠かせないと判断したヒトラーが、スターリンに歩み寄ったのである。ここから両国間で交渉が始まり、三九年八月二三日に独ソ不可侵条約の締結に至った。

これまで蛇蝎のごとくに憎しみ合ってきたと見られていたソ連とドイツが、突如として手を結んだニュースは瞬く間に世界中を駆け巡り、衝撃をもって受け止められた。多くの共産党員やシンパたちも例外ではなかった。ソ連とともに反ファシズムの旗を率先して掲げてきた彼らの幻滅は大きく、ソ連共産主義からの離反者が続出した。そのなかにはミュンツェンベルクのように、スターリンこそがファシストであると公然と楯突く者も現れ、反ファシズムの連帯の箍《たが》は木端微塵に吹き飛んだのである。

すでに大粛清によって死に体のコミンテルンにとって、独ソ不可侵条約の衝撃はダメ押しの一手となった。しかもコミンテルン上層部は、ソ連の指導者たちから条約締結について事前にきちんとした説明を受けていたわけではなく、国際共産主義運動が被るであろう悲惨な影響を予期していたようにも見受けられない。ディミトロフがこのたびの急旋回の意義とそれに伴うコミンテルンの新任務について、スターリンからようやく「訓示」を受けたのは、ドイツがポーランドに侵攻し、それに対して英仏が宣戦布告に踏み切ってからのことだった。

「なんの問題もない」

一九三九年九月七日、スターリンは、クレムリンでモロトフらとともにディミトロフと対面した。そこでまず彼は、この戦争は世界を再分割するために資本主義諸国が富める者と貧しき者との二つのグループに分かれて争っているものであり、両者が互いに潰し合って弱体化することなど「なんの問題もない」と評した（Dimitrov 2005）。

とくに、「ドイツの手によって、もっとも豊かな資本主義国（とりわけイギリス）の地位が揺らぐのは結構なことではないか」とし、「われわれは工作を施して、一方を他方にぶつけ、可能な限り激しく争わせることができる」と説いた。そうした意味で独ソ不可侵条約は、ドイツ側を助けて戦争へと急《せ》き立てるものであるが、「次はもう一方の側を急き立てることになるだろう」との見通しまで述べている。

そのうえでスターリンは、現状では、ドイツと対立している諸国の共産党員の役割は、これまで共通の敵であるファシズムと闘うために支持してきた自国のブルジョア政府に対して戦争反対を大胆に訴えることだとした。つまり、それらの国々の戦争努力を挫くために、人民戦線戦術を完全に放棄しろというわけである。いまや反ファシズムを掲げた広範な統一戦線を維持することは、「ブルジョアジーの立場に擦り寄ること」でしかないとまでスターリンは断じた。

同様に彼は、世界の労働者階級にも、帝国主義戦争をおこなう資本主義国家を徹底して批判するよう求める。今こそプロレタリア国際主義の現場へ伝えられるべき重要なメッセージは、ドイツを含め資本主義諸国はいずれも社会主義の敵ではあるものの、このタイミングで鉾《ほこ》を向けるべき相手をわきまえよ、ということであったのだ。

この会議から数日後、コミンテルン執行委員会は、スターリンの考えをそのまま反映させた指令を各国共産党に与えた。これによって、資本主義国家をファシスト国家とブルジョア民主主義国家に区別するのを止めて、再び第三期のようなセクト主義に逆戻りすることが迫られた。各共産党の指導部での受け止め方はさまざまだった。イギリス共産党のように激しい対立を惹き起こした場合もあったが、最終的にはモスクワからの指示に従った。すると途端に共産主義者の言説から、ファシズムやナチズムという語が消え失せたのである。

独ソ不可侵条約をめぐる顚末は、改めてコミンテルン本部と国外の共産党に対するソ連の支配力を見せつけた。ここにおいて、もはやボリシェヴィキのインターナショナリズムそれ自体が、スターリニズムと同義になり果てたと言えよう。コミンテルンはスターリンによって十年以上の歳月をかけて不断に侵食され続けた末に、ついにソ連の利益のためだけに純粋に奉仕する存在へと転化したのだ。

ジレンマに陥るソ連

スターリンは、第二次世界大戦の勃発によってソ連が中立的に振る舞える状況を最大限に活かし、自らに有利な国境線の引き直しに取り組んだ。まず独ソ不可侵条約の取り決めに従ってポーランドに侵攻し、西ウクライナと西ベラルーシを占領した。さらに、バルト三国にはソ連の軍事基地を設置する協定を受け入れさせた。

また同様にフィンランドにも軍事基地の設置や国境線の変更を申し入れたが拒絶されたため、一九三九年一一月末に戦争を仕掛けた（冬戦争）。そのときモスクワは、クーシネンを首班とする「フィンランド民主共和国」なる傀儡《かいらい》政権をフィンランド国内に樹立し、彼らにソ連からの軍事支援を求めさせることで、侵攻を正当化したのである。

当初の想定とは大きく異なり、赤軍はフィンランド側の粘り強い抵抗に遭って多くの死傷者を出したが、からくも勝利を得た。ソ連は翌年三月に結んだ講和条約に基づいて、ソ連第二の都市レニングラードにほど近く、かつてロシア帝国の支配下にあった地域などを手に入れた。しかし、この侵略でソ連は西側諸国から強い非難を受け、国際連盟からも除名となるなど、国際社会からの孤立を深める。

したがってソ連にとってドイツとの関係維持は一層重要なものとなり、それはコミンテルンの方針にも反映された。あくまでも第二次世界大戦勃発の責任は、先にドイツに宣戦布告した英仏側にあり、また彼らこそが独ソの両国民を友好から対立へと陥れようとする最大の敵だとする見方が強まっていく。そうした独ソ間の結びつきへの思い入れは、共産主義者をドイツ国内で合法的に活動させ、一致して英仏に対抗する広範な大衆運動を組織しようという、あまりにも現実離れした計画を真剣に検討させるほどだった（Firsov et. al. 2014）。

しかしながら、ドイツが破竹の勢いで進撃を続けると、モスクワにも不安が芽生えるようになる。とりわけ、四〇年五月にオランダ、ベルギー、ルクセンブルクに続き、フランスにもドイツ軍が侵攻して瞬く間に制圧したことは、将来の独ソ戦争がそれほど先ではないと予感させるに充分だった。

コミンテルン執行委員会はスターリンに諮ったうえで、フランスのナチス占領地域でのレジスタンス活動に共産主義者が参加する余地があることを慎重な形で示した。さらに四一年四月にドイツ軍がユーゴスラヴィアとギリシアにまで攻め込み、着実にソ連の領土に近づいてくると、スターリンとしてもそれらの地域でも対独闘争を正当なものとして認めるほかなくなるのである（マクダーマットほか一九九八）。

独ソ戦の勃発

そしてついに運命の日を迎える。

一九四一年六月二二日、ドイツ軍が突如としてソ連領に雪崩を打って侵入した。しかしスターリンはその事実をなかなか受け入れようとはしなかった。これまでも指摘されてきたように、彼はドイツ軍が東部方面に集結しておりソ連への攻撃が間近との報告を幾度も受けていたが、すべて取り合わなかった。ナチスがイギリスとの戦いに釘づけになっている状態で、ソ連との戦端を開くことはありえないと見ていたのである。

挑発に乗ってソ連側から手を出さない限り、戦争にはならないと信じ切っていたところに、ドイツ軍が猛烈な勢いで攻め込んできたため、スターリンは茫然《ぼうぜん》自失となった。この日の早朝、ディミトロフもクレムリンに緊急招集され、スターリンから状況を伝えられている。当時のソ連指導部の動揺と混乱の深さは、正午過ぎに国民に向けてラジオで開戦を知らせたのが、最高指導者のスターリンではなくモロトフであった一事からもうかがえよう。

緒戦でのスターリンは、ドイツ軍の猛攻に効果的な手をまったく打てず、精神的にも恐慌をきたした。一時は憔悴《しょうすい》しきって別荘に閉じこもり職務を放棄するまでに陥ったが、モロトフら側近たちが出向いて説得し、そこからどうにか平静を取り戻していくのである。

冷徹な現実主義者であるスターリンが、ドイツ軍の奇襲にうろたえて狂乱状態になるのも無理からぬところがあった。ナチスは西欧との戦争の動向とは一切関係なく、完全に別次元の戦争、つまり人種差別主義に基づく狂気のイデオロギー戦争をソ連に仕掛けたわけである。ヒトラーの行動に合理的な解釈を見いだすことは、スターリンに限らず困難であった。

いずれにしても、これまでにない戦争が六月二二日に姿を現したことで、世界は一変した。直ちにコミンテルンは、独ソ接近をおためごかしにも糊塗した「世界再分割」論を取り下げて、なりふり構わず再び反ファシズムの旗を掲げた。各国共産党に向けては、ドイツとの戦争に「ソヴィエトの全人民が動員されるように、われわれも動員されなければならない」とし、いまや「民族の自由」を勝ち取ることが重要であって、「個々の国における資本主義の打倒や世界革命を求めてはならない」と厳命する（Lebedeva and Narinskii, vol. 2）。

共産主義者の使命は大きく転回し、全精力を傾けてファシズムに対抗してソ連を防衛することとなった。以降、コミンテルンは各共産党と連携を取って、ドイツら枢軸国やその占領地域では敵後方の攪乱《かくらん》、一方ドイツらと対峙する連合国などではその政府と国民を支援して枢軸国との戦いに突き進ませることが、主たる任務となる。

ソ連諜報機関との関係強化

各国共産党への先の指令で強調された点のひとつに、情報の重要性がある。たとえば、戦時のプロパガンダの実施において用いるためだけではなく、ドイツ側に協力する裏切り者の動きを阻止するうえでも、各共産党によるさまざまな情報の収集が欠かせないと述べている。

実際、戦時中のコミンテルンはナチス占領地域などに向けてのプロパガンダ放送に力を入れた。ただし、国際的な領域での活動は、宣伝や対敵協力者のあぶり出しに限定されるものではなく、より広範かつ秘匿度の高い目的のためにもおこなわれた。それらは、ソ連の諜報機関との密接な協力のもとに進められたのである。

もちろん、以前からコミンテルンはソ連の諜報機関と協力していたが、独ソ戦の勃発は双方の結びつきをさらに強くした。とくに、ＮＫＶＤが各国の情報を得るためにコミンテルンの能力を求めるようになる。同部は主に一九三〇年代まではトロツキスト狩りに注力してきたこともあり、その間に他国の政治・外交・軍事に関わる諜報は赤軍情報部が中心に担った。コミンテルンも当初はそうした分野で後者と主に連携していたが、第二次世界大戦勃発以降、とりわけ独ソ戦の始まりとともに、NKVDとの関係が急速に深まっていく。

その最初の動きは、早くも四一年八月下旬に見られる。レニングラードにドイツ軍が迫るなか、NKVDの対外諜報部門の長がディミトロフを直接訪ねた。そのとき、双方の組織が「すべての領域における工作を強化するために諸外国との連絡面での接触や相互協力」について合意したのである。さらにその後、赤軍情報部の長ともディミトロフは会合を持ち、NKVDを含めた三者のあいだでの活動の調整などについて協議をおこなっている（Dimitrov 2005）。

コミンテルンは、執行委員会が各国の共産党との交信用に苦労して設置した無線局を使って、ソ連の諜報機関のために国外各地との通信を仲介するなどした。その一方、コミンテルン側も現地との連絡が取れなくなった場合などは、逆に諜報機関の連絡手段に依存することがあった。このように双方の資源を対等な形で使う場合もあったが、結局のところコミンテルンは人材の提供という面では、NKVDの下請けのような存在になっていく。ディミトロフ自ら、同部の高官たちの求めに応じて、諜報活動用の人材として各国の共産党員たちを手配するなどしたのである（Firsov et al. 2014）。

NKVDにとって、コミンテルンはまるで人材のプールであった。そこから現地の共産党員を調達して秘密の手足のごとく縦横に用いることができた。ただし、基本的にはそれら共産党員たちには、真の目的は伏せられた。つまりソ連の諜報機関のための活動とは知らされず、あくまでも自分の属する党のために働いていると思わされていたのである。こうした秘密保持のための実践は、世界のどの地域でも適用された。真実を知っていたのは、現地の共産党内では党首を含めごく少数の者たちに限られていたのである。

第二戦線を渇望して

いずれにしてもコミンテルンは、まさに危急存亡の瀬戸際にあるソ連のために、関係諸機関と協力しながら自らの持てる能力を最大限に活かそうとした。もちろん、戦時下で困難な状況に置かれている各国共産党のための活動も同時に進めなければならなかった。たとえば、ドイツら枢軸国の侵攻に対する抵抗運動をおこなっている地域への軍事支援は大きな課題だった。

なかでもユーゴスラヴィアでは、チトーの率いるパルチザン運動が現地住民からの支持を拡大していたこともあり、ディミトロフは彼らへの軍事支援の実施をスターリンに繰り返し求めた。しかしソ連としては自国の防衛で精一杯であり、他国の共産党に手を差し伸べる余裕はごく限られていた。

事実、一九四一年秋には、ドイツ軍がモスクワ近くまで迫ったため、ソ連の政府機能はウラル地方に疎開し、コミンテルン本部もバシキール自治共和国の首都ウファに一時移るなど、危機はいよいよ深まった。その後、なんとかモスクワの防衛はできたものの、依然として戦局全体でドイツ優勢は続く。ソ連の公式の統計によると、赤軍は四二年一月から一〇月までのあいだだけでも五五〇万人以上の死傷者や捕虜を出したとされ、尋常ではない損害を被りながらすんでのところで破局を免れていた（フレヴニューク二〇二一）。

この危機的な状況下、スターリンにとってなによりも重要な外交上のテーマは、英米ら連合国による第二戦線をヨーロッパに開かせることだった。ソ連は開戦直後から米国による大規模な軍事支援の恩恵を受けていたが、端からそれのみでドイツとの死闘を制しえないことは明白であった。一刻も早く西欧地域に援軍が上陸して新たな戦線を開き、ドイツ軍の戦力を分散させることが必要だったのである。

モロトフは四二年五月から英米を訪問するなどして第二戦線の確約を取りつけようとした。ソ連に不信感をもつチャーチル英首相と違って、ルーズベルト米大統領はその要望に前向きに応える姿勢を示した。しかし、それでも年内にヨーロッパで新たな戦線が開かれることはなく、スターリンは苛立ちを強めた。

そうしたなか、同年一一月から翌四三年二月にかけてのスターリングラードの攻防戦にて赤軍がドイツ軍を破ったことで、風向きが変わり始める。ソ連の底力を見せつけた輝かしい勝利は、これまで様子見を決め込んでなかなか第二戦線を開かない英米の認識を変えうる可能性をもっていた。

ちょうどその直後の四三年五月下旬、米国の大統領特使とスターリンとの会談が開催された。

実はこの米ソ間の協議の前に、スターリンは思い切った決断を下す。コミンテルンの解散である。

解散へ

どうやらソ連政府は、大統領特使の派遣について早い段階で摑んでいたようだ。しかも米国側が会談で提示しようと準備していた議題に、コミンテルンの解散を求める事項が含まれていることまで知っていたと見られる（Firsov 2020）。たしかに米国側とすれば、米ソ間の一層の緊密化を国民に納得させるうえで、悪名高いコミンテルンの存在は厄介な障壁であった。それゆえ、スターリンはすぐさまコミンテルンの解散に着手するよう部下たちに指示を出したと考えられるのだ。

実際、ディミトロフ日記の一九四三年五月八日の条によれば、この日の夜に彼とモロトフ、そしてマヌイリスキーとでコミンテルンの将来について話し合いがもたれた。議論の結果、「われわれは、共産党の指導センターとしてのコミンテルンは、現在の状況下において共産党の自主的な発展とその特別な任務の遂行の障害となると結論づけた」とし、「このセンターの解散についての文書を作成すること」と書きつけている。

その後すぐに、ディミトロフとマヌイリスキーは、執行委員会幹部会の名義でコミンテルン解散の決議案を作成し、幹部会を構成する各国共産党のリーダーたちのあいだで討議がなされた。もちろん、解散への強い反対は誰からも示されなかった。最終的にスターリンとモロトフら側近の面々たちが決議内容を完成し、五月二一日の政治局で可決となった。

スターリンはその政治局会議の場で、マルクスに始まりレーニンを経て現在に至るまでの経験は、単一の国際センターから世界各国の労働者の運動を指導するなど不可能であることを示していると指摘したうえで、次のように述べた（Dimitrov 2005）。

われわれはコミンテルンを創立したとき、自分たちの力を過大評価し、すべての国の運動を指導できると考えた。これはわれわれの誤りである。コミンテルンをこれ以上存続させることは、インターナショナルの理念そのものを貶めることになり、われわれはそれを望まない。

加えて彼は、決議文には含まれていないが、コミンテルンを解散する理由はもうひとつあるとする。すなわち、各国共産党をソ連のエージェントとみなす非難をうまくかわせるというのである。コミンテルン解散の手続きを急ピッチで進め、メディアでの公表を前倒しさせようとまで試みたスターリンにとって、やはり米国側の心証を速やかに改善することこそが肝要であったのである。

ちなみに、スターリンは四一年四月にもコミンテルンの解散に関して言及している。これはモスクワのボリショイ劇場での観劇のあとに開かれた会食の場でのことだった。彼は、アメリカ共産党を引き合いに出しながら、各国共産党を完全に独立させるべきだと述べた（Dimitrov 2005）。

実は、第二次世界大戦の勃発を機に米国は、外国の影響下にある組織への法的な規制を強め、それによってアメリカ共産党は合法的な地位を失いかねない状況になった。そこで四〇年一一月に、コミンテルンから同党を表向き離脱させる手段がとられた。

スターリンはこのときの判断をまったく正しかったと評価した。そのうえで、他の共産党もそれぞれの国の状況に合わせて、「自国民のなかに根を下ろし、自らの任務に集中すべき」だとした。さらに彼は、マルクスの時代からインターナショナルは国際革命が差し迫っているとの見方に基づいて創立されたが、今日は各国の民族的な課題のほうが前面に置かれているとする。そうした状況下でコミンテルンが存在することは、ブルジョアからの攻撃に格好の口実を与えるものでしかない以上、「昨日までのルールにしがみつくべきではない」と断じた。

このようにスターリンは、コミンテルン解散の必要性をはっきりと口にしていた。しかし、おそらく直後に独ソ戦が発生したこともあり、具体的な措置の検討は見送られたと考えられる。いずれにしても、彼は人民戦線戦術の破綻以降、ソ連にとってのコミンテルンの利用価値はますます下がり、むしろ有害な存在になったと見ていたのである。

その認識はたぶんに、大粛清と独ソ不可侵条約を経て各国共産党指導部がソ連の完全な従属物と化した現実の反映でもあった。言い換えれば、もはやコミンテルンという枠組みがなくとも、各党の忠誠心の向かう先が揺らぐことはないとの強い自信が、スターリンにあったと言えるだろう。

国際情報部の設置

かくしてコミンテルンの四半世紀におよぶ歴史に幕が下ろされた。

その後もソ連と英米とのあいだで外交的な駆け引きが続いたが、一九四三年一一月にこれら三ヵ国の首脳がテヘランで会談し、第二戦線を開くことが確認された。翌年六月に北フランスのノルマンディーにて上陸作戦が実施されるまで、ソ連は孤独な闘いを強いられるが、次第に国内各地でドイツ軍を圧倒するようになる。

四四年三月末には、ドイツの同盟国ルーマニアに侵攻し、そこから東欧やバルカン地域でもドイツ軍を次々と駆逐するまでになった。そしてついにドイツ本国へと赤軍は進み、四五年五月にベルリンを陥落させた。ここに四年におよぶ独ソ戦が終結したのである。

他方、その間コミンテルンはすでに解散したとはいえども、組織と活動の両面での継続性が完全に潰えはしなかった。ドイツとの戦いはもちろん、戦後を見据えれば、コミンテルンが培った人的なネットワークや活動のノウハウといったさまざまな資源をあっさりと捨て去ることはありえなかった。

たとえば、解散が正式に決定されたのと同時に、ソ連内にある各国共産党のビューロー組織は存続が決定している。また、各地の共産党との連絡やラジオを使った各国語による対敵プロパガンダ放送、外国語出版や通信社に関する業務、各国共産党員のための党学校などといった事柄も放棄するわけにはいかず、ロシア共産党中央委員会の管轄に移された。そしてこれらの分野を統括する専門機関が立ち上げられ、四四年七月に「国際情報部」として正式にスタートした（横手一九九五）。

新組織の事実上のトップに就いたのがディミトロフであったことを見れば、コミンテルンが姿を変えて活動を継続した側面があったのは間違いない。さらに、「第九九研究所」や「第一〇〇研究所」、あるいは「第二〇五研究所」などと称する秘密の組織も立ち上げられ、そこではコミンテルンの各部署を引き継いだ活動がおこなわれた。これらはとりわけ、中欧や東欧にソ連の勢力圏を確立するための機関としての役割を果たしたと見られる。

このようにコミンテルン解散にともなう組織改編は、インターナショナルが存続しているとの疑念を諸外国からもたれないように慎重に秘匿された。その一方で結局のところ、旧来の指導機関としての執行委員会を解体しつつ、コミンテルンの構成要素のほとんどをロシア共産党が引き継いだことで、国外の共産党に対するソ連の支配はよりシンプルかつ直接的な形で実現された。各国の共産党へのモスクワの影響力は、コミンテルン解散によって弱まるどころか一層顕著になったのである。

たとえばその一端は、米国に対する諜報活動の変化にも表れた。コミンテルン解散直後から ソ連保安情報機関は、それまでアメリカ共産党が運営していた諜報網を直接管理しようと乗り出す。もちろん同党側は抵抗したものの、結局その圧力に屈するほかなかったのである（佐々木二〇一六）。

コミンフォルムの創立

さて、コミンテルン解散という大胆な手を打って連合国に友好のシグナルを発したソ連は、ドイツ軍を駆逐した東欧地域に勢力圏を構築する際も、自らが国際革命の実践者ではないと示そうとした。

赤軍の力でナチス占領地域が「解放」されてソ連の影響下に入る以上、それが実質的な「革命戦争」の実行ではないかと疑われてしまう可能性は大いにあった。そこでソ連が採用したのが、人民戦線戦術の再現としての「人民民主主義」である。

ひといきに十月革命の再現を目指すのではなく、他の民主主義政党との協力を排除しないという方針は、国際情報部でも早々に掲げられた。東欧ではまずなによりもブルジョア中心の革命を完成させなければならないというわけである。また赤軍も戦争終結後の動員解除を比較的迅速に進め、現地の共産党による権力掌握を力ずくで後押しするつもりのないことを行動で示した。いずれにしても、こうした対応はスターリンが戦時中の同盟関係を戦後も引き続き維持しようと腐心した表れであった（マゾワー二〇一五a）。

ところが、ソ連と西側諸国との本質的なイデオロギー対立を回避することは、時間を追うごとに難しくなっていった。ソ連が東欧のみならず、イランやトルコ、さらにはギリシアにまでも影響力を拡大しようとしたこともあり、戦後秩序をめぐる双方のあいだの不信感は抜き差しならないものになっていく。すでに首相を退いていたチャーチルが、米国で有名な「鉄のカーテン」演説をしたのは、一九四六年三月のことである。それからちょうど一年後、トルーマン米大統領は共産主義に対する封じ込め政策を打ち出し、米ソを中心とする冷戦構造がはっきりと姿を現したのだった。

事ここに至ってスターリンは、東欧に対する関与のあり方を転換し、四七年九月に「コミンフォルム」（共産党・労働者党情報局）を創立した。東欧とフランスおよびイタリアの各党が参加して情報交換や活動を調整するための国際組織という建前であったが、実質はコミンテルンの縮小版であり、ソ連による東欧支配を確実にして西側に対抗しようとする意図をもっていたことは明らかだった。

コミンテルンの解散からわずか数年のうちに、再び露骨な形でスターリンのインターナショナルが姿を現した。創立会議では、スターリン得意の二分法に基づく新教義が側近の口から披露された。それは現在の世界を「帝国主義的反民主主義陣営」と「反帝国主義的民主主義陣営」の二つに分裂したものと見る、まったくもって伝統的な分類の再現であった。西側との積極的な闘争へ舵を切ったことで、必ずしもソ連をお手本にしなくともよいはずだった人民民主主義なる政治体制からは、柔軟な側面が急速に失われていった。そして一党独裁への志向という隠された地金が剝《む》き出しとなったのである。

スターリンとチトー、そして毛沢東

東欧地域の多くの共産党は、それまでの長年の権威主義政権下での弾圧やスターリンの大粛清、そしてナチスによる占領を経てほぼ壊滅状態だったところから、党勢を徐々に取り戻し拡大していった。一方で先に触れたように、ユーゴスラヴィア共産党は民衆のあいだに比較的早くからしっかりとした基盤を築くことに成功し、ドイツ軍に対する民族解放戦争を展開した。そしてヨーロッパでは唯一、ソ連に頼らず内発的に共産党一党による権力掌握を実現した。

それゆえ、チトーの党はコミンフォルム内のリーダー的な存在として相応しかったと言えるが、しかしながらそれ以上に彼らの自立心は旺盛だった。ユーゴスラヴィアの共産主義者たちは、アルバニアのみならず、ブルガリアやギリシアまでも含めた独自の勢力圏づくりを目指す一方で、ソ連が自国の内政問題に介入することも受けつけなかった。

社会主義への独自の道を追求しようとする姿勢は、スターリンの逆鱗《げきりん》に触れた。ユーゴスラヴィア共産党は、一九四八年六月にコミンフォルムから追放となる。しかし、それによって彼らが政権を失うことも、またスターリンが何度も送り込んだ刺客の手でチトーが暗殺されることもなかった。このことは、図らずもスターリンの力の限界を露呈した。

コミンテルン時代には、自力で革命を成功させた党はロシア共産党しか存在しなかったがゆえに、スターリンはその揺るぎない権威を最大限に活かせた。しかし、第二次世界大戦を経てロシア一強の国際共産主義運動のあり方は確実に変化を起こしていたのである。彼は自らが想定した「反帝国主義的民主主義陣営」なるものに、モスクワへの昔ながらの絶対的な服従が行きわたってはいないという現実に直面したのだ。

加えて、スターリンの外交政策は各方面で行き詰まりを見せた。たとえば、ドイツの西側区域で米国が通貨改革を実施したことに対抗しておこなった「ベルリン封鎖」では、西側諸国の強い反発を受けて早々に鉾を下ろす羽目になる。こうした数々の失点は、自らの権力基盤に傷をつけかねないため、彼はまたもや粛清を通じて自陣営内での巻き返しを図った。いまいちど恐怖の力でもってして、インターナショナルの箍を締め上げたのである。

チトー（1892〜1980）

その一方で、アジアではスターリンの立場を幾分か有利にするような事態が進行していた。日本の敗戦後に再開された国共内戦において、当初劣勢だった中共軍が四七年夏を境に反撃に転じて国民党軍を圧倒し始めたのだ。

翌四八年春には、毛沢東は勝利を間近なものと確信し、スターリンに訪ソしたいとの意向を伝えた。両者は無線で頻繁に連絡を取り合っていたものの、スターリンは格の違いを見せつけるかのように直接の面談の機会をなかなか認めようとしなかった。それでも将来にわたってソ連の協力が必須であることを疑わなかった毛沢東は、スターリンに対して一貫して恭順の姿勢を示し続け、ソ連訪問の時機を待った。

そして四九年一〇月の中華人民共和国建国の直後、毛沢東は晴れて念願のモスクワ行きを実現した。その二ヵ月に及ぶ滞在の最後に、中ソ友好同盟相互援助条約が締結され、両国が西側に対抗して軍事と経済の両面で密接に協力していくことが確認された。これによって毛沢東は党内での威信を一層揺るぎないものにしつつ、これから待ち受ける国家建設という大プロジェクトにソ連の力を借りて乗り出していく。

ソ連側にとっても、条約の意義は大きかった。世界最大の人口を有する地域が自らの陣営に正式に加わったことで、ロシア革命以来の強迫観念すなわち資本主義諸国という敵の群れに取り囲まれ孤立しているという抜きがたい意識からようやく解放されたのだ（フレヴニューク二〇二一）。かつてレーニンは、ヨーロッパに友邦が生まれると信じてインターナショナルを疾駆させたわけだが、結局、ロシアの孤立を破る友は西方ではなく東方から現れたのである。

分裂する「ヒュドラ」

こうして、ひとつの大きな首のほかは、押しなべて小さな首が集まった一体の「ヒュドラ」

であったコミンテルンが分裂し、それぞれに特徴のある個体が生まれ出ることになった。ソ連は東欧諸国の大半を衛星国として従えるとともに、いまや大きな首をもつ存在として成長してきた中国と手を取り、資本主義陣営に向かって確固とした勢力としてはじめて対峙できる可能性を得た。他方、ユーゴスラヴィアという小さな首ではあるが、自立してソ連に恭順しない厄介な存在も現れたのだ。

しかしそれらはいずれも、レーニンが創造したボリシェヴィキの組織原理をしっかりと受け継いだ者たちだったことに変わりはない。コミンテルンやコミンフォルムの枠組みは、各国共産党のあり方をロシアの党に合わせてきわめて厳格に形づくる「鋳型」のようなものだった。レーニンとスターリンはそのロシア製の鋳型に世界各地のマルクス主義者たちを入れて数十年にわたって激しく熱を加え続けた。結果、各国の共産党組織はときに壊滅的な状況に追い込まれつつも、ボリシェヴィキの組織原理を自らに刻み込むという点では目を見張るべき成果を上げた。

厳格な中央集権と鉄の規律を身に付けた集団として鍛えあげられたからこそ、他のイデオロギー集団に飲み込まれずに自らを保ち、権力の獲得と維持と独占に徹底的な集中を向けることができたと言える。しかしその革命モデルは、結局のところ国家を手に入れたうえで有無を言わせぬ強制力をもってして産業革命を惹き起こすというものであり、国家主導での資本主義の猛烈な追求でしかなかった。

スターリン時代に顕著なように、ありとあらゆるものを国有化し急激な工業化を図ったことで起こったのは、階級闘争の末の階級対立の解消などではなく、単に下の階級が上層へと移るという「ブルジョア化」であった。しかし、共産党がマルクスを始祖としてその夢見た世界の実現を目指そうとする存在である以上、ブルジョア化した社会に対する不満は簡単には消え去るものではなかった。だからこそ、スターリンは党員たちに「現実」を受け入れさせるべく、革命的なインターナショナリズムに対してあれほどまでの抑圧を加えたと言える。そこにかつてレーニンが前衛党を不可侵な存在とし、さらには国家やプロレタリアートと同一視までしたことの重大な帰結を読み取ることは難しくないだろう。

また改めて指摘するまでもなく、歴史の必然的な流れによって国家が消滅するとは微塵も考えず、国家の絶大な信奉者であり続けたのがスターリンである。その彼が、ソ連における国家資本主義を怒濤の勢いで推し進め、ついに一国での社会主義建設を完了したと宣言して以降、ますます世界革命の夢に対する冷淡さを露骨にしたのも当然であったのだ。

コミンテルン第七回大会を境に、ソ連に対する揺るぎない忠誠心と引き換えに各党の主体性が拡大されたのも、モスクワが世界中すべての共産党を全面的に指導するそれまでの方針の放棄を意味した。それとともに、ソ連の国益にとって重要な国の共産党に対しては引き続き積極的な関与がなされる一方で、それほど重要性のない国の党に対しては実質的に放置された。ただし、これによって欧米の植民地の共産党などのなかには、コミンテルンの枠外に押し出されるものが出てきたことで、単一の中心しかなかった共産主義世界に多元的な要素を芽生えさせることにもなった。

他方で、ソ連とコミンテルンが重視した諸党のなかからも、とりわけソ連がドイツとの死闘で身動きが取れなくなっているあいだに、さらに自立性を高めて社会主義への独自の道を探ろうとするものが現れるようになる。ユーゴスラヴィアや中国の党は、自前のしっかりとした軍事力を背景にして強い自意識を育んでいき、ついには自力で権力を獲得して共産主義世界に真に複数の中心が出現したことを知らしめた。

もちろん、中国共産党はソ連の権威に従って、コミンテルン時代以来のヒエラルキーを順守する姿勢を示した。しかし、一九五三年三月にスターリンが死去して以降、大きく事態は動く。新たなリーダーとして登場したフルシチョフが五六年二月にスターリン批判をおこない、権威の基盤は根底から揺らいだ。その変化は、のちの中ソ対立につながる火種をもたらす一方で、ソ連とユーゴスラヴィアを和解に向かわせた。フルシチョフ政権は、資本主義陣営との平和的な共存を模索する動きを見せるとともに、社会主義陣営内の緊張緩和に取り組む。これまでのようなソ連が強権的に社会主義諸国を縛り上げて一枚岩を演出するやり方から、社会主義の発展の道が多様であることを認める姿勢へ転換した。コミンフォルムは役割を終え、五六年四月に解散となった。

ここにインターナショナルのロシア的伝統と国際共産主義運動はひとつの終着点を迎えた。

もっともこれ以降も、社会主義国へのソ連の強硬な介入が揺り戻しのごとくなされたり、あるいはモスクワにて各国共産党の代表を集めた国際会議を開催して国際共産主義運動をめぐる意見の調整を図ろうとする動きが見られることもあった。

しかし、もはや共産主義世界の一体性の喪失を押しとどめることはできなかったのである。

あとがき

ちょうどこの「あとがき」を書いている二〇二四年一一月は、ドイツの東西分断の象徴だった「ベルリンの壁」が崩壊して三五年の節目となる。

この象徴的な事件を境に、東欧の共産主義政権が次々と倒れていき、ついにはソ連の崩壊にまで行き着いた。当時、私はまだ小学生であったが、世界を揺さぶる大きな変動がいままさに起こっていることを毎日のニュースを通じて感じたものである。

そのさなか、子供心に驚きとともに深く印象付けられたのは、ときに国家は崩壊する、という事実であった。もちろん、それまで歴史上の国々の盛衰について耳にしたことはあったものの、どこか自分とは切り離された遠くの世界の出来事でしかなかった。ところが、同時代に発生した一連の事態は、東アジアの島国に暮らす少年の心にもリアルな衝撃として迫った。いま思えば、そのときの「衝撃」が国際政治に対する関心を芽生えさせるとともに、国家なき理想社会を追求する国際的な共産主義運動の研究に向かわせた原点のひとつであった。

二〇一八年にコミンテルンの通史を書いてみないかというお誘いを引き受けたのも、こうした自分の原点にいま一度立ち返り、改めて真正面から共産主義と国際政治の関係について掘り下げてみたいと思ったからであった。また、前著『革命のインテリジェンス』でコミンテルンが長年にわたって実施した特殊なインテリジェンス活動の一端を論じたことをきっかけに、コミンテルンそのものへの関心が自分のなかで大きく高まっていたタイミングでもあったので、渡りに船とばかりに執筆に取り組んだ次第である。

とはいえ、重く大きなテーマを前にして、茫然と立ちすくむこともしばしばであった。コミンテルンの「エートス」に迫るような本質的な史論を試みたいという思いも重なってか、筆は遅々として進まず、脱稿までに想定以上の期間を要した。そうした産みの苦しみのなかで、世界的なパンデミックが巻き起こり、さらにはウクライナに対するロシアの全面侵攻などによって、国際社会が激しく揺さぶられる事態に思いがけず遭遇した。まるで韻を踏むかのように、百年の時空を超えて歴史が呼応する不思議な感覚を覚えながら原稿に向き合ったことは、感慨深いものがあった。そしてその体験が、等身大のコミンテルン像を描き出すという目的に向かって、最後まで自らを駆り立てる大きなモチベーションとなったように思えてならない。

もちろん、こうしていまようやく本書を世に問うことができるのも、多くの方々の協力があったからこそである。楊丹氏は執筆に関わるさまざまな面でサポートしてくださった。山添博史先生からは原稿について貴重なコメントを頂戴することができた。また、小谷賢先生にもひとかたならずお世話になった。ここですべてのお名前を挙げることはできないが、支えてくださった皆様に、この場を借りて御礼申し上げる。まさに世界史的なターニングポイントを迎えている今日、多くのお力添えを得て小論をまとめられたことに深く感謝したい。

ところで、現在における世界規模の変動の一側面と言えば、やはり近年のグローバル資本主義の発達であろう。その影響を受けて拡大する経済的な不平等に対して、巷間では繰り返し批判がなされてきた。しかし、問題を払拭しうる新たな社会のビジョンを具体的に提示し、その実現を追求しようとする機運自体は一般的にそれほど高まっているようには思われない。むろん、人間を取り巻く環境は、テクノロジーの未曽有の進展などによっても加速度的に激変を続けている。そのような状況にもかかわらず、当の人間自身が過去の時代から一貫して引き継いできた、自由と平等をめぐる課題に対してすら、主体的かつ創造的な姿勢で向き合えないでいる。そのことにこそ、現代社会の深い混迷が反映されているように感じられる。

実はそうした事態は、二〇世紀を通じて実践された壮大な「実験」の挫折が、その後の時代を生きる人びとの心性に与えた影響の一端なのかもしれない。もっとも、共産主義の系譜をひく政治体制を掲げる国家が少数ながら世界に存在することを思えば、いまだ「実験」は続いているとも言える。とりわけ、日本が位置する現在のアジア太平洋地域は、そうした国家がまるで吹き溜まりのように複数存在する稀有な場所である。それらの国々のうち最大の存在である中国は、いまや世界の覇権を競う超大国に成長した。また他方で、ロシアの昨今の動向もソ連時代からの連続性を念頭に置かなければ深く理解できないことは論を俟たないであろう。

本書が読者にとって、緊迫と混沌の度合いを高める現在の国際環境や人間社会に対峙して未来を見据えるための一助となることを切に願う。
最後になったが、本書の刊行まで伴走してくださった上林達也氏に深く御礼を申し上げる。なかなか原稿を仕上げない著者に対して、叱咤激励しつつ辛抱強く接してくださらなければ、本書はとうてい陽の目を見ることはなかった。ここに心から感謝の意を表したい。

二〇二四年一一月二日　比良の高嶺を望みながら

佐々木太郎

版社、2009）
楊奎松『中共與莫斯科的関係（1920〜1960）』（台北：東大図書公司、1997）
楊奎松『民国人物過眼録』（広州：広東人民出版社、2009）

主要図版出典

Ullstein bild／アフロ（コミンテルン第1回大会での議長団の面々、コミンテルン第7回大会で選ばれた書記たち）
akg-images／アフロ（コミンテルン第2回大会、ミュンツェンベルク）

地図作成

地図屋モリソン

University Press, 1996)
Richard Pipes, *Russia under the Bolshevik Regime* (New York: Vintage Books, 1995)
Robert Service, *Stalin: A Biography* (London: Macmillan, 2004)
Rodney Worrell, *George Padmore's Black Internationalism* (Kingston: The University of the West Indies Press, 2020)
Ronald Radosh et al., eds., *Spain Betrayed: The Soviet Union in the Spanish Civil War* (New Haven: Yale University Press, 2001)
Sabine Dullin et al., eds., *The Russian Revolution in Asia: From Baku to Batavia* (New York: Routledge, 2022)
Scott L. Montgomery and Daniel Chirot, *The Shape of the New: Four Big Ideas and How They Made the Modern World* (Princeton: Princeton University Press, 2015)
Silvio Pons, *The Global Revolution: A History of International Communism 1917-1991*, translated by Allan Cameron (Oxford: Oxford University Press, 2014)
Sophie Quinn-Judge, *Ho Chi Minh: The Missing Years, 1919-1941* (Berkley: University of California Press, 2002)
Stephen A. Smith, ed., *The Oxford Handbook of The History of Communism* (Oxford: Oxford University Press, 2014)
Stephen Kotkin, *Stalin: Waiting for Hitler, 1929-1941* (New York: Penguin Books, 2018)
Stephen Kotkin, *Stalin: Paradoxes of Power, 1878-1928* (New York: Penguin Books, 2015)
Tim Harper, *Underground Asia: Global Revolutionaries and the Assault on Empire* (Cambridge, Mass.: Yale University Press, 2020)
Tim Rees and Andrew Thorpe eds., *International Communism and the Communist International 1919-43* (New York: Manchester University Press, 1998)
Tom Lodge, *Red Road to Freedom: A History of the South African Communist Party 1921-2021* (Johannesburg: Jacana Media, 2021)
Ulyanovsky, ed., *Revolutionary Democracy and Communists in the East* (Moscow: Progress Publishers, 1990)
V. I. Pyatnitskii, *Osip Pyatnitskii i Komintern na Vesakh istorii* (Minsk: Kharvest, 2004)
V. N. Khaustov et al. eds., *Lubianka. Stalin i VChk-GPU-OGPU-NKVD: ianvar' 1922-dekabr' 1936* (Moscow: MFD, 2003)
William J. Chase, *Enemies Within the Gates?: The Comintern and the Stalinist Repression, 1934-1939* (New Haven: Yale University press, 2001)
Ya. S. Drabkin et al., eds., *Komintern i ideya mirovoy revoliutsii* (Moscow: Nauka, 1998)
尚明軒主編『宋慶齢年譜長編（1893-1981）』上・下（北京：社会科学文献出

Intelligence (Oxford: Oxford University Press, 2016)
Karl Kautsky, *The Dictatorship of the Proletariat*, translated by H. J. Stenning (Manchester: National Labour Press, undated)
Kasper Braskén, *The International Workers' Relief, Communism, and Transnational Solidarity: Willi Münzenberg in Weimar Germany* (Houndmills: Palgrave Macmillan, 2015)
Kevin McDermott and John Morison, eds., *Politics and Society under the Bolsheviks: Selected Papers from the Fifth World Congress of Central and East European Studies, Warsaw, 1995* (Houndmills: Palgrave Macmillan, 1999)
Leon Trotsky, *The Trotsky Papers 1917-1922*, vol. I-II, edited by Jan M. Meijer (The Hague: Mouton, 1964-71)
M. Alekseev, *Sovetskaya voennaya razvedka v kitae i khronika "kitaiskoi smuty" (1922-1929)* (Moscow: Kuchkovo Pole, 2010)
Manuel Caballero, *Latin America and the Comintern 1919-1943* (Cambridge: Cambridge University Press, 2002)
Melanie Ilič, ed., *Stalin's Terror Revisited* (Houndmills: Palgrave Macmillan, 2006)
Mia Roth, *The Communist Party in South Africa: Racism, Eurocentricity and Moscow* (Johannesburg: Partridge books, 2016)
M. L. Titarenko et al., eds, *VKP(b), Komintern i Kitai Dokumenty*, vol. 1-5 (Moscow: AO "Buklet"/Rosspen, 1994-2007)
Neils Erik Rosenfeldt, *The "Special" World: Stalin's power apparatus and the Soviet system's secret structures of communication*, vol. 1-2 (Copenhagen: Museum Tusculanum Press, 2009)
Neils Erik Rosenfeldt et al., eds., *Mechanisms of Power in the Soviet Union* (London: Macmillan Press, 2000)
Nigel West, *Mask: MI5's Penetrations of the Communist Party of Great Britain* (New York: Routledge, 2005)
Norman E. Saul, *Friends or Foes?: The United States and Soviet Russia, 1921-1941* (Lawrence: University Press of Kansas, 2006)
Norman LaPorte et al., eds., *Bolishevism, Stalinism and the Comintern: Perspectives on Stalinization, 1917-53* (Houndmills: Palgrave Macmillan, 2008)
N. S. Lebedeva and M. M. Narinskii, *Komintern i Vtoraya Mirovaya Voina*, vol.1-2 (Moscow: Pamyatniki Istoricheskoy Mysli, 1994-98)
Oleg V. Khlevniuk, *Master of the House: Stalin and His Inner Circle*, translated by Nora Seligman Favorov (New Haven: Yale University Press, 2009)
Raya Dunayevskaya, *Philosophy and Revolution: From Hegel to Sartre, and From Marx to Mao* (Lanham: Lexington Books, 2003)
Richard Crossman, ed., *The God That Failed* (New York: Columbia University Press, 2001)
Richard Pipes, ed., *Unknown Lenin: From the Secret Archive* (New Haven: Yale

Brigitte Studer, *Travellers of the World Revolution: A Grobal History of the Communist International*, translated by Dafydd Rees Roberts (London: Verso, 2023)
Brigitte Studer, *The Transnational World of the Cominternians* (Houndmills: Palgrave Macmillan, 2015)
Bruce A. Elleman, *Diplomacy and Deception: The Secret History of Sino-Soviet Diplomatic Relations, 1917-1927* (New York: M. E. Sharpe, 1997)
Christopher Andrew and Vasili Mitrokhin, *The Mitrokhin Archive*, vol. I-II (London: Penguin Press/Allen Lane, 2000-2005)
Darren Webb, *Marx, Marxism and Utopia* (New York: Routledge, 2019)
David McKnight, *Espionage and the Roots of the Cold War: The Conspiratorial Heritage* (London: Frank Cass Publishers, 2002)
David R. Shearer and Vladimir Khaustov, *Stalin and the Lubianka: A Documentary History of the Political Police and Security Organs in the Soviet Union, 1922-1953* (New Haven: Yale University Press, 2015)
Donald Sassoon, *One Hundred Years of Socialism: The West European Left in the Twentieth Century* (London: I. B. Tauris, 1996)
Emilio Gentile, *Mussolini contro Lenin* (Bari: Laterza, 2017)
Fernando Claudin, *The Communist Movement*, vol. I-II, translated by Francis MacDonagh (New York: Monthly Review Press, 1975)
Francis King and George Matthews, ed., *About Turn: The British Communist Party and the Second World War* (London: Lawrence & Wishart, 1990)
Fridrikh I Firsov, *Komintern: pogonya za prizrakom. Pereosmysleniye* (Moscow: Airo-XXI, 2020)
Fridrikh I Firsov et al., *Secret Cables of the Comintern, 1933-1943* (New Haven: Yale University Press, 2014)
Fridrikh I Firsov, *Sekretnye kody istorii Komintern 1919-1943* (Moscow: Airo-XXI, 2007)
Georgi Dimitrov, *Journal 1933-1949* (Paris: Belin, 2005)
G. M. Adibekov et al., ed., *Politburo TsK RKP(b)-VKP(b) i Komintern, 1919-1943. Dokumenty* (Moscow: Rosspen, 2004)
G. M. Adibekov et al., *Organizatsionnaia Struktura Kominterna 1919-1943* (Moscow: Rosspen, 1997)
Hiroaki Kuromiya, *Stalin, Japan, and the Struggle for Supremacy over China* (New York: Routledge, 2023)
Hiroaki Kuromiya, *Stalin* (New York: Routledge, 2013)
Igor Damaskin, *Stalin i Razvedka* (Moscow: Veche, 2004)
Iosif Linder and Sergei Churkin, *Krasnaia Pautina: Tainy razvedki Kominterna. 1919-1943* (Moscow: Ripol Klassik, 2005)
Jonathan Haslam, *The Spectre of War: International Communism and the Origins of World War II* (Princton: Princton University Press, 2021)
Jonathan Haslam, *Near and Distant Neighbours: A New History of Soviet*

の逆説』（九州大学出版会、2021）
李優大「ソヴェト・ロシアの対イラン外交の始まり」『国際政治』201, 2020.
ルイ・アルチュセール（河野健二ほか訳）『マルクスのために』（平凡社、1994）
ルイ・アルチュセール（西川長夫訳）『レーニンと哲学』（人文書院、1970）
ルイス・J・ハレー（太田博訳）『歴史としての冷戦』（サイマル出版会、1970）
ルート・フィッシャー（掛川徹訳）『スターリンとドイツ共産主義　ドイツ革命はなぜ挫折したのか』（編集工房 朔、2019）
ルート・フォン・マイエンブルク（大島かおり訳）『ホテル・ルックス　ある現代史の舞台』（晶文社、1985）
レーニン（和田春樹編訳）『レーニン・セレクション』（平凡社、2024）
レーニン（宇高基輔訳）『国家と革命』（岩波書店、1957）
レーニン（村田陽一訳）『国家論ノート』（大月書店、1972）
『レーニン全集』第22、24、28、30、31、33、36、38巻（大月書店、1957-61）
ロバート・サーヴィス（山形浩生／守岡桜訳）『トロツキー』上・下（白水社、2013）
ロバート・サーヴィス（三浦元博訳）『情報戦のロシア革命』（白水社、2012）
和田春樹『歴史としての社会主義』（岩波書店、1992）
和田春樹、G・M・アジベーコフ監修（富田武／和田春樹編訳）『資料集 コミンテルンと日本共産党』（岩波書店、2014）

外国語文献

Alastair Kocho-Williams, *Russian and Soviet Diplomacy, 1900-39* (Houndmills: Palgrave Macmillan, 2012)
Alexander Dallin and F. I. Firsov, eds., *Dimitrov and Stalin 1934-1943: Letters from the Soviet Archives* (New Haven: Yale University Press, 2000)
Alexander Vatlin, *Utopiya na marshe: Istoriya Kominterna v litsakh* (Moscow: Rosspen, 2023)
Alexander Vatlin, *Komintern: Idei, resheniya, sud'by* (Moscow: Rosspen, 2009)
Alexandre Bennigsen and S. Enders Wimbush, *Muslim National Communism in the Soviet Union: A Revolutionary Strategy for the Colonial World* (Chicago: The University of Chicago Press, 1979)
Anne Garland Mahler and Paolo Capuzzo, eds., *The Comintern and the Global South: Global Designs/Local Encounters* (New York: Routledge, 2023)
Barry McLoughlin and Kevin McDermott, eds., *Stalin's Terror: High Politics and Mass Repression in the Soviet Union* (Houndmills: Palgrave Macmillan, 2003)
Bernhard H. Bayerlein et al., eds., *Moscou-Paris-Berlin: Télégrammes chiffrés du Komintern (1939-1941)* (Paris: Tallandier, 2003)

的場昭弘『「革命」再考　資本主義後の世界を想う』(KADOKAWA、2017)
的場昭弘『フランスの中のドイツ人　1848年革命前後の移民、亡命者、遍歴職人と社会主義運動』(御茶の水書房、1995)
『マルクス＝エンゲルス全集』第7、16、17、19、33巻(大月書店、1964-73)
丸山敬一編『民族問題　現代のアポリア』(ナカニシヤ出版、1997)
ミシェル・ヴィノック(大嶋厚訳)『フランス政治危機の100年』(吉田書店、2018)
水谷三公『ラスキとその仲間　「赤い三〇年代」の知識人』(中央公論社、1994)
モーリス・メルロ＝ポンティ(滝浦静雄ほか訳)『弁証法の冒険』(みすず書房、1973)
山内昭人『第3インタナショナルへの道　リュトヘルスとコミンテルン創設』(九州大学出版会、2021)
山内昭人『戦争と平和、そして革命の時代のインタナショナル』(九州大学出版会、2016)
山内昭人『初期コミンテルンと在外日本人社会主義者　越境するネットワーク』(ミネルヴァ書房、2009)
山内昭人「初期コミンテルンとシベリア・極東」『史淵』144, 2007.
山内昭人『リュトヘルスとインタナショナル史研究　片山潜・ボリシェヴィキ・アメリカレフトウィング』(ミネルヴァ書房、1996)
山内昌之『中東国際関係史研究　トルコ革命とソビエト・ロシア 1918-1923』(岩波書店、2013)
山内昌之『納得しなかった男　エンヴェル・パシャ 中東から中央アジアへ』(岩波書店、1999)
山内昌之『イスラムとロシア　その後のスルタンガリエフ』(東京大学出版会、1995)
山内昌之『神軍 緑軍 赤軍　ソ連社会主義とイスラム』(筑摩書房、1988)
山内昌之『スルタンガリエフの夢　イスラム世界とロシア革命』(東京大学出版会、1987)
ユルゲン・コッカ(山井敏章訳)『資本主義の歴史　起源・拡大・現在』(人文書院、2018)
横手慎二『スターリン「非道の独裁者」の実像』(中央公論新社、2018)
横手慎二「ソ連共産党中央委員会国際部の形成1943-57」『法学研究』68(2), 1995.
吉村慎太郎「イラン・1921年クーデターの再検討」『歴史学研究』566, 1987.
ラーズ・リー、オレーグ・ナウモフ、オレーグ・フレヴニュク(岡田良之助／萩原直訳)『スターリン極秘書簡　モロトフあて・1925年-1936年』(大月書店、1996)
ラーヤ・ドゥナエフスカヤ(三浦正夫／対馬忠行訳)『疎外と革命　マルクス主義の再建』(現代思潮社、1966)
リチャード・オヴァリー(加藤洋介訳)『夕闇の時代　大戦間期のイギリス

主要参考文献

林健太郎『ワイマル共和国　ヒトラーを出現させたもの』(中央公論社、1963)
原田昌博『ナチズム前夜　ワイマル共和国と政治的暴力』(集英社、2024)
阪東宏『歴史の方法と民族』(青木書店、1985)
ハンナ・アーレント(森一郎訳)『革命論』(みすず書房、2023)
平井俊彦監修、京大社会思想研究会編『再構築する近代　その矛盾と運動』(全国日本学士会、1998)
廣松渉『マルクスと歴史の現実』(平凡社、1999)
廣松渉『今こそマルクスを読み返す』(講談社、1990)
福田歓一(加藤節編)『デモクラシーと国民国家』(岩波書店、2009)
フランソワ・フュレ(楠瀬正浩訳)『幻想の過去　20世紀の全体主義』(バジリコ、2007)
ブランコ・ラジッチ、ミロラド・M・ドラチコヴィチ(菊地昌典監訳)『コミンテルンの歴史』(三一書房、1977)
フランチェスコ・ニッティ(田中力訳)『ボルシェビズムとファッシズムと民主主義』(日本評論社、1933)
フランツ・ボルケナウ(佐野健治／鈴木隆訳)『世界共産党史』(合同出版、1973)
フリードリヒ・エンゲルス(粟田賢三訳)『反デューリング論　オイゲン・デューリング氏の科学の変革』下(岩波書店、1966)
ヘーゲル(加藤尚武監訳)『イェーナ体系構想　精神哲学草稿1(1803-04年)・精神哲学草稿2(1805-06年)』(法政大学出版局、1999)
『ヘーゲル全集』第4、5巻(岩波書店、1971-79)
星乃治彦『赤いゲッベルス　ミュンツェンベルクとその時代』(岩波書店、2009)
ボリス・スヴァーリン(江原順訳)『スターリン　ボルシェヴィキ党概史』上・下(教育社、1989)
マーク・マゾワー(井上廣美訳)『バルカン　「ヨーロッパの火薬庫」の歴史』(中央公論新社、2017)
マーク・マゾワー(中田瑞穂／網谷龍介訳)『暗黒の大陸　ヨーロッパの20世紀』(未来社、2015a)
マーク・マゾワー(依田卓巳訳)『国際協調の先駆者たち　理想と現実の200年』(NTT出版、2015)
マーク・マゾワー(池田年穂訳)『国連と帝国　世界秩序をめぐる攻防の20世紀』(慶應義塾大学出版会、2015)
マイケル・ホダルコフスキー(山内智恵子訳)『ロシアの二〇世紀　100の歴史の旅』(藤原書店、2023)
マクシミリアン・リュベル(ジョゼフ・オマリー／キース・アルゴージン編訳、角田忠幸訳)『マルクスへ帰れ』(こぶし書房、2010)
松戸清裕ほか編『ロシア革命とソ連の世紀』第1～5巻(岩波書店、2017)
的場昭弘『マルクスを再読する　主要著作の現代的意義』(KADOKAWA、2017)

シモーナ・コラリーツィ（村上信一郎監訳）『イタリア20世紀史　熱狂と恐怖と希望の100年』（名古屋大学出版会、2010）
下斗米伸夫『ソビエト連邦史 1917-1991』（講談社、2017）
ジョージ・F・ケナン（尾上正男ほか監修）『レーニン、スターリンと西方世界　現代国際政治の史的分析』（未来社、1983）
「初期コミンテルンと東アジア」研究会編著『初期コミンテルンと東アジア』（不二出版、2007）
ジョナサン・スパーバー（小原淳訳）『マルクス　ある十九世紀人の生涯』上・下（白水社、2015）
ジョレス・メドヴェージェフ、ロイ・メドヴェージェフ（久保英雄訳）『知られざるスターリン』（現代思潮新社、2003）
ジョン・アール・ヘインズ、ハーヴェイ・クレア（中西輝政監訳）『ヴェノナ　解読されたソ連の暗号とスパイ活動』（扶桑社、2019）
沈志華編（熊倉潤訳）『中ソ関係史』上・下（東京大学出版会、2024）
『スターリン全集』第1巻～13巻（大月書店、1952-53）
関嘉彦『社会主義の歴史Ⅰ　フランス革命から十九世紀末へ』（力富書房、1984）
関嘉彦『社会主義の歴史Ⅱ　十九世紀末から現代へ』（力富書房、1987）
高橋清治『民族の問題とペレストロイカ』（平凡社、1990）
高橋伸夫『中国共産党の歴史』（慶應義塾大学出版会、2021）
田中克彦『「スターリン言語学」精読』（岩波書店、2000）
ディーター・ヴォルフ（平瀬徹也／吉田八重子訳）『フランスファシズムの生成　人民戦線とドリオ運動』（風媒社、1972）
ディミトロフ（坂井信義／村田陽一訳）『反ファシズム統一戦線』（大月書店、1955）
ティモシー・スナイダー（松井貴子訳）『秘密の戦争　共産主義と東欧の20世紀』（慶應義塾出版会、2021）
ティモシー・スナイダー（布施由紀子訳）『ブラッドランド　ヒトラーとスターリン　大虐殺の真実』上・下（筑摩書房、2015）
テリー・マーチン（半谷史郎監修、荒井幸康ほか訳）『アファーマティヴ・アクションの帝国　ソ連の民族とナショナリズム、1923年～1939年』（明石書店、2022）
富田武『ゾルゲ工作と日独ソ関係　資料で読む第二次世界大戦前史』（山川出版社、2024）
トロツキー（藤井一行訳）『裏切られた革命』（岩波書店、1992）
中北浩爾『日本共産党　「革命」を夢見た100年』（中央公論新社、2022）
中山俊宏『アメリカ知識人の共産党　理念の国の自画像』（勁草書房、2023）
名越健郎『ゾルゲ事件 80年目の真実』（文藝春秋、2024）
西川正雄『社会主義インターナショナルの群像　1914-1923』（岩波書店、2007）
ハーヴェイ・クレアほか（渡辺雅男／岡本和彦訳）『アメリカ共産党とコミンテルン　地下活動の記録』（五月書房、2000）

1991)
加藤哲郎『東欧革命と社会主義』(花伝社、1990)
加藤哲郎『国家論のルネサンス』(青木書店、1986)
北村稔『第一次国共合作の研究　現代中国を形成した二大勢力の出現』(岩波書店、1998)
木畑洋一ほか編『国民国家と帝国 19世紀』(岩波書店、2023)
黒川伊織『戦争・革命の東アジアと日本のコミュニスト1920-1970年』(有志舎、2020)
黒田卓「ヘイダル・ハーンの事績再考」『上智アジア学』25,2007.
黒田卓「ハイダル・ハーンと近代イラン」『西南アジア研究』36,1992.
熊倉潤『新疆ウイグル自治区　中国共産党支配の70年』(中央公論新社、2022)
クリストファー・アンドルー、オレク・ゴルジエフスキー(福島正光訳)『KGBの内幕』上・下(文藝春秋、1993)
栗原浩英『コミンテルン・システムとインドシナ共産党』(東京大学出版会、2005)
ケヴィン・アンダーソン(小原耕一ほか訳)『ヘーゲル弁証法とレーニンの哲学的両義性　西欧マルクス主義への可能性の探求』(社会評論社、2020)
ケヴィン・マクダーマット、ジェレミ・アグニュー(萩原直訳)『コミンテルン史　レーニンからスターリンへ』(大月書店、1998)
後藤春美『国際主義との格闘　日本、国際連盟、イギリス帝国』(中央公論新社、2016)
『コミンテルン資料集』(村田陽一編訳)第1～6巻(大月書店、1978-83)
佐々木太郎『革命のインテリジェンス　ソ連の対外政治工作としての「影響力」工作』(勁草書房、2016)
C・L・R・ジェームズ(対馬忠行／塚本圭訳)『世界革命1917～1936　コミンテルンの台頭と没落』(風媒社、1971)
J・P・ヘイスコックス(中村平治／内藤雅雄訳)『インドの共産主義と民族主義　M・N・ローイとコミンテルン』(岩波書店、1986)
シェイラ・フィッツパトリック(池田嘉郎監訳)『ソ連の歴史』(人文書院、2023)
ジェーン・デグラス編(荒畑寒村ほか訳)『コミンテルン・ドキュメント』Ⅰ・Ⅱ・Ⅲ(現代思潮社、1977)
ジェフリー・ロバーツ(松島芳彦訳)『スターリンの図書室　独裁者または読書家の横顔』(白水社、2023)
ジェルジ・ルカーチ(イシュトヴァーン・エルシ編、池田浩士訳)『生きられた思想　対話による自伝』(白水社、1984)
ジェルジ・ルカーチ(平井俊彦訳)『歴史と階級意識』(未来社、1969)
柴田三千雄『パリ・コミューン』(中央公論社、1973)
島田顕『ソ連・コミンテルンとスペイン内戦』(れんが書房新社、2011)
島田顕『コミンテルンが描いたユートピア　スペイン人民戦線政府・共和国論』(図書新聞、2012)

池田嘉郎『革命ロシアの共和国とネイション』（山川出版社、2007）
石川禎浩『中国共産党、その百年』（筑摩書房、2021）
石川禎浩『赤い星は如何にして昇ったか』（臨川書店、2016）
石川禎浩『中国共産党成立史』（岩波書店、2001）
猪木正道『ロシア革命史　社会思想史的研究』（KADOKAWA、2020）
岩淵慶一『マルクスの哲学　その理解と再生のために』（時潮社、2014）
R・デ・フェリーチェ（藤沢道郎／本川誠二訳）『ファシズム論』（平凡社、1981）
エリック・ホブズボーム（大井由紀訳）『20世紀の歴史　両極端の時代』上・下（筑摩書房、2018）
エリック・ホブズボーム（水田洋監訳）『いかに世界を変革するか　マルクスとマルクス主義の200年』（作品社、2017）
エリック・ホブズボーム（野口建彦ほか訳）『帝国の時代 1875-1914』1・2（みすず書房、1993-98）
エリック・ホブズボーム（柳父圀近ほか訳）『資本の時代 1848-1875』Ⅰ・Ⅱ（みすず書房、1981-82）
エリック・ホブズボーム（斉藤孝ほか訳）『革命家たち　同時代的論集１』（未来社、1978）
エリック・ホブズボーム（斉藤孝ほか訳）『反乱と革命　同時代的論集２』（未来社、1979）
エレーヌ・カレール＝ダンコース（石崎晴己／東松秀雄訳）『レーニンとは何だったか』（藤原書店、2006）
エレン・メイクシンズ・ウッド（中山元訳）『資本の帝国』（紀伊國屋書店、2004）
大河内泰樹『国家はなぜ存在するのか　ヘーゲル「法哲学」入門』（NHK出版、2024）
岡洋樹編『歴史の再定義　旧ソ連圏アジア諸国における歴史認識と学術・教育』（東北大学東北アジア研究センター、2011）
小笠原弘幸『ケマル・アタテュルク　オスマン帝国の英雄、トルコ建国の父』（中央公論新社、2023）
岡本裕一朗『ヘーゲルと現代思想の臨界　ポストモダンのフクロウたち』（ナカニシヤ出版、2009）
小川登『労働組合の思想』（日本評論社、1999）
オレーク・V・フレヴニューク（石井規衛訳）『スターリン　独裁者の新たなる伝記』（白水社、2021）
O・フレヴニューク（富田武訳）『スターリンの大テロル　恐怖政治のメカニズムと抵抗の諸相』（岩波書店、1998）
カール・コルシュ（石堂清倫訳）『マルクス主義と哲学』（三一書房、1975）
カール・マルクス（望月清司訳）『ゴータ綱領批判』（岩波書店、1975）
カール・マルクス、フリードリヒ・エンゲルス（大内兵衛／向坂逸郎訳）『共産党宣言』（岩波書店、1951）
加藤哲郎『コミンテルンの世界像　世界政党の政治学的研究』（青木書店、

主要参考文献

本書の執筆に当たって参考にした主なものを日本語文献と外国語文献に分類した。また、読者の便宜を図るため、邦訳がある場合はできるだけそちらを掲載した。なお、本文中に引用した際には、適宜訳語を修正した場合がある。

日本語文献

青木雅浩『モンゴル近現代史研究 1921～1924年　外モンゴルとソヴィエト、コミンテルン』（早稲田大学出版部、2011）
アクセル・ホネット（日暮雅夫／三崎和志訳）『社会主義の理念　現代化の試み』（法政大学出版局、2021）
アクセル・ホネット（山本啓／直江清隆訳）『承認をめぐる闘争　社会的コンフリクトの道徳的文法』（法政大学出版局、2014）
H・ルフェーヴル（河野健二／柴田朝子訳）『パリ・コミューン』上・下（岩波書店、1967-68）
アドリアーノ・グェルラ（坂井信義訳）『コミンフォルム時代』（大月書店、1981）
アニー・クリジェル（野沢協／秋沢勝訳）『インターナショナルの歴史』（白水社、1965）
アルド・アゴスティ（石堂清倫訳）『コミンテルン史』（現代史研究所、1987）
アレクサンドル・コジェーヴ（上妻精／今野雅方訳）『ヘーゲル読解入門『精神現象学』を読む』（国文社、1987）
アンジェリカ・バラバーノフ（久保英雄訳）『わが反逆の生涯　インターナショナルの死と再生』（風媒社、1970）
アントニー・ビーヴァー（根岸隆夫訳）『スペイン内戦 1936-1939』上・下（みすず書房、2011）
E・H・カー（塩川伸明訳）『ロシア革命　レーニンからスターリンへ、1917-1929年』（岩波書店、2000）
E・H・カー（原田三郎ほか訳）『ボリシェヴィキ革命　ソヴェト・ロシア史 1917-1923』（みすず書房、1999）
E・H・カー（内田健二訳）『コミンテルンの黄昏』（岩波書店、1986）
E・H・カー（富田武訳）『コミンテルンとスペイン内戦』（岩波書店、1985）
E・H・カー（南塚信吾訳）『一国社会主義　経済』（みすず書房、1977）
E・H・カー（南塚信吾訳）『一国社会主義　政治』（みすず書房、1974）
E・H・カー（富永幸生訳）『独ソ関係史』（サイマル出版会、1972）
池田嘉郎『ロシア革命　破局の8か月』（岩波書店、2017）

1949	8月ソ連初の核実験成功。10月中華人民共和国建国
1950	2月中ソ友好同盟相互援助条約締結。6月朝鮮戦争勃発
1953	3月スターリン死去
1956	2月フルシチョフがスターリン批判をおこなう。4月コミンフォルム解散。10月ハンガリー動乱
1957	11月ロシア革命40周年記念式典がモスクワで開催され、毛沢東など各国共産党指導者たちが参加
1960	11月モスクワにて81ヵ国の共産党・労働者党の代表者を集めた国際会議開催

コミンテルン　関連年表

1929	7月コミンテルン執行委員会第10回総会が開かれ、ブハーリンが執行委員会から排除される。10月英ソ国交回復。世界大恐慌
1931	3月～4月コミンテルン執行委員会第11回拡大総会。6月ヌーラン事件発生。9月満洲事変勃発。11月中華ソヴィエト共和国建国
1932	8月アムステルダム国際反戦大会。8月～9月コミンテルン執行委員会第12回拡大総会
1933	1月ヒトラー内閣誕生。2月ドイツ国会議事堂放火事件発生。6月パリのプレイエル会館で反戦大会開催。11月～12月コミンテルン執行委員会第13回拡大総会
1934	9月ソ連の国際連盟加盟。12月キーロフ暗殺
1935	5月ソ連がフランスとチェコスロヴァキアのそれぞれと相互援助条約締結。7月～8月コミンテルン第7回大会が開かれ、人民戦線戦術を採択
1936	3月ドイツ軍のラインラント進駐。6月フランスで人民戦線内閣成立。7月スペイン内戦勃発。8月第1回モスクワ裁判が開かれ、有罪となったジノヴィエフとカーメネフが処刑される。9月ソ連がスペイン共和国派に軍事支援を開始。11月日独防共協定締結。12月スターリン憲法制定。西安事変
1937	1月第2回モスクワ裁判が開かれ、ラデックらが有罪となる。6月フランス人民戦線の崩壊。7月日中戦争勃発
1938	9月ミュンヘン会談
1939	5月ノモンハン事件発生。8月独ソ不可侵条約締結。9月第二次世界大戦勃発。11月ソ連によるフィンランド侵攻。12月国際連盟にてソ連追放の決議
1940	8月トロツキー暗殺
1941	4月日ソ中立条約締結。スターリンがコミンテルン解散の必要性に言及。6月独ソ戦勃発。8月コミンテルンとソ連諜報機関が戦時下の連携を確認。10月ソ連政府がクイビシェフ(現サマーラ)、コミンテルン本部がウファにそれぞれ疎開
1943	2月スターリングラード攻防戦でソ連軍が勝利。5月コミンテルン解散。11月テヘラン会談
1944	6月ノルマンディー上陸作戦
1945	2月ヤルタ会談。5月ベルリン陥落。7月ポツダム会談。8月ソ連の対日参戦
1947	3月トルーマン・ドクトリン発表。9月コミンフォルム設立
1948	6月ユーゴスラヴィア共産党がコミンフォルムから追放。ベルリン封鎖

て協議
1922 2月～3月コミンテルン執行委員会第1回拡大総会。4月三つのインターナショナルの執行部会議がベルリンで開催。ラパッロ条約締結。6月コミンテルン執行委員会第2回拡大総会。7月日本共産党結成。10月ローマ進軍。11月～12月コミンテルン第4回大会。12月ソ連邦成立
1923 1月孫文＝ヨッフェ共同宣言。4月ロシア共産党第12回党大会が開かれ、民族政策などに関する諸決議がなされる。6月コミンテルン執行委員会第3回拡大総会。10月「ドイツの十月」の挫折
1924 1月レーニン死去。第一次国共合作成立。6月～7月コミンテルン第5回大会が開かれ、ボリシェヴィキ化のスローガンが正式に宣言される。7月コミンテルン執行委員会第4回拡大総会。12月一国社会主義論の登場
1925 1月コミンテルン執行委員会が各国共産党にボリシェヴィキの組織モデルを一律的に採用するように強く主張。トロツキーが軍事人民委員を解任される。3月～4月コミンテルン執行委員会第5回拡大総会。4月英露労働組合委員会結成。10月ロカルノ条約締結
1926 2月～3月コミンテルン執行委員会第6回拡大総会。3月ドイツの国際連盟加盟。ウクライナ党政治局内でカガノヴィチとシュムスキーの対立が深まる。4月独ソ友好中立条約締結。5月イギリスでゼネストが発生。ポーランドでピウスツキのクーデター発生。7月ジノヴィエフが政治局から排除される。10月ジノヴィエフが執行委員会議長から解任される。トロツキーとカーメネフが政治局から排除される。11月～12月コミンテルン執行委員会第7回拡大総会が開かれ、執行委員会議長のポストが廃止され、政治書記局が設置される
1927 2月西ウクライナ共産党指導部がシュムスキーを擁護。反帝同盟結成。4月ポーランドがソ連による諜報工作活動「トレスト」の存在を公表。5月コミンテルン執行委員会第8回総会。イギリスがソ連と断交。6月ワルシャワでソ連特使暗殺。7月武漢政府が反共を明確にして国共間が分離する。9月トロツキーが執行委員会から排除される。10月ジノヴィエフとトロツキーが党中央委員会から追放される。12月ロシア共産党第15回党大会で合同反対派が撲滅される
1928 2月コミンテルン執行委員会第9回総会が開かれ、「階級対階級」を採択。7月～9月コミンテルン第6回大会。10月第一次五ヵ年計画の開始

コミンテルン　関連年表

年	出来事
1818	5月マルクス生まれる
1820	11月エンゲルス生まれる
1847	6月共産主義者同盟結成
1864	9月国際労働者協会（第一インター）創立
1870	4月レーニン生まれる
1871	3月パリ・コミューン（5月まで）
1878	12月スターリン生まれる
1883	3月マルクス死去
1889	7月第二インター創立
1895	8月エンゲルス死去
1898	3月ロシア社会民主労働党結成
1903	7月ロシア社会民主労働党がボリシェヴィキとメンシェヴィキに分裂
1914	7月第一次世界大戦勃発
1917	3月ロシア二月革命勃発。11月ロシア十月革命勃発
1918	3月ブレスト＝リトフスク条約締結。12月～翌1月ドイツ共産党結成
1919	1月スパルタクス団蜂起。3月コミンテルン創立。ハンガリーでソヴィエト共和国が成立（8月まで）。4月バイエルンでソヴィエト共和国が成立（5月まで）。6月スロヴァキアでソヴィエト共和国が成立（7月まで）
1920	6月イランにソヴィエト共和国が成立（11月まで）。7月～8月コミンテルン第2回大会が開かれ、規約と二一ヵ条の加入条件が採択される。8月ポーランド軍がワルシャワを包囲していたソ連軍を撃退。9月バクーにて第1回東方諸民族大会開催。12月フランス共産党結成
1921	1月レヴィによる公開状戦術の実践。3月クロンシュタットの反乱。独マンスフェルトで共産党蜂起（三月行動）の失敗。5月チェコスロヴァキア共産党結成。6月～7月コミンテルン第3回大会が開かれ、攻勢路線を放棄し労働者統一戦線路線へ動き出す。7月プロフィンテルン結成。中国共産党結成。8月ミュンツェンベルクによるロシア飢饉救援運動がはじまる。コミンテルンとソヴィエト諜報機関とで協力関係につい

な行

は行

ま行

や行

ら行

主要人名索引

本文と図版説明文から作成した。
なお、頻出するレーニン、スターリンは割愛してある。

佐々木太郎（ささき・たろう）

1980年広島県生まれ．東京理科大学経営学部卒業．京都大学大学院人間・環境学研究科博士後期課程研究指導認定退学．博士（人間・環境学）．現在，京都産業大学などで非常勤講師を務める．専門は，国際政治学，インテリジェンス研究．

著書『革命のインテリジェンス――ソ連の対外政治工作としての「影響力」工作』（勁草書房，2016年）
共著『日中戦争再論』（錦正社，2008年）
『インテリジェンスの20世紀――情報史から見た国際政治 増補新装版』（千倉書房，2012年）
『アジアをめぐる大国興亡史 1902-1972』（PHP研究所，2020年）ほか
訳書『ヴェノナ――解読されたソ連の暗号とスパイ活動』（共訳，ジョン・アール・ヘインズ，ハーヴェイ・クレア著，PHP研究所，2010年）

コミンテルン
中公新書 *2843*

2025年2月25日発行

著　者　佐々木太郎
発行者　安部順一

本文印刷　三晃印刷
カバー印刷　大熊整美堂
製　本　小泉製本

発行所　中央公論新社
〒100-8152
東京都千代田区大手町 1-7-1
電話　販売 03-5299-1730
　　　編集 03-5299-1830
URL https://www.chuko.co.jp/

Published by CHUOKORON-SHINSHA, INC.
Printed in Japan　ISBN978-4-12-102843-3 C1222

中公新書刊行のことば

いまからちょうど五世紀まえ、グーテンベルクが近代印刷術を発明したとき、書物の大量生産は潜在的可能性を獲得し、いまからちょうど一世紀まえ、世界のおもな文明国で義務教育制度が採用されたとき、書物の大量需要の潜在性が形成された。この二つの潜在性がはげしく現実化したのが現代である。

いまや、書物によって視野を拡大し、変りゆく世界に豊かに対応しようとする強い要求を私たちは抑えることができない。この要求にこたえる義務を、今日の書物は背負っている。だが、その義務は、たんに専門的知識の通俗化をはかることによって果たされるものでもなく、通俗的好奇心にうったえて、いたずらに発行部数の巨大さを誇ることによって果たされるものでもない。現代を真摯に生きようとする読者に、真に知るに価いする知識だけを選びだして提供すること、これが中公新書の最大の目標である。

私たちは、知識として錯覚しているものによってしばしば動かされ、裏切られる。私たちは、作為によってあたえられた知識のうえに生きることがあまりに多く、ゆるぎない事実を通して思索することがあまりにすくない。中公新書が、その一貫した特色として自らに課すものは、この事実のみの持つ無条件の説得力を発揮させることである。現代にあらたな意味を投げかけるべく待機している過去の歴史的事実もまた、中公新書によって数多く発掘されるであろう。

中公新書は、現代を自らの眼で見つめようとする、逞しい知的な読者の活力となることを欲している。

一九六二年一一月

中公新書

現代史

f1

中公新書 現代史

f3

- 2590 人類と病 詫摩佳代
- 2664 歴史修正主義 武井彩佳
- 2451 トラクターの世界史 藤原辰史
- 2778 自動車の世界史 鈴木　均
- 2666 ドイツ・ナショナリズム 今野　元
- 2368 第一次世界大戦史 飯倉　章
- 2681 リヒトホーフェン―撃墜王とその一族 森　貴史
- 27 ワイマル共和国 林　健太郎
- 2272 ヒトラー演説 高田博行
- 2795 ナチ親衛隊(SS) B・ハイン 若林美佐知訳
- 1943 ホロコースト 芝　健介
- 2349 ヒトラーに抵抗した人々 對馬達雄
- 2610 ヒトラーの脱走兵 對馬達雄
- 2329 ナチスの戦争 1918-1949 R・ベッセル 大山　晶訳
- 2313 ニュルンベルク裁判 A・ヴァインケ 板橋拓己訳

- 2266 アデナウアー 板橋拓己
- 2615 物語 東ドイツの歴史 河合信晴
- 2823 独仏関係史 川嶋周一
- 2274 スターリン 横手慎二
- 2760 諜報国家ロシア 保坂三四郎
- 530 チャーチル(増補版) 河合秀和
- 2643 イギリス1960年代 小関　隆
- 2578 エリザベス女王 君塚直隆
- 2717 アイルランド現代史 北野　充
- 2221 バチカン近現代史 松本佐保
- 2330 チェ・ゲバラ 伊高浩昭
- 1664 1665 アメリカの20世紀(上下) 有賀夏紀
- 2626 フランクリン・ローズヴェルト 佐藤千登勢
- 1256 オッペンハイマー 中沢志保
- 2781 2782 冷戦史(上下) 青野利彦
- 2479 スポーツ国家アメリカ 鈴木　透
- 2540 食の実験場アメリカ 鈴木　透

- 2163 人種とスポーツ 川島浩平
- 2811 アファーマティブ・アクション 南川文里
- 2835 カナダ―資源・ハイテク・移民が拓く未来の「準超大国」 山野内勘二
- 2843 コミンテルン 佐々木太郎